北外学院师生调研走访中国和平发展基金会

北外学院师生调研走访北京平澜公益基金会

北外学院师生调研走访世界针灸学会联合会

北外学院实践导师“国际关系变局下的中国与世界：中国参与全球治理”系列讲座

A PRACTICAL STUDY ON THE PARTICIPATION OF
# CHINESE SOCIAL ORGANIZATIONS
IN GLOBAL GOVERNANCE

# 中国社会组织参与全球治理的实践研究

刘铁娃◎著

图书在版编目（CIP）数据

中国社会组织参与全球治理的实践研究 / 刘铁娃著
. -- 北京 : 当代世界出版社, 2023. 5
ISBN 978-7-5090-1735-7

Ⅰ. ①中… Ⅱ. ①刘… Ⅲ. ①社会组织-参与管理-国际政治-研究-中国 Ⅳ. ①C912. 21②D5

中国国家版本馆 CIP 数据核字（2023）第 042886 号

书　　名：中国社会组织参与全球治理的实践研究
出 品 人：丁　云
策划编辑：刘娟娟
责任编辑：刘娟娟　徐嘉璐
装帧设计：王昕晔
版式设计：韩　雪
出版发行：当代世界出版社
地　　址：北京市地安门东大街 70-9 号
邮　　编：100009
邮　　箱：ddsjchubanshe@ 163. com
编务电话：(010) 83907528
发行电话：(010) 83908410（传真）
13601274970
18611107149
13521909533
经　　销：新华书店
印　　刷：北京新华印刷有限公司
开　　本：710 毫米×1000 毫米　1/16
印　　张：17. 75
字　　数：239 千字
版　　次：2023 年 5 月第 1 版
印　　次：2023 年 5 月第 1 次
书　　号：ISBN 978-7-5090-1735-7
定　　价：79. 00 元

该研究系教育部首批新文科研究与改革实践项目《本硕贯通，中外联动，培养新时代亟需的复语复合型高层次国际组织人才》（项目编号2021110009）、北京市本科教学改革创新项目《中国社会组织参与全球治理：理论与实践》、北京外国语大学“双一流”建设重大标志性项目《英法双语跨学科全球治理拔尖人才培养》（项目编号：2021SYLZD001）、北京外国语大学“双一流”建设重大标志性项目《国际组织数据库建设》（项目编号2022SYLZD050）的阶段性成果。

# 序一

中国民间组织国际交流促进会副会长　徐绿平

随着国际力量对比消长变化和全球性挑战日益增多，加强全球治理、推动全球治理体系改革成为大势所趋。党的十八大以来，习近平总书记秉持天下胸怀，倡导共商共建共享的全球治理观，为破解人类共同挑战开拓新思路、探索新路径，为推动世界持久和平、繁荣进步提供思想启迪，赢得国际社会的充分认同、高度赞誉和广泛支持。党的二十大报告明确提出“中国积极参与全球治理体系改革和建设，践行共商共建共享的全球治理观，推动全球治理朝着更加公正合理的方向发展”，发出了新时代新征程上中国将始终维护世界和平与发展的政治宣言，为国际社会携手应对挑战、完善全球治理注入强劲动力。

习近平总书记深刻指出：“民间组织是推动经济社会发展、参与国际合作和全球治理的重要力量。”在以习近平同志为核心的党中央坚强领导下，中国社会组织高举构建人类命运共同体旗帜，大力弘扬全人类共同价值，积极参与全球治理体系改革和建设，以实际行动推动国际政治经济秩序朝着更加公正合理的方向发展。近年来，中国获得联合国经社理事会咨商地位的社会组织数量稳步增长，越来越多的中国民间身影亮相联合国等多边舞台，为维护世界和平与发展献智献策，在国际事务中的影响力和话语权显著增强。聚焦落实“一带一路”倡议、全球发展倡议、全球安全倡议等重要主张，中国社会组织发起成立丝绸之路沿线民间组织合作网络、国际民间减贫合作网络等平台，举办国际民间社会共同落实全球发展倡议交流大会、国际和平日纪念活动、文明交流互鉴对话会、中非民间论坛等活动，在科学、教育、环保、减贫、卫生等领域持续深化人文交流互鉴，扎实开展一大批“小而美”民生项目，积极有为地促进各国人民相知相亲，持之以恒地推进全球可持续发展。新冠肺炎疫情发生以来，中国社会组织在“丝路一家亲”框架下发起实施民间抗疫共同行动，在60余个国家开展100多个国际抗疫合作项目，为战胜疫情凝聚起强大合力。可以说，中国社会组织已经成为全球治理体系改革和建设的重要推动者，成为彰显中国外交大国担当的一张靓丽“名片”。

“打铁还需自身硬”，中国社会组织参与全球治理取得重要进展和成效，是其自身国际交往能力和水平不断提升的结果。在这一过程中，“社会组织+高校”合作开展全球治理学术研究和实践教学发挥了重要作用。作为专门从事国际交流与合作的民间组织联合体，中国民间组织国际交流促进会积极推动国内社会组织与北京外国语大学等高校联合开展全球治理学科建设和实践调研，将社会组织参与全球治理引入通识课程，创新探索教育模式，深入研究社会组织参与全球治理的实践路径，推动提升社会组织专业化与国际化水平。北京外国语大学北外学院副院长刘铁娃的本部著作正是基于这种“社校合作”模式取得的重要成果，对于社会组织今后更好参与全球治理具有及时且重要的参考价值。我相信广大读者特别是社会组织从业者将从中获益甚丰。

“涓涓细流汇成海，点点星光亮银河。”面对前所未有的世界之变、时代之变、历史之变，中国社会组织要牢记习近平总书记殷殷重托，踔厉奋发、笃行不怠，拧成一股绳，铆足一股劲，以更加开放自信的姿态走向世界，为完善全球治理、推动构建人类命运共同体贡献更多中国民间智慧和力量！

# 序二

中国国际民间组织合作促进会副理事长兼秘书长　王香奕

非常荣幸收到北京外国语大学北外学院副院长刘铁娃的邀请，为这本具有时代意义的专著写序。我和刘铁娃副院长相识在不平凡的2020年，经中国民间组织国际交流促进会引荐，我有幸到北京外国语大学为同学们做了一次讲座，主题为“气候变化与全球治理——中国社会组织在行动”。2021年，我又以实践导师的身份参与了《中国社会组织参与全球治理：理论与实践》课程建设，指导五名学生针对中国国际民间组织合作促进会（以下简称“中国民促会”）开展调研并撰写报告。2022年，我再次收到刘铁娃副院长的邀请，为《中国社会组织参与全球治理的实践研究》这本专著提供中国民促会的案例素材。

我被刘铁娃副院长和她带领的团队为社会组织参与全球治理所做的开创性工作深深感动，也非常开心中国民促会的案例能够为这本专著贡献绵薄之力。中国民促会作为一家具有30年历史的全国性社团，其使命是推动中外民间协同，助力全球持续发展。中国民促会自2007年开始支持中国社会组织参与全球气候治理，通过一系列气候变化宣传教育和能力建设活动，提升气候治理意识、搭建交流合作平台、赋能中国社会组织。在过去15年的时间里，中国民促会充分发挥自身平台优势，为中国社会组织参与全球气候治理保驾护航。中国民促会以民间气候行动网络项目为载体，培养专业人才，积累专家资源，促进政社交流，链接国际伙伴，参与气候谈判，在以联合国气候变化大会为代表的国际舞台上讲述中国民间故事，传递中国民间声音。

期待这本专著的出版能够为中国社会组织参与全球治理提供有价值的参考和借鉴，推动更多中国社会组织“走出去”，为构建中国社会组织参与全球治理新格局作出一定贡献。

# 序三

**北京平澜公益基金会理事长　王　珂**

改革开放以来，短短几十年间，中国社会在经济、科技、文化等领域全面快速发展，发生了翻天覆地的变化，取得了举世瞩目的成就，也前所未有地走近世界舞台中央。“一带一路”倡议、共建人类命运共同体提出和实践后，中国日益成为具有重要国际影响力的大国。除了保障和不断增强中国人民的福祉，中国政府和社会也需要承担更多的国际责任，这既是中华民族的优良传统，也是现代国际关系和全球共同价值观下保持可持续发展的现实需要。

我们也应该清醒地看到，虽然中国取得了优异的发展成就，但在国际社会的影响力与作为世界第二大经济体的实力和地位还不匹配，与美国、欧洲等西方发达国家和地区相比，中国在软实力、话语权方面差距还很大，在很多国际议题中声音还很弱，甚至时常陷入被动。其一，这说明中国刚刚由弱到强，从着眼自身到面向世界，从最大受援国到更多帮助他人，积累和经验还不足；其二，这说明在新的发展阶段中，中国亟须构建看待世界和参与全球治理的新思路、新理念。

在国际上，非政府组织（NGO）是参与社会运行乃至全球治理的重要力量，尤其是西方的非政府组织，活跃在世界的各个地区，参与着众多领域的重要议题，倡导和引领着各种理念，甚至比政府的声音和影响力还要大，值得我们深思和借鉴。

中国社会组织起步较晚，伴随着中国的发展逐步成长，发挥着日渐重要的作用。中国社会组织走向世界、承担国际责任、参与全球治理，是一条必经之路，也是增强中国影响力必不可少的重要方式。我们可以看到，包括中国乡村发展基金会（原中国扶贫基金会）、北京平澜公益基金会在内的一批中国社会组织已经开始摸索和实践，在多个国家开展人道主义、气候治理等领域的工作，取得初步成效。

虽然中国社会组织与国际同行相比仍处于初级阶段，走向世界还面临着资金、人才、经验、体制机制建设及社会共识等方面的诸多困难，但中国社会组织有着与生俱来的激情与活力，相信能够依托中国力量、结合自身优势，形成自己的特色，在传播中国智慧、承担国际责任、参与全球治理方面取得非凡成就。

# 序四

世界针灸学会联合会主席、国际欧亚科学院院士　刘保延

作为世界针灸学会联合会（以下简称“世界针联”）的主席，非常高兴地看到有关世界针联参与全球治理的案例被收录到《中国社会组织参与全球治理的实践研究》这本著作中。我与本书作者刘铁娃副教授的结识是在几年前，刘副教授带领学生们在研究社会组织参与全球治理这个主题，我非常有幸参与其中，共同讨论。作为一个科技工作者，虽然担任社会组织的相关职务已经多年，对针灸事业发展有一份使命感，在科研等工作之余，也尽可能多投入一些时间到学会工作中，但却是刘副教授的此项研究促使我开始了解社会组织参与全球治理这一命题。此前，我认为作为一个针灸专业化学会，主要目标是按照组织章程，搭建一个全球针灸交流的平台，让大家可以一起就感兴趣的针灸问题进行讨论、碰撞、学习、促进，推动针灸在全球范围内安全、有效地传播和应用，让更多人了解针灸、体验针灸，用针灸养生保健、消除病痛。参加刘副教授的课堂讨论后，我认识到全球治理是国际范围内，包括政府组织与非政府组织等各类组织，协同解决区域或全球影响人类生存发展质量的困境问题的体制机制。世界针联作为一个跨国社会组织，在近70个国家和地区有200多个团体会员，已经获得联合国经社理事会特别咨商地位，与一般非政府组织相比更具参与全球治理的优势。同时我们看到，中国构建人类命运共同体的理念被国际社会普遍接受，“一带一路”倡议得到积极响应，给社会组织参与全球治理带来了极大机遇。《中国社会组织参与全球治理的实践研究》一书的出版发行正逢其时，通过一个个生动的实践案例，使更多

像我一样在社会组织中任职多年但对参与全球治理了解甚少者，了解我们在参与全球治理过程中应尽的责任和义务、应发挥的作用，并进一步明确应如何行动。非常高兴有机会先睹为快，欣然命笔，谈一点体会以推荐此书。

# 自序

## 一、全球治理与当代世界

近代以来，中国被迫卷入西方主导的现代国际关系体系。经过百余年的奋斗和发展，中华民族迎来了从站起来、富起来到强起来的伟大飞跃，中国日益走近世界舞台中央，在全球治理中发挥越来越重要的作用。21世纪以来，全球性问题日益增多，全球性风险日益复杂，全球治理紧迫性日益凸显，共同推动全球治理、有效应对全球性问题、促进世界和平稳定与共同繁荣，是构建人类命运共同体的重要基础。

全球治理的基本含义是“没有世界政府的治理”（Governance Without Government），全球治理实践指的是通过具有约束力的国际机制（Regimes）解决全球性冲突、生态、人权、移民、毒品、走私、传染病等问题，以维持稳定的国际秩序。主权国家是参与全球治理的主要行为体，同时，政府间国际组织、国际非政府组织和跨国公司等也发挥着重要作用。

随着中国参与全球治理日益深入，中国持续为国际社会提供更多的公共产品，彰显了负责任大国的担当。中国应更深入了解全球治理进程中所面临的全球治理层次、多元治理主体、多层次治理议题、全球治理结构、全球治理理论与现实等方面的困难和张力，深入研判全球治理的内涵、外延、结构、功能、历史与现实，全面重塑中国的世界观与世界的中国观，从而为全球性问题提出更有针对性和可行性的解决方案，为构建人类命运共同体作出应有贡献。①

1. 全球治理层次：普遍性与特殊性

全球治理的必要性首先在于经济全球化所导致的国家间的相互依赖，以及大量全球性问题的出现。这些问题超越地区和民族国家疆界，具有影响各国发展进程的普遍性特征。

在全球治理的视域下，不同区域和民族国家都处在全球互动的框架中，彼此关联。脱离全球背景或国际制度，依靠单一区域或民族国家自身的资源解决发展所遇到的全部问题已不复可能。当前，百年变局与世纪疫情交织叠加，世界正处于何去何从的十字路口，要从多种文明、民族、国家和区域的历史中寻找资源，在交错的全球互动交往中解决全球治理问题。但另一方面，“全球”无法治理自身。虽然全球治理事实上需要超越疆界，但因为目前尚未有超越主权国家层面的“世界政府”，因此它的执行一定要落实到某一个集团主体来完成，这一主体可能是主权国家，也可能是超国家层面的政府间国际组织、非政府组织或者跨国公司，还可能是次国家层面的相关组织。

既然全球治理的实现要由某一个国家或某一些国家集团完成，而这些非全球性的特殊集团又有着自身的特殊利益，那么这就对全球治理的超越性施加了一层限制。换言之，全球治理旨在提升全人类的幸福，而不单纯照顾某一文明、民族或国家。但要具体落实全球治理的方案，又需要本身带有特殊利益的团体承担，无论这个团体的涵盖面和代表性如何，都势必会以某种特殊性或局部性代替全球治理的普遍性。例如，每当有传染病跨境传播，相关国家总是首先设法阻止疫区的人员入境，包括暂停海陆空的运输线等，如此国际贸易势必受到影响，而跨境经贸和交往的中断必然损害相关国家的经济利益。但是，不限制各国间交往又对阻断疫情的传播带来巨大挑战。如何平衡传染病的防控和国际经贸秩序的正常运行便成为公共卫生领域全球治理所

① 刘铁娃：《全球治理的五要素及其内在张力》，载《人民论坛》，2021年第33期，第60—62页。

面临的难题。

2. 全球治理主体：国家行为体与非国家行为体

纵观国际关系史，无论是威斯特伐利亚体系、维也纳体系、凡尔赛–华盛顿体系，还是雅尔塔体系与布雷顿森林体系，要么是均势格局，要么是霸权统治格局，都是垂直治理模式，而非强调多元的平行治理或垂直治理与平行治理的交互。

进入21世纪，平行治理的全球治理格局日渐凸显，其实质便是治理主体和治理方式的多元性。在平行治理结构中，治理方式不再单纯是政治和军事属性的，而是融合了社会、经济和文化的力量，治理主体之间的关系也由权力关系逐渐转变为协商关系。加拿大国际政治学者罗伯特·考克斯将这种多元性喻为“遍布全球的星云”。尽管如此，全球治理仍势必要首先为以主权国家为依托，因为无论是政府间国际组织、国际非政府组织、跨国公司，还是国内社会组织，都需要在某一国家或某些国家落地注册或设置总部，这便构成了主权国家对其他全球治理主体的根本规范。但与此同时，其他行为体的作用也日益上升、不可忽视。它们与主权国家既竞争又合作，其出发点首先是自身的利益。正如美国学者罗伯特·吉尔平所指出的，世界经济活动的配置和外国投资条件变得至关重要，主权国家想要操纵跨国公司，通过市场为自己的利益服务；而跨国公司与主权国家结成联盟，谋求利益。

3. 全球治理议题：多层次与安全化

全球治理具有多层次议题，其所关注的不仅是传统安全领域中的政治和军事议题，还包括非传统安全领域的经济、社会、文化、卫生等问题。随着全球人口大流动和文化的多元传播，恐怖主义、移民难民、环境污染及包括新冠肺炎疫情在内的全球公共卫生问题等，都成为全球治理必须关注的重点。这些问题在人类群体中的无差别扩散，使传统的治理主体和治理方式失效。要应对这些问题，需要在全球层面进行协调，要求各国作出一定的自我牺牲和权利让渡。

目前，全球治理所面对的这些问题，虽然逐渐获得了许多国家的重视，但大多被纳入安全问题——换言之，传统定义的安全概念得以扩充，从而将多层次的全球议题吸纳其中。各国关注的安全问题开始从传统的军事、政治与外交事务，转向非军事因素对主权国家生存和人类生活构成的威胁。危及国家安全的不仅仅是军事方面的威胁，还包含政治、经济、社会、文化、卫生和环境等方面的隐患。在这一意义上，多层次的议题又被统合到安全议题之中，文化安全、环境安全、卫生安全等问题相继出现。但是，如果把这些全球治理的问题都纳入国家的安全议程之中，那么国家就很难在这些问题上作出权利让渡，比如，环境安全问题是否要经由联合国安理会讨论并作出决议等。

4. 全球治理结构：中心与边缘

传统的自由主义全球治理理论认为，基于全球治理主体、治理方式和核心议题的多元与多层次，出现了全球治理的多中心趋势，即不再有单一的中心点，边缘与中心均是变动不居的。任何一个区域、一个国家或民族的问题都可能成为全球治理的中心问题，也可能随着情势的变化又转为边缘问题。“蝴蝶效应”不再是一种偶然，而成为全球事务中的某种常态。

尽管存在多中心的趋势，但是现实主义对于全球治理的观点并没有过时。现实主义国际关系理论认为，在国际体系中主导国家需要负责国际公共产品的供给，并默许或者赞同其他国家免费搭车的行为，以此展现大国领导力来获得中小国家认同，从而形成一种相对稳定的治理模式。

主权国家中，即便少数弱势区域、国家或国际机构等主体所面临的问题成为全球治理的中心议题，它们似乎也无法完全左右、掌控局面，最后还是要由并未提供中心议题的强势国家主导，这样一来，就在两个层次上构成了对全球治理多中心要素的内在制约。即便是在欧盟内部，安全事务仍由主权国家与政府间国际组织所主导，而国际组织又往往受到强国的支配。在联合国体系中的全球治理层面上，“治理主体”往往为主要大国强国，而“被治理主体”往往为小国弱国，甚至是脆弱国家，因此在事实上反复形成决策层面与项目实施的脱节，个别西方大国也常以全球治理为由干涉中小国家的内政，造成更多的混乱和动荡。

5. 全球治理境况：理论与现实

全球治理进程中面临的最后一种困难，是来自全球治理理论与现实之间的张力。正如联合国研究领域的经典著述《联合的国家，分裂的世界：联合国在国际关系中的作用》（*United Nations, Divided World: The UN's Roles in International Relations*）所指向的，联合国家的理想虽然丰满，但分裂世界的现实仍然残酷。有关全球治理的各种理论不仅是有关全球问题的抽象治理理念，更是有关全球治理的制度安排的基础，并需要有对应的具体举措。从理想的角度来说，制度的实践与理论的发展应该互相促进，但并非所有理论都可以落实为制度，而且不同的理论要求建立不同的制度，从而导致理论发展和现实治理之间存在明显的张力甚至背离。

这种张力一定程度上来自全球治理理论的分歧，例如，现实主义和自由主义的国际关系理论对于全球治理的看法就迥然不同。但这种张力一定程度上也来自全球治理理论的描述性与规范性并存：全球治理理论是历史凝结而成的新时代概念、观点与逻辑，它既是对现实世界秩序的描述，又意味着对未来秩序或然性的预见和应然性的规范。它的描述性在于以系统的概念和一系列的制度设计描绘这个世界的基本图景，但“全球治理”这一研究对象又要求概念与制度不能静止于此，还应该实现对现实的超越。

描述性是描述历史奠定的既成秩序，是对历史凝成的既定世界图景的理念梳理和制度呈现，描述本身便意味着承认既成秩序；而规范性则不同，它作为一种应然的表述，意味着既成秩序存在若干问题，需要改进。因此在实践中，全球治理理论基于具体的问题，对现实世界的图景进行描述并提出一些解决方案。但是，作为一种规范性的全球治理理论仍然发展不足，无法从宏观的层次提出一个新的愿景，而中国所提出的构建人类命运共同体的理念在一定程度上弥补了现有全球治理理论的不足。

对于全球治理进程中存在的这五种主要内在张力的认识，涵盖了全球治理的内涵、外延、结构与功能，为理解全球治理的历史与现实，尤其是所面临的挑战提供了一个有针对性和普遍性的思考框架。

## 二、研究缘起：时代与社会

澄清当代世界全球治理的面貌后，本书着眼于全球治理中的非政府主体，希望通过对非政府间国际组织的新主体研究，重新理解全球治理的新局面。2016年，国务院办公厅印发了《关于改革社会组织管理制度促进社会组织健康有序发展的意见》，其中提到：引导社会组织有序开展对外交流，参加非政府间国际组织，参与国际标准和规则制定，发挥社会组织在对外经济、文化、科技、体育、环保等交流中的辅助配合作用，在民间对外交往中的重要平台作用。①

党的十八大以来的十年是社会组织发展最快的十年，中国社会组织在其中发挥了重要作用②。党和国家从提出"社会管理"到提出"社会治理"，从提出"加快构建共建共享的社会治理体制"到提出"打造共建共治共享的社会治理格局"，从理论到实践都取得了显著成就。③党的十九大报告明确提出，要打造共建共治共享的社会治理格局。加强社会治理制度建设，完善党委领导、政府负责、社会协同、公众参与、法治保障的社会治理体制。这意味着政府不再是唯一的社会治理主体，政府与其他社会组织具有平等的社会治理地位，社会治理在本质上是合作治理。④这是中国特色社会主义进入新时代的客观要求，

① 《中共中央办公厅 国务院办公厅印发,〈关于改革社会组织管理制度促进社会组织健康有序发展的意见〉》,http://www.gov.cn/zhengce/2016-08/21/content_5101125.htm。

② 《民政部:我国已登记社会组织90万个 慈善组织超1万个》,https://news.youth.cn/gn/202209/t20220908_13986174.htm。

③ 《打造新时代共建共治共享的社会治理格局》,http://theory.people.com.cn/n1/2018/0108/c40531-29750868.html。

④ 《建设人人有责、人人尽责、人人享有的社会治理共同体》,http://www.xinhuanet.com/politics/2019-12/06/c_1125315036.htm?ivk_sa=1023197a。

也是本书研究的大的时代背景。

新时代中国的“共建共治共享”是对林肯所谓“民有民治民享”的超越。具体来看，“共建”指的是治理主体的多元化，社会组织将成为社会治理的参与者和建设者。“共治”就是治理方式的多样化，在新的社会治理体制中发挥社会组织的协同作用。“共享”体现的是治理成果的共享性，基于共建和共治的社会治理，其成果由整个社会与全体人民共享。2020 年，我国颁布了《中华人民共和国民法典》，通过了《中共中央关于制定国民经济和社会发展第十四个五年规划和二〇三五年远景目标的建议》，在明确社会组织的非营利法人地位、规范社会组织发展的同时，为未来“十四五”期间社会组织的发展方向作出了规划，强调进一步发展社会组织参与民主协商的功能作用，建设人人有责、人人尽责、人人享有的社会治理共同体，发挥社会组织在社会治理中的作用，畅通和规范市场主体、新社会阶层、社会工作者和志愿者参与社会治理的途径，社会组织已经成为推动治理中心向基层下移的重要力量。

截至 2022 年，中国已登记的社会组织有 90 万个，这个数量是新中国成立初期的 2 万倍、改革开放初期的 150 倍。① “十三五”期间，社会组织工作坚定走中国特色社会组织发展之路，在各个维度都取得了显著进展。中国社会组织从 2015 年 66.2 万家增加到目前的 89.7 万家，较“十二五”增长 35.5%；社会组织规范性更强、活跃度更高、发挥作用更大，实现了从规模扩张向健康、有序、高质量发展的根本性转变；社会组织服务国家、服务社会、服务群众、服务行业意识大幅增强；社会组织工作领域发生了历史性变革；政社分开、权责明确、依法自治的社会组织制度基本建立起来。②

“十三五”期间，社会组织在国家治理中的主体地位得到进一步明

---

① 《民政部：我国已登记社会组织 90 万个 慈善组织超 1 万个》，https://news.youth.cn/gn/202209/t20220908_13986174.htm。

② 《阔步走在中国特色社会组织发展之路上——“十三五”时期社会组织工作综述》，http://www.mca.gov.cn/article/xw/mtbd/202012/20201200031264.shtml。

确；在社会服务供给中的功能得到进一步激发；在群众中进一步受到广泛接纳和认可；在行业发展和经济建设中的贡献进一步增加；内外部环境进一步实现系统性优化。[①] 中国社会组织近些年在各个领域积极拓展“走出去”的实践平台，在政府不方便参与的领域发挥非政府组织的优势，在全球治理中提出中国方案，贡献中国智慧。

面临百年未有之大变局，中国始终坚持做世界和平的建设者、全球发展的贡献者、国际秩序的维护者、公共产品的提供者、热点问题的斡旋者。[②]在以联合国为代表的政府间国际组织中承担大国责任，努力构建人类命运共同体。中国政府的行动和贡献当然是中国参与全球治理的主要方面，特别是在建设世界和平、维护国际秩序、斡旋热点问题方面，政府具有绝对的支配地位，但中国社会组织在参与全球治理方面，因为其“源于民众、深入基层”的特点，在国内丰富实践的基础上，更容易将积累的经验转化为“走出去”积极参与全球治理的智慧与动能。

党的十九届四中全会审议通过的《中共中央关于坚持和完善中国特色社会主义制度、推进国家治理体系和治理能力现代化若干重大问题的决定》明确提出，要建设人人有责、人人尽责、人人享有的社会治理共同体。[③] 2021 年 10 月 25 日，国家主席习近平在北京出席中华人民共和国恢复联合国合法席位 50 周年纪念会议并发表重要讲话时，进一步指出：“要增强人民发展能力，形成人人参与、人人享有的发展环境，创造发展成果更多更公平惠及每一个国家每一个人的发展局面。”[④] 2022 年 10 月 16 日，习近平总书记在中国共产党第二十次全国代表大会上的报告《高举中国特色社会主义伟大旗帜 为全面建设社会

---

① 《阔步走在中国特色社会组织发展之路上——“十三五”时期社会组织工作综述》，http://www.mca.gov.cn/article/xw/mtbd/202012/20201200031264.shtml。

② 《王毅出席第 77 届联合国大会一般性辩论并发表演讲》，http://world.people.com.cn/n1/2022/0925/c1002-32533376.html。

③ 《建设人人有责、人人尽责、人人享有的社会治理共同体》，http://www.xinhuanet.com/politics/2019-12/06/c_1125315036.htm? ivk_sa=1023197a。

④ 《习近平：坚持以人民为中心，形成人人参与、人人享有的发展环境》，http://china.cnr.cn/gdgg/20211025/t20211025_525642003.shtml。

主义现代化国家而团结奋斗》中再次强调："坚持以人民为中心的发展思想。维护人民根本利益，增进民生福祉，不断实现发展为了人民、发展依靠人民、发展成果由人民共享，让现代化建设成果更多更公平惠及全体人民。"在此背景下，新时期扎根于民、服务为民的中国社会组织，除了在国内作为基层组织参与社会治理，也在为全球发展作出积极贡献，不断为国际社会提供公共产品。

2022年9月，在本书所依托的课程刚好完成第一轮建设之际，传来了在高等教育教学改革领域推动案例研究的好消息。9月17日，教育部部长怀进鹏院士在参加首届中国案例建设国际研讨会时表示："面对全球治理困境，需要回归客观现实、加强理性思辨、推进治理变革。案例研究是一种典型的研究方法，具备扎根实际、问题导向、理论逻辑与实践逻辑有机统一的特点，是回答时代之问、因应时代之变的有效途径。"①

怀进鹏院士针对案例研究提出了三点殷切希望：一是希望案例事业融通实践经验与理论创新，推动学术发展。二是希望案例事业融通案例研究与案例教学，推动教育改革。三是希望案例事业融通自主创新和多方智慧，推动共建共享。他还讲到，案例要融通各方资源，要将实务部门和企业的优质实践资源引入教育系统内，打破理论教学和社会实践之间的壁垒；要将社会科学实验室建在社会上，进一步推动知识创新、理论创新、方法创新，推动知识体系向教材体系、教学体系转化。② 这些论述让我为之一振，既为初步找到了社会科学的实验室而兴奋不已，同时也在思考"实验方法""实验流程""实验结果"是否兼具科学性与可验证性。

此外，怀进鹏院士还强调，案例建设要进一步释放强强联合的潜力，开设更多跨学科、跨领域、跨国界的案例合作项目。我工作的北

---

① 《首届中国案例建设国际研讨会举行》，http://www.jyb.cn/rmtzcg/xwy/wzxw/202209/t20220917_2110947753.html。

② 《阔步走在中国特色社会组织发展之路上——"十三五"时期社会组织工作综述》，http://www.mca.gov.cn/article/xw/mtbd/202012/20201200031264.shtml。

外学院从事人才培养的一大特点就是强调跨学科、跨领域，我们也在课程建设初期的多场讲座与实践中感受到了不同领域交叉学习所带来的新发现、新启示。怀进鹏院士的讲话也进一步鼓舞我们下一阶段进行“跨国界”的实验，因为在课程建设过程中，我们经常探讨国内外社会组织在参与全球治理过程中的不同路径，也很期待能够探索出一条有中国特色的中国社会组织参与全球治理的新路径。

在就业领域也有好消息。2022 年 7 月 11 日，民政部、教育部、人力资源社会保障部联合发布《关于推动社会组织进一步助力高校毕业生等群体就业工作的通知》，明确指出：推动社会组织开发就业岗位；推动社会组织提供灵活就业岗位；推动社会组织稳定就业岗位；推动社会组织搭建就业对接平台；推动社会组织参与就业培训。① 在就业岗位方面，瞄准社区社会组织、基金会等慈善组织，以及教育、医疗、养老等社会服务机构，并将完善促进社会组织发展和用工的制度环境和政策体系，构建常态化稳岗帮扶机制，一方面对相关社会组织进行补贴，另一方面对社会组织的从业人员加强医疗保险、养老金等制度保障，确保人才“引得进、留得住、有发展”。“有序组织高校大学生到社会组织开展就业对接、实习实践、志愿服务、社会公益等活动，提高高校毕业生到社会组织及其会员单位、理事单位就业的积极性”，“支持志愿服务组织深入高校、园区、企业、社区开展就业辅导服务”，② 一系列鼓励政策的出台将进一步为社会组织提供具有较高稳定性及专业素养的人才，也将更好地服务社会组织参与全球治理。

在本书即将付梓之际，2023 年 3 月 19 日，中共中央办公厅印发了《关于在全党大兴调查研究的工作方案》，为全党大兴调查研究指明了方向、提供了根本遵循。党的十八大以来，习近平总书记在不同场合

① 《民政部、教育部、人力资源社会保障部关于推动社会组织进一步助力高校毕业生等群体就业工作的通知》，https://www.mca.gov.cn/article/xw/tzgg/202207/20220700042899.shtml。

② 《阔步走在中国特色社会组织发展之路上——“十三五”时期社会组织工作综述》，http://www.mca.gov.cn/article/xw/mtbd/202012/20201200031264.shtml。

反复强调，要用好调查研究这一我们党的“传家宝”，做好调查研究这一“基本功”。“必须坚持问题导向，增强问题意识，敢于正视问题、善于发现问题，以解决问题为根本目的，真正把情况摸清、把问题找准、把对策提实，不断提出真正解决问题的新思路新办法。”[①] 百年未有之大变局下，中国参与全球治理面临新的战略机遇、新的战略任务、新的战略阶段、新的战略要求、新的战略环境，中国社会组织参与全球治理更是大多处于起步阶段，亟需全面梳理实践过程、展开比较研究、总结方法与路径。

## 三、研究基础：课程与实践

基于中国社会组织在大变局下可能发挥的日益重要的作用与目前对于中国社会组织参与全球治理系统研究相对匮乏的现状，[②] 自 2020

---

① 中共中央办公厅：《关于在全党大兴调查研究的工作方案》，新华社北京 2023 年 3 月 19 日电。

② 尽管如此，该领域仍已产出一批优秀著作，例如范娟娟、陶传进、卢玮静：《社会组织走出去》，北京：社会科学文献出版社，2022 年版；杨丽：《中国社会组织参与“一带一路”建设研究》，北京：中国法制出版社，2021 年版；董强、李小云：《民间组织参与国际发展：欧洲与中国》，北京：社会科学文献出版社，2020 年版；杨丽、游斐：《中国国际性社会组织研究》，北京：中国法制出版社，2020 年版；周鑫宇：《中国社会组织与新时代全球治理》，北京：北京理工大学出版社，2019 年版；王名等：《中国社会组织》，北京：社会科学文献出版社，2018 年版；佟丽华：《走进联合国：中国社会组织参加联合国人权理事会大会纪实》，北京：人民出版社，2017 年版；魏红英、何静：《中国涉外民间组织的政府管理研究》，北京：中国社会科学出版社，2017 年版；黄浩明：《社会组织走出去：国际化发展战略与路径研究》，北京：对外经济贸易大学出版社，2015 年版；黄浩明主编：《中国、欧洲和南美民间组织对话会后续案例集》，北京：对外经济贸易大学出版社，2014 年版；邓国胜等：《中国民间组织国际化的战略与路径》，北京：中国社会科学出版社，2013 年版；尚晓援主编：《冲击与变革：对外开放中的中国公民社会组织》，北京：中国社会科学出版社，2007 年版。英文文献主要包括：Matsuzawa Setsuko, *Global Discourses and NGO Development Inside China*, London, New York: Routledge Press, 2019; Scott Kennedy, ed. *Global Governance and China: The Dragon's Learning Curve*, London, New York: Routledge Press, 2018; Carolyn L. Hsu, Leiden: *Handbook of Research on NGOs*, S. L.: Edward Elgar Publishing Press, 2018; Wang Ming, *Policy Recommendations on Promotion of NGOs' Participation in Global Governance*, S. L.: Springer Singapore Press, 2017; Zhang Wei, Li Ruoyu and Yan Ziha, eds. *Human Rights and Good Governance*, Leiden: BRILL Press, 2016; Xie Lei, "The rise of NGOs in the People's Repubic of China", in Aynsley Kellow and Hannah Murphy-Greegory, *Environmental Governance and NGOs: An Introduction to China*, Routledge Press, 2009.

年起，作者尝试在北京外国语大学“英法双语+全球治理”本科拔尖创新人才培养实验班范围内推进关于中国社会组织参与全球治理的理论与实践研究，在中国民间组织国际交流促进会，北京外国语大学教务处、科研处、宣传部等的大力支持下，致力于联合在“走出去”方面有丰富经验的社会组织开展长期深入合作。

我们首先在学校范围内举办“国际关系变局下的中国与世界：中国参与全球治理”系列讲座，内容涵盖气候变化、金融体系、维持和平、消除贫困、人道主义援助等全球治理的热点议题，来自中国民促会、中国和平发展基金会、全球化智库、中国乡村发展基金会（原中国扶贫基金会）、世界针灸学会联合会、北京平澜公益基金会、北京市志愿服务联合会等众多类型的社会组织的学者与实践者们，从理论与实践方面阐述了政府间国际组织与中国社会组织在全球治理中发挥的积极作用。这些组织的负责人受聘为北外学院本科拔尖创新人才培养实验班的实践导师，在之后推进的实践教学活动中为学生们讲述更多社会组织实践的内容，并带领学生们接触不同领域的社会组织的核心业务及项目策划。

2021年，在前期建设与积累的基础上，《中国社会组织与全球治理：理论与实践》获批北京高等教育“本科教学改革创新项目”。自2021年秋季学期，本门课程进入正式建设阶段。希望通过理论与实践课程的学习，一方面让学生较为全面地了解社会组织和全球治理相关知识、培养实践能力、提升科研水平。另一方面也希望优化社会组织与全球治理领域课程的整体教学效果，有助于提高中国的社会组织领域教育水平和培养高素质的社会组织研究人才，服务国家人才战略的中长期需要。在该课程建设与实践研究的过程中，作者自觉服务于以下五项基本目标。

第一，政治教育目标。在百年未有之大变局的背景下，在中国展现“负责任大国”担当的历史时刻，本课程通过研究中国社会组织参与全球治理，培育学生的家国情怀和国际视野，旨在使学生能够从世界视野看中国，自觉为共建“一带一路”和构建人类命运共同体服务，为进一步在世界舞台上贡献中国智慧、提供中国方案作好扎实的知识储备。

第二，人才培养目标。加深学生对中国社会组织参与全球治理的理解与认识，进一步加强学生分析和解决问题的能力。课程改革旨在让学生对社会组织的重要作用有所了解，激发学生学习研究社会组织的兴趣，更重要的是增强学生对中国社会组织参与全球治理的研究能力。具体而言，学生的能力建设包含三种目标：在知识目标上，课程使学生掌握社会组织和全球治理的基本概念及其理论范式，了解中国社会组织参与全球治理的实践基础；在能力目标上，以应用上述知识为基础，对中国的社会组织治理实践进行分析与讨论，组织学生参与中国的社会组织的工作，增强学生发现问题和解决问题的能力；在素质目标上，在知识教育和能力培养的基础上，激发学生的创新意识和创新精神，达到学以致用的目的，并深刻认识到百年未有之大变局下中国参与全球治理的载体与形式将发生较大变化，同时培养学生的学术规范能力，通过完成研究报告培养学生的写作素质。

第三，教材建设目标。基于课堂讲义及实践调研报告，推动中英双语专著/教材《中国社会组织参与全球治理：理论与实践》的出版。一方面，为全球治理与国别区域研究专业的学生提供扎实可信的素材依托，为相关领域一线教师的同类课程提供可资借鉴的授课模板，另一方面汇聚中国社会组织参与全球治理的最鲜活知识。本书顺利出版后，将启动案例集的翻译工作，通过专著与案例外译，让世界更加深刻地了解中国社会组织在全球治理领域的参与度和贡献度，并为促进中外相关机构的合作更好地搭建桥梁。

第四，社会实践目标。一方面，中国社会组织在全球治理参与中面临着一些挑战，学生在课后通过实地调研、参与项目等方式，发掘社会组织面对的具体问题，并通过开展针对性的调查研究为中国社会组织提供有质量的咨询服务，推动社会组织解决面临的实际问题。与此同时，课程安排学生参与具体的社会组织的实践，培养学生对于社会组织的认同，增强感情链接从而有效协助社会组织工作。另一方面，推动课程设置涵盖的不同类型的社会组织彼此交往，让社会组织在不同领域增加朋友圈，加大组织间关联性，促进社会组织网络建设，从而提升其参与全球治理的能力。

第五，咨政建言目标。结合课堂教学及实践教学的成果，为政府机构及社会组织提供政策建议，促进社会组织健康有序发展，服务党和国家的工作大局。通过授课考核，学生们在专业导师及实践导师的指导下将撰写关于社会组织的研究报告，并就社会组织走出去的制约因素及所需要的政策支持为政府相关机构提供建议，从而帮助政府为中国社会组织的发展构建完备的政策体系，推进政府和社会组织之间建立良好的关系，进而深化社会组织参与全球治理的程度，在国际上更好地树立中国社会组织的形象。

## 四、研究展开：过程与重点

2021 年秋季学期，我们展开了对中国民促会、中国和平发展基金会、全球化智库、世界针灸学会联合会、北京平澜公益基金会、北京市志愿服务联合会六个组织的调研。我们有幸邀请到了中国民促会秘书长王香奕、中国和平发展基金会副秘书长王华、全球化智库副主任刘宏、世界针灸学会联合会主席刘保延、北京平澜公益基金会理事长王珂、北京市志愿服务联合会国际部负责人王欣参与课程建设。

第一课由六位实践导师分别简要介绍各组织机构的基本情况、主要业务领域、参与全球治理的实践做法，他们建议北外师生就开展调研的领域进行交流研讨，之后按照实践导师与选课学生的意愿进行双选，最终确定每 5—6 名学生成立一个研究小组，追踪一个组织。按照学术导师及实践导师的建议，同学们初步拟定开题报告，并邀请六个机构的负责人分别作与课题研究相关的专题报告，根据师生的互动反馈确定下一阶段实践调研的问题清单，并在赴各组织走访的过程中逐一研讨，形成最后的期末报告。

学校各学院的专家学者与青年教师也为本课程贡献了宝贵的智慧，国际关系学院张颖教授参加了开题报告并一一点评校正研究方向；历史学院董成龙副教授深入参与北京市志愿服务联合会的研究，与我共同完成了咨政报告并获得采纳；国际组织学院王壮壮老师基于对全球气候治理议题的关注，为中国民促会研究小组提供了宝贵建议；北外学院武亦文老师全程参与了本门课程的建设，并与全球化智库研究小组的同学深入研讨；北外学院、国际组织学院党总支副书记李爱国，北外学院办公室主任崔玉晶，团总支副书记、辅导员郭宇嘉，外事秘书刘翰林老师也多次参与实践调研，并结合学院的人才培养目标提出非常有针对性的建议。

虽然我们是第一年开设该课程，但因为得到各组织机构的大力支持，整个过程非常顺畅。虽然因新冠肺炎疫情突发，未能按照课程安排赴中国民促会与北京市志愿服务联合会线下调研，但在王香奕老师和王欣老师协调安排下，我们进行了线上“云参观”。该学期理论和实践教学结束后，中国民促会研究小组曹舒雨、李佳萌、苗佳艺、林修瑞、王牧天，中国和平发展基金会研究小组李琛琦、孙家威、彭冯晟世、王旭、温祎凡，全球化智库研究小组沈奕、施骁原、孙毅超、王馨悦、巫逸菲，世界针灸学会联合会研究小组李嘉文、付敬乐、凌一凡、周润琪，北京平澜公益基金会研究小组李讯、骆涵、唐竹心、朱钰宸，以及北京市志愿服务联合会研究小组闫祉萌、王乐怡、葛晓辞、温一超、王乐为、张琳捷，在我和实践导师的指导下初步完成调研报告。在与学生们反复推敲选题与研究框架，以及与实践导师的多轮求教讨论中，我对中国社会组织的认识逐渐深刻，对于不同功能领域、不同发展背景的社会组织所能发挥的作用也逐渐明晰。

特别值得一提的是，课程建设过程中，在国际志愿服务的课题研究基础上，成功孵化了“国际志愿服务人才库人才状况”委托课题项目，并进一步促成北京外国语大学与北京市志愿服务联合会签署合作协议。作为试点单位，北外学院第一批派往联合国驻华机构如联合国开发计划署、联合国志愿人员组织和联合国人口基金岗位的六名志愿者已经上岗，未来会根据形势及需求进一步延展学生们的实践课堂。

2022年9月27日，2022年国际志愿服务骨干培训班开班仪式在外研社举行。北京外国语大学党委副书记、副校长兼北外学院院长贾文键，共青团中央青年志愿者行动指导中心纪委书记、副主任朱昊炜，共青团北京市委副书记、北京市志愿服务联合会副会长兼秘书长李健出席仪式并讲话。贾文键教授在2022年国际志愿服务骨干培训班开班仪式上对入选2022年国际志愿服务骨干培训班的志愿者们提出了三点希望：一是厚植中国情怀，胸怀崇高理想。在世界的舞台上看世界、看中国，为中国、为世界谋未来。二是做好文化交流的使者，当好世界桥梁。充分发挥外语优势，不断推动中国更好走向世界、世界更好了解中国。三是认真做事、不怕挫折。保持良好心态，积极克服困难，不断积累人生成长的经历。[①]这既彰显了北外的优良传统和在人才培养方面的探索与实践，也进一步增进了青年学子对在中国社会组织中发挥积极作用的认识和理解。

北外学院一学期本科课程建设结束后，在国际组织学院常务副院长李辉教授的指导和帮助下，本门课程顺利落地国际组织学院硕士生课堂。国际组织学院是国际组织与全球治理硕士人才培养的重镇，我非常珍惜这个授课机会，在总结既有教学成果的基础上，与国际组织学院陈泽雨、俞可心、王靖潼、吴子衡、李德民五位硕士研究生深入研讨了下一轮课程建设安排。在与国际组织学院学生的研讨中，我逐渐提炼出五个组织参与全球治理的不同方向和特点。

本书的研究重点除了中国社会组织参与全球治理的实践，还侧重同联合国2030年可持续发展目标的对照梳理。对中国而言，全球治理并非仅停留在国际层面，中国的“十二五”“十三五”“十四五”规划

① 《2022年国际志愿服务骨干培训班开班仪式在北外举行》，https://news.bfsu.edu.cn/archives/293824。

都具有周期性，同时与联合国的发展议程和发展目标有一定统一性。

例如，减贫是联合国千年发展目标中的首要关切。中国作为世界上减贫人口最多的国家，是第一个完成联合国千年发展目标减贫目标的发展中国家，对全球减贫贡献率超过70%。2015年，在全球发展差距不断扩大的背景下，联合国出台了《联合国2030年可持续发展议程》，制定了17个可持续发展目标（Sustainable Development Goals，SDGs）。[①] 在17个可持续发展目标之下有169项小目标。结合这些可持续发展目标，中国制定了《中国落实2030年可持续发展议程国别方案》，这是中国努力做负责任大国、为全球可持续发展贡献力量的又一有力证明。差不多两三年以前，我在课堂讲授有关SDGs的内容时，曾跟学生们探讨：很多学生现在已经是“零零后”了，在大家三十而立的时候，就是2030年的时候，每个人都可以回顾一下，这15年联合国完成目标情况如何，因为这17个目标跟每一个人的生活、跟每一个国家的政治格局与经济发展也是息息相关的。

这里还想再补充一点关于联合国“语言”的个人看法，15年的规划，即便对于国际社会来说也稍显漫长，不过从另外一个角度讲，横跨15年的17个目标也将会成为未来15年全球通行的“语言”。那么，联合国的“语言”有什么样的特点？

一个目标一旦成为联合国的发展目标，也就成为一种全球共识，即全球通行的“语言”，具有共通性和连接性外，人类能借此传递关于历史传统、文化交流的种种记忆。同时，联合国的“语言”还具有高度的模糊性（Ambiguity），这是由客观现实所造成的，因此，人们常常会以批判性的目光来审视这些目标。

联合国2030年可持续发展目标体现了清晰与模糊的矛盾统一，比如：消除贫困、消除饥饿、健康福祉、优质教育、性别平等、体面工作等目标具有相对清晰的界限，也一定程度对应着联合国粮农组织、

---

① 《联合国可持续发展目标》，https://www.un.org/sustainabledevelopment/zh/development-agenda/。

世界卫生组织、联合国教科文组织、联合国妇女署、国际劳工组织等专门机构的工作，但清洁饮水、海洋环境、陆地生态、机构正义、全球伙伴等目标就存在一定模糊性，甚至存在不同组织机构功能领域的交叉重叠，因此体现了联合国“语言”的模糊性。

为了更好地分析和宣介中国社会组织参与全球治理的实践，本书在每章的案例分析中，都按照联合国的“语言”和“逻辑”总结提炼不同社会组织发挥的作用，并将中国整体参与情况特别是《中国落实2030年可持续发展议程国别自愿陈述报告》中的国家发展目标与联合国2030年可持续发展目标相对应，进一步总结中国及中国社会组织在参与全球治理中发挥的积极作用。在本书中，读者可以初步了解优质教育、消除贫困、陆地生态等可持续发展目标的基本定义，在了解全球共识的基础上，通过对比国家行为体、政府间国际组织、中国社会组织等的不同参与方式和特点，进一步认知和理解未来全球治理的多主体性。

# 目　录

# 第一章　中国社会组织参与全球治理

## ——以具有联合国经济及社会理事会咨商地位的中国社会组织为例

当前，世界正处在百年未有之大变局，国际力量对比和大国战略关系都面临深刻的变化与调整。中国秉承构建人类命运共同体的理念，通过联合国体系和其他多边国际机制，正日益深入地参与全球治理。除了国家行为体和次国家行为体之外，中国的社会组织也逐渐参与到全球治理中去。全球治理理论重视参与主体的多元和国际制度的重要作用，学界也就这些主题进行了较为丰富的研究。但是，现有研究对国内社会组织直接作为行为主体、参与全球治理方面的关注相对不足，国内社会组织与全球治理的关系尚有待深入挖掘。全球治理之所以能超越传统的现实主义逻辑，不仅在于它强调国际制度的作用，还在于它强调一国的社会组织、跨国公司等多元行为体的能动作用。各国社会组织参与全球治理，是各国参与全球治理的有机组成部分。研究具有联合国经济及社会理事会（以下简称“联合国经社理事会”）咨商地位的中国社会组织参与全球治理的基本情况，有助于我们理解中国社会组织作为全球治理的主体所发挥的作用，从而更全面地理解中国对全球治理的全面参与、多层影响和发展态势。基于此，本章将结合联合国经社理事会咨商地位的特点与要求，探讨中国社会组织在全球治理不同领域中的参与情况，旨在为理解、践行和推进全球治理的中国角色提供可靠的数据来源和有效的理论分析，同时为全球治理研究增加中国社会组织的观察视角。

## 第一节 中国社会组织参与全球治理的方式

联合国最早使用“非政府组织”一词，并赋予它积极的制度性含义和参与国际公共决策的特殊地位。在联合国官方网站上，非政府组织定义如下：非政府组织是在地方、国家或国际层面上组织起来的非营利性的、志愿性的公民组织。非政府组织具有任务导向，由兴趣相同的人们推动，它们提供各种各样的服务，并发挥人道主义作用，向政府反映公民关心的问题，监督政策和鼓励在社区层面上的政治参与；它们提供分析和专门知识，充当早期预警机制，帮助监督和执行国际协议。有些非政府组织是围绕诸如人权、环境或健康等具体问题组织起来的，它们与联合国系统各办事处和机构的关系会因其目标、地点和任务不同而有所差异。[①]

著名学者莱斯特·萨拉蒙认为，非营利组织或非政府组织是具有如下共同特征的社会组织：第一，组织性，即有一定的制度和结构；第二，民间性，即独立于国家和政府体系之外；第三，非营利性，即不以营利为目的，不分红；第四，自治性，即能够自主决策和自主活动；第五，志愿性，即组织的成员并非受某种外在强制，而是秉持志愿精神自愿组成，其活动经费也来自志愿捐赠。[②] 这五大特征可以基本对应萨拉蒙从经济、法律及目标方面对于社会组织的概括。对于组织获取资源的方式，需要具有特定的法律形式或是免于缴纳部分或全部

---

① 《非政府组织与联合国新闻部：一些问题和回答》，http://www. un. org/chinese/aboutun/ngo/qanda. html。

② 莱斯特·萨拉蒙著，陈一梅等译：《全球公民社会》，北京：社会科学文献出版社，2007年版，第12—13页。

税款，侧重于通过赋权和参与等方式使公共利益得到提升，使贫困等结构性根源问题得到解决。①

在中国，非政府组织的称呼更加多样化，政府法律或政策文件以及学者们更多使用“社会团体”、“民办非企业单位”等称呼。“社会团体”或“社团”主要强调公民社会组织的社会性，有时被称为公民团体以突出它的宪法特征和政治性，并突出它与政府和企业的不同。徐家良按照宏观、中观和微观对社会组织进行了分类，宏观的社会组织包括社会团体、民办非企业单位、基金会（民政部门注册）、人民团体（免登记）、群众团体（免登记）、事业单位（中央机构编制委员会办公室注册）、居民委员会、村民委员会（民政部门管理）、业主委员会（民政部门注册）、宗教场所（民族和宗教委员会登记）、社会企业（工商部门注册）、黑社会、恐怖组织等；中观的社会组织包括社会团体、基金会、民办非企业单位（民政部门注册）、人民团体（免登记）、群众团体（免登记）、事业单位（中央机构编制委员会办公室注册）、居民委员会、村民委员会（民政部门管理）、业主委员会（民政部门注册）、社会企业（工商部门注册）等；微观的社会组织仅指在民政部门注册的三种组织类型，即社会团体、基金会和民办非企业单位。② 社会组织蓝皮书通常按社会团体、民办非企业单位、基金会、慈善组织、中国社会企业等进行分类研究。本研究主要关注中国社会组织参与全球治理的实践，因此专业性的协会与学会、基金会和慈善组织是本书的调查研究重点。③

① 徐家良等著:《新时期中国社会组织建设研究》,北京:中国社会科学出版社,2016 年版,第 2 页。

② 同①,第 3 页。

③ 在中促会的指导和帮助下,自 2021 年起,《中国社会组织参与全球治理:理论与实践》课程建设已经涵盖中国和平发展基金会、中国民间组织国际交流促进会、全球化智库、北京市志愿服务联合会、世界针灸学会联合会、北京平澜公益基金会、中国联合国协会、中国乡村发展基金会(原中国扶贫基金会)、中国机械工程学会、北京青少年法律援助与研究中心、中国网络社会组织联合会、北京青爱教育基金会共 12 家社会组织。

## 一、中国社会组织参与全球治理的概况

中国自2007年开始逐步开展社会组织与挂靠政府机构的脱钩管理，目前已经逐步实现了社会组织的独立有序运行。在中国，随着经济发展，国内社会与国际接轨的水平不断提高，公共产品供给的主体也随之变化，出现了“政府+企业”“政府+社会组织”“企业+社会组织”“政府+企业+社会组织”等多种形式。① 根据作者近年的观察与调研，在中国，国际化程度较高的社会组织有较多是之前挂靠政府部门的机构，虽然这些社会组织近年来逐步实现与政府脱钩，但仍然与政府保持着较为紧密的合作关系。需要提出的是，这样的工作模式并未影响中国社会组织的独立发展，反而酝酿出了多个具有典型性及引领性、综合业务素质较高、国际合作渠道畅通的组织。

一国社会组织虽然在主权国家内登记、注册，但可以对全球治理发表自己的看法，并在其国内采取一些相应行动。如果得到重要国际组织的承认，国内社会组织还有机会在一些国际制度平台上发表观点和采取行动，成为跨国性全球治理行动的直接参与者，对全球治理态势产生影响。中国在1971年恢复联合国合法席位，中国对联合国专门机构、相关组织的参与将近一半开始于20世纪80年代，自那之后中国逐渐开始全面地同其他政府间国际组织建立网络。② 以联合国为中心的政府间国际组织奠定了世界秩序的基本制度体系，其中，联合国经社理事会授予一些国内社会组织以咨商地位，使得这些社会组织能够直接在全球舞台上发表自己的观点、直接与各国政府进行对话，国际制度与国家和非国家行为体在联合国框架下构成了一个密切互动的网络。尽管联合国经社理事会并不是国内社会组织参与全球治理的唯一

---

① 黄晓渝、蒋永穆、任泰山：《中国社会组织演化：过程、动因及政策》，北京：光明日报出版社，2021年版，第23页。

② 张蕴岭、任晶晶等：《中国对外关系：1978—2018》，北京：社会科学文献出版社，2020年版，第91—92页。

渠道，但一国获得联合国经社理事会咨商地位的社会组织数量很大程度上能够说明该国社会组织在全球治理中的活跃度和重要程度。

## 二、中国社会组织参与全球治理的方式

联合国经社理事会咨商地位是中国社会组织参与全球治理的重要方式。作为联合国的六大主要机构之一，联合国经社理事会是联合国系统推进可持续发展三大层面——经济、社会和环境——的核心机构，也是联合国同各类非政府组织建立工作关系的重要机构。根据《联合国宪章》第 71 条规定："经济及社会理事会可就其职权范围内的事项适当安排与非政府组织之间的磋商。这些安排可以与国际组织进行，并在适当情况下与国际组织进行磋商后与有关联合国会员国进行。"这一规定为联合国经社理事会同非政府组织开展交流合作、构建伙伴关系提供了权威性支持。[①] 联合国经社理事会是唯一一个具有非政府组织正式参与框架的主要国际机构。1946 年，全世界共有 41 个非政府组织获得了联合国经社理事会咨商地位；截至 2022 年 11 月，这一数字已增加至 6319 个。[②]

咨商地位是联合国对非政府组织给予国际承认的重要标志。其中最有代表性和权威性的是联合国经社理事会的咨商地位。联合国通过这种方式，承认国际上重要的、富有影响力的非政府组织，以方便各类非政府组织相互合作，共同发挥在国际事务中的作用。对非政府组织而言，获得联合国咨商地位是其国际化战略的关键一步，这意味着能够直接参与联合国相关议题的讨论，扩大组织国际影响力，借助联合国的平台在世界范围内开展符合《联合国宪章》宗旨的相关活动，提升组织的国际声誉。对联合国而言，通过与各类非政府组织建立伙伴关系及合作机

① Working with ECOSOC: An NGOs Guide to Consultative Status, http://csonet.org/index.php?menu=134.

② Consultative Status with ECOSOC and Other Accreditations, https://esango.un.org/civilsociety/displayConsultativeStatusSearch.do?method=search&sessionCheck=false.

制，有利于其更好地在经济、社会、文化、环境、教育等领域发挥作用，加强各类组织间的优势互补，最终推动和实现联合国各项政策目标。

联合国经社理事会咨商地位有三种类型，分别是：全面咨商地位（General Consultative Status）、特别咨商地位（Special Consultative Status）和名册咨商地位（Roster Consulative Status）。全面咨商地位主要授予代表各国大部分社会阶层的非政府组织，这些非政府组织通常具有规模大、地理覆盖范围广、国际地位良好等特征，其工作领域涵盖了联合国经社理事会及其附属机构议程上的大部分问题。特别咨商地位主要授予在联合国经社理事会所涵盖的一些活动领域中具有特殊权限并特别关注某个活动领域的非政府组织，这些非政府组织一般规模较小、成立时间较短。名册咨商地位主要授予那些专注于受众领域有限或者专门技术领域，并偶尔为联合国经社理事会或其附属机构的工作作出有益贡献的非政府组织。

1996 年 7 月 24 日通过的联合国经社理事会第 1996/31 号决议进一步规范并细化了联合国与非政府组织之间的咨商关系，主要涉及申请资格、关系建立、协商程序等内容。联合国经社理事会与非政府组织的咨商安排主要有：第一，建立咨商关系适用性原则，规范咨商地位申请条件；第二，规范非政府组织与联合国经社理事会协商程序；第三，规范有非政府组织参加的联合国国际会议及其筹备过程；第四，规范关于停止和撤销咨商地位的原则和程序；第五，规范非政府组织委员会职能和运行机制；第六，规定非政府组织同秘书处关系准则，其中主要包括“与秘书处协商”和“秘书处支助”两部分内容。①

联合国经社理事会咨商地位机制对联合国实现其职能与目标，以及非政府组织实现自身发展发挥着重要作用。咨商地位的作用方式在联合国经社理事会第 1996/31 号决议第二部分得到了充分体现：“一方面，将作出协商安排，以便使理事会或其一个机构能够从具有特别权限的组织获得专家信息或咨询意见，从而使该组织在协商安排的议题

---

① Consultative Relationship Between the United Nations and Non-Governmental Organizations, https://www.unov.org/documents/NGO/NGO_Resolution_1996_31.pdf.

上具有特殊作用；另一方面，使代表公众舆论重要内容的国际、区域、次区域和国家组织能够表达自己的观点。”① 具体而言，非政府组织可以通过咨商地位发挥以下作用：直接根据其在该领域的经验提出有针对性的分析意见；担任预警代理机构；帮助监督和实施国际协议；帮助提高公众对相关问题的认识；推进联合国的目标和宗旨方针；为组织活动提供重要信息。② 通过构建与各类非政府组织的伙伴关系，联合国能够获得特定领域的专家信息或咨询意见，在具体议题上充分利用非政府组织独特作用，提高联合国实现组织目标的执行力、专业性与高效性。

因此，联合国经社理事会咨商地位是联合国与非政府组织之间正式关系的核心。咨商地位既代表一个社会组织参与全球治理的能力和影响力受到的普遍认可，同时也赋予了该组织通过公开公平的渠道参与联合国框架内各项会议、活动的权利。在此基础上，非政府组织可以更好地发挥谏言发声、议题设置乃至规范制定的作用。

## 第二节　中国社会组织具有联合国经社理事会咨商地位统计分析③

面临百年未有之大变局，中国始终坚持做世界和平的建设者、全

---

① Article 20, Resolution 1996/31, 49th Plenary Meeting, Consultative Relationship Between the United Nations and Non-Governmental Organizations, 25 July 1996, p. 8.

② 《王毅出席第 77 届联合国大会一般性辩论并发表演讲》, https://baijiahao. baidu. com/s?id = 1744990740292198914&wfr = spider&for = pc。

③ 本节的数据分析要特别感谢北京外国语大学“双一流”重大标志性项目《国际组织数据库建设》的团队成员，特别是北京外国语大学北外学院付敬乐、国际关系学院沈弋翔所做的细致工作。结合北京外国语大学“全球语言”“全球文化”与“全球治理”三大学科领域发展战略，对标国际组织功能分类，北京外国语大学国际组织数据库研究团队将政府间国际组织分为 12 类：政治、经济、文化、军事、法律、人权、生态、传播、科技、卫生、教育和其他。在清理国际组织名单、搜集整理相关信息时，研究团队为每一个国际组织标注功能领域的分类标签。鉴于很多国际组织具有跨领域的功能属性，每个国际组织最多可以在上述 12 种分类中标注 5 个标签。同一组织具有的不同标签所表示的专业程度，由标签 1 至标签 5 递减。此部分的数据包括中国具有联合国经社理事会咨商地位的 89 个组织中的 87 个，由于无法确定亚太家庭组织与和平家园基金会的功能领域，故未将其纳入数据分析。

球发展的贡献者、国际秩序的维护者、公共产品的提供者、热点问题的斡旋者。[①] 在以联合国为代表的政府间国际组织中承担大国责任，努力构建人类命运共同体。中国政府的行动和贡献是中国参与全球治理的主要方面，特别是在促进世界和平、维护国际秩序、斡旋热点问题等领域，政府发挥着绝对的支配作用。但与此同时党的十九届四中全会审议通过的《中共中央关于坚持和完善中国特色社会主义制度、推进国家治理体系和治理能力现代化若干重大问题的决定》明确提出“建设人人有责、人人尽责、人人享有的社会治理共同体”[②]。2021年10月25日，国家主席习近平在北京出席中华人民共和国恢复联合国合法席位50周年纪念会议并发表重要讲话，进一步指出：“要增强人民发展能力，形成人人参与、人人享有的发展环境，创造发展成果更多更公平惠及每一个国家每一个人的发展局面。”[③] 在此背景下，新时期“源于民众、深入基层”的中国社会组织在参与全球治理、为全球发展作出积极贡献、为国际社会提供公共产品方面不断取得新进展。截至2022年8月，中国已有89个社会组织取得了联合国经社理事会的咨商地位，获得了国际制度承认的全球治理参与资格与实践平台。

中国享有联合国经社理事会咨商地位的社会组织在地理分布、时间层面与功能领域分布上具有以下特点。

首先，在空间范围上，这些社会组织的地理分布反映了社会资源的空间集聚。中国享有联合国经社理事会咨商地位的社会组织呈现出鲜明的主次差序的发展格局。在开放程度和经济水平较高且政治功能突出的地区，社会组织的国际化程度较高、规模也相对庞大。就发展现状来看，位于北京市与香港特别行政区的社会组织起步早，并且保

① 《王毅出席第77届联合国大会一般性辩论并发表演讲》，http://www.gov.cn/xinwen/2022-09/25/content_5711761.htm。

② 《建设人人有责、人人尽责、人人享有的社会治理共同体》，http://www.rmlt.com.cn/2022/1026/658885.shtml。

③ 《习近平：坚持以人民为中心，形成人人参与、人人享有的发展环境》，http://www.news.cn/2021-10/25/c_1127992491.htm。

持了相对稳定的活力。如图 1-1 所示，这些组织中有 74.16%都集中在中国大陆，剩下四分之一集中在港澳台地区。北京市、其他重要省会城市和经济较为发达的一线城市是这些组织的首选城市。北京市和香港特别行政区是最集中的两个地区，分别为 57 家和 19 家，二者之和占总数的 85.4%。同时，进入 21 世纪以来，尤其是近十年间，这些社会组织的地理分布日趋多元，上海、西安、深圳、广州、三亚、海口都是在这个阶段出现了新增享有咨商地位的社会组织。放眼未来，社会组织的地理分布会更加多元分散。

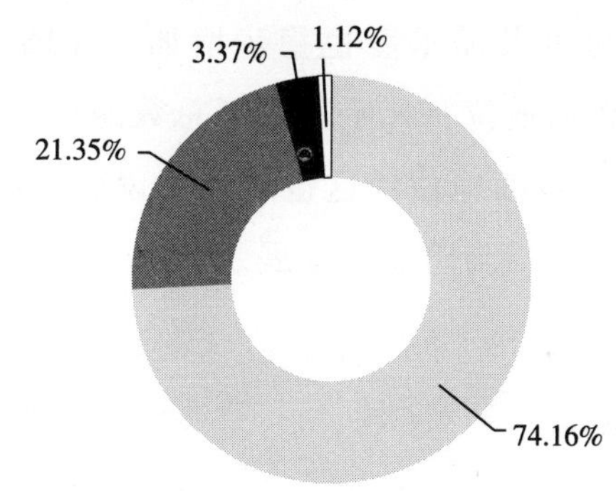


图 1-1　中国享有联合国经社理事会咨商地位社会组织的地理分布

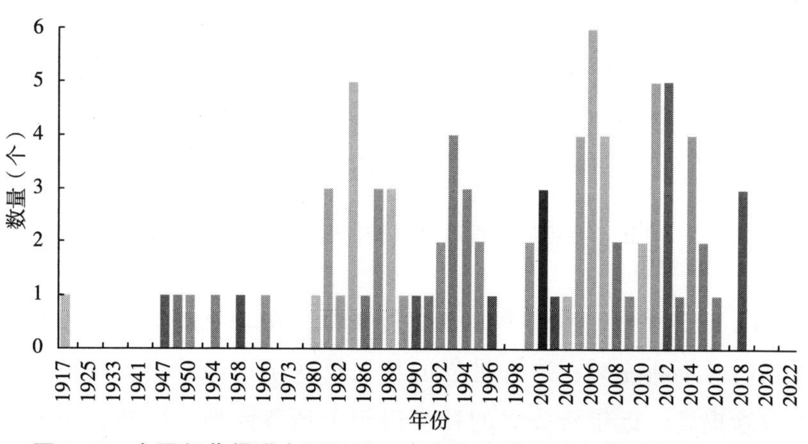


图 1-2　中国新获得联合国经社理事会咨商地位社会组织的年份分布

其次，在时间层面上，一国社会组织获得联合国经社理事会咨商地位的时间能够说明该国国内和国际社会对其重视程度的变化。如图1-2所示，享有咨商地位的中国社会组织在1980年之后开始涌现，虽然每年具体数量存在波动，但近40年来整体呈现逐步增加的趋势。在高峰时期，中国一年新增的组织数量达4—5个。同时，中国社会组织获得咨商地位认定所需的平均用时还能反映出其国际影响力的变化。在中国社会组织成立的高峰期和获得咨商地位的高峰期之间存在20年的滞后期，除20世纪90年代中期的短暂高峰，享有咨商地位的中国社会组织普遍出现于21世纪，上升热潮表明中国社会组织的发展正渐趋成熟，国内外认可度及需求度也稳步增加。2015—2022年有45家中国社会组织获得咨商地位，几乎占到了总数的一半，仅2021年就有14家社会组织获得了咨商地位，这也进一步说明了中国社会组织在国际化进程中的指数式增长与跨越式发展。

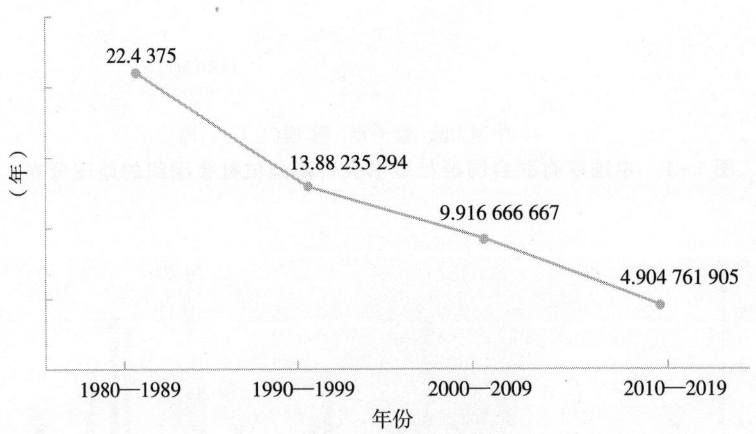


**图1-3　中国社会组织获得联合国经社理事会咨商地位的平均用时**

如图1-3所示，1980年以来，中国社会组织从成立到获得咨商地位平均时长不断递减；这一进程的加快反映了中国社会组织的成熟程度在逐渐提高。近年新成立的社会组织申请咨商地位的意识也有所增强，有的组织成立五年左右就成功获得了联合国经社理事会咨商地位。

纵观所有组织的申请年份和批准年份，绝大多数组织都在申请当年或在下一年获得批准，这说明中国社会组织国际化程度日渐提升，对于联合国体系的评价指标愈发熟悉，被认可度整体上升。

再次，中国享有联合国经社理事会咨商地位的社会组织在功能领域分布上也存在较为显著的特点。这些社会组织主要涉及经济、人权、传播、军事、卫生、政治、教育、文化、法律、生态、科技和其他等12个功能领域。图1-4展现了这些社会组织基于综合功能领域的分布情况，图1-5反映了首要功能领域（标签1）的分布情况。中国社会组织的发展呈三分态势：超过一半的组织将经济、文化和人权作为最主要的功能领域；其次是卫生、教育和传播类组织；再次是政治、生态、科技、法律类组织。由此可见，经济、文化和人权是中国社会组织最为领先、最受重视、需求最大，也最受国际认可的三个功能领域。由于不同类别的社会组织在运行和发展中通常是相互关联的，社会组织的发展也受到其自身逻辑的限制，例如，中国政治类的社会组织通常带有服务属性，且在所有类别中占比较小。另外，具有三个及以上标

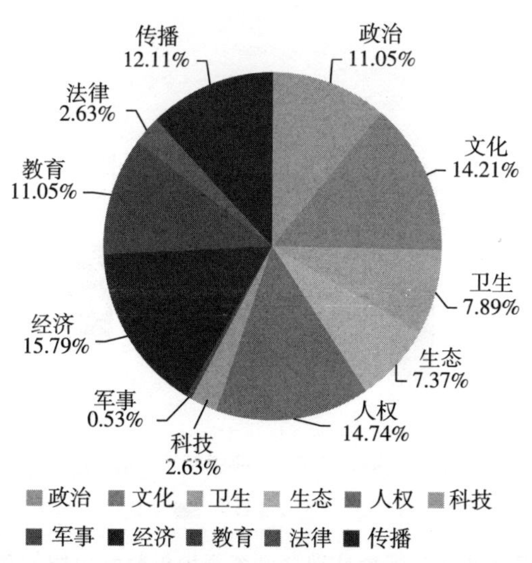


图1-4　中国享有联合国经社理事会咨商地位社会组织的综合功能领域分布

签的社会组织通常被认为是综合性社会组织，这类组织占总数的38.2%，说明在中国，享有联合国经社理事会咨商地位的社会组织仍然以专门组织为主，约占总数的60%。

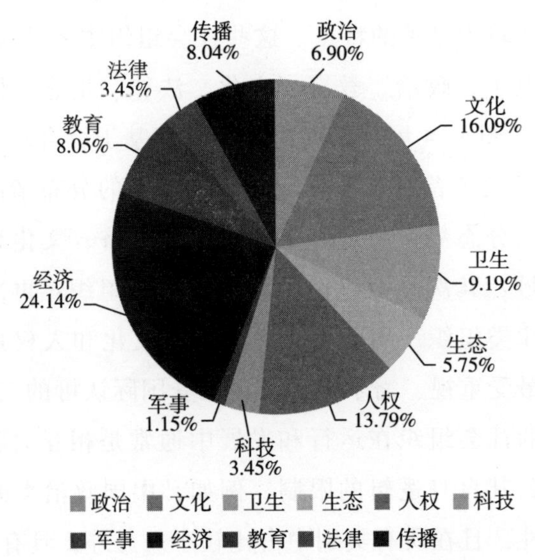


图 1-5　中国享有联合国经社理事会咨商地位社会组织的首要功能领域分布

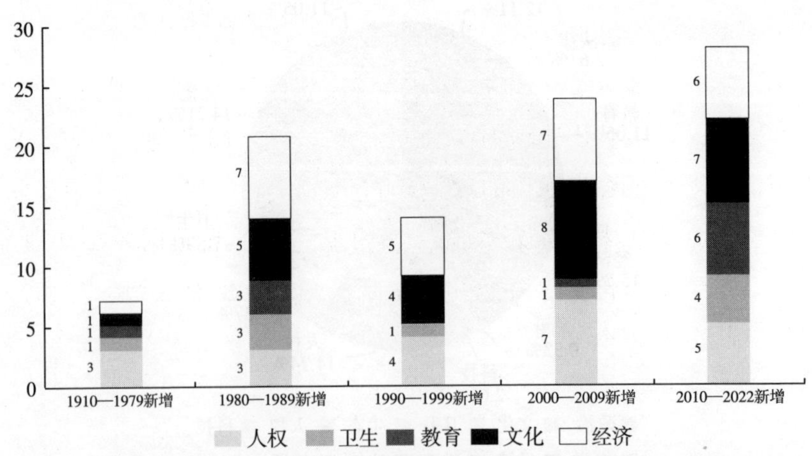


图 1-6　中国新增联合国经社理事会咨商地位社会组织的功能领域分布（按组织成立年份统计）

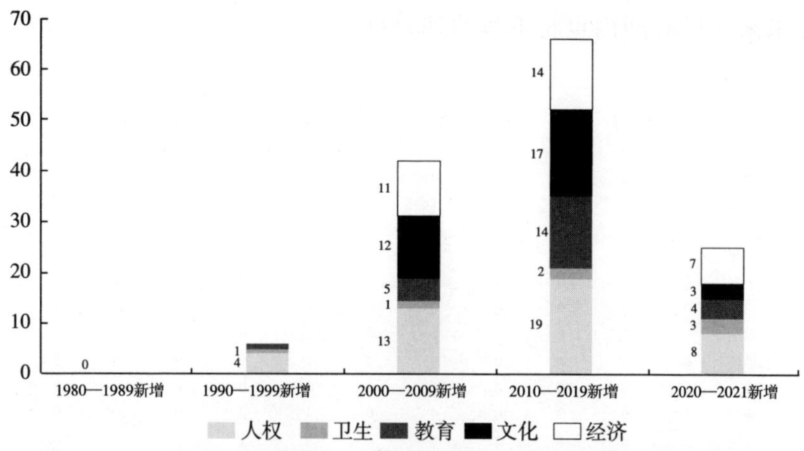


**图 1-7　中国享有联合国经社理事会咨商地位社会组织功能领域分布**
**（按组织获得咨商地位年份统计）**

观察不同功能领域社会组织的发展轨迹，如图 1-6 和图 1-7 所示，可发现以下几个特点。第一，布局平衡。中国各门类社会组织获得咨商地位的起步时间基本在 20 世纪 80 年代，尽管发展速度存在区别，但几乎涵盖了所有领域。第二，重点突出。在发展初期，获得咨商地位的组织主要是人权、传播、经济、教育和文化类组织，这些突出方面奠定了中国社会组织发展的基本格局。第三，多元均衡。从 20 世纪 90 年代开始，随着中国社会各领域的发展，政治、生态和科技类组织获得咨商地位的数量快速增加；21 世纪的第一个 10 年间，教育、文化类组织的新增获得咨商地位的数量达到高峰；而近 10 年，获得咨商地位的社会组织以人权、经济类为主。由此可见，在不同的历史阶段，中国社会组织国际化发展各有侧重，既巩固维系着社会组织均衡协调的总体架构，又不断丰富着既有的发展格局。就近期增长趋势而言，经济类和人权类组织的增长数量和发展速度均较为突出，这主要是因为中国近年来对实现国家经济合理稳健发展、教育兴国，以及保障人的基本生存权、发展权的重视程度不断提高，因此有利于赋能劳动力、提高生活水平、维系正当权益的社会组织更能适应社会需求，此类组织在未来一段时期内也将继续快速发展。

| | 人权 | 传播 | 军事 | 卫生 | 政治 | 教育 | 文化 | 法律 | 生态 | 科技 | 经济 |
|---|---|---|---|---|---|---|---|---|---|---|---|
| 台北 | 0 | 0 | 0 | 0 | 0 | 0 | 0 | 0 | 0 | 0 | 1 |
| 长沙 | 0 | 0 | 0 | 0 | 0 | 0 | 0 | 0 | 0 | 0 | 1 |
| 西安 | 0 | 0 | 0 | 0 | 1 | 0 | 0 | 0 | 0 | 0 | 0 |
| 海口 | 0 | 1 | 0 | 0 | 0 | 0 | 0 | 0 | 0 | 0 | 0 |
| 广州 | 0 | 0 | 0 | 0 | 0 | 0 | 1 | 0 | 0 | 0 | 1 |
| 上海 | 0 | 0 | 0 | 0 | 0 | 0 | 0 | 0 | 0 | 1 | 0 |
| 三亚 | 0 | 0 | 0 | 0 | 0 | 0 | 0 | 0 | 0 | 0 | 1 |
| 深圳 | 0 | 1 | 0 | 0 | 0 | 0 | 1 | 0 | 0 | 0 | 0 |
| 呼和浩特 | 0 | 0 | 0 | 0 | 0 | 0 | 1 | 0 | 0 | 0 | 0 |
| 南京 | 0 | 0 | 0 | 0 | 0 | 0 | 0 | 0 | 0 | 0 | 1 |
| 澳门 | 1 | 0 | 0 | 0 | 0 | 0 | 1 | 0 | 0 | 0 | 0 |
| 香港 | 5 | 0 | 0 | 2 | 0 | 0 | 3 | 1 | 1 | 0 | 6 |
| 北京 | 6 | 5 | 1 | 6 | 5 | 6 | 8 | 2 | 4 | 2 | 10 |

组织数量越多，颜色越深

**图 1-8 中国享有联合国经社理事会咨商地位社会组织的地理分布与功能领域分布**

结合地理、时间和功能领域三个维度，不难发现，享有咨商地位的社会组织的发展路径是“先发展综合类组织，再倾向于专门化组织”，这与一般理解的“先专门、再综合”的历史道路有所区别。此外，如图 1-8 所示，基于首要功能（标签 1）对所有组织的地理分布进行统计，可发现北京市是唯一具有全门类社会组织的城市。除北京这类超大规模城市，或是香港这类本身国际化程度很高的城市，其他城市的社会组织都只集中在特定领域，而在其他领域存在较大空白。同时，如图 1-9 所示，在联合国安理会五个常任理事国中，中国和俄罗斯享有咨商地位的社会组织数量明显较少，美国特别咨商组织和名册咨商组织的数量分别是中国的 12.4 倍和 94 倍。这也进一步提示我们应注重中国社会组织参与全球治理的意识提升、能力建设及效果评估，为下阶段中国参与全球治理的总体外交目标服务。

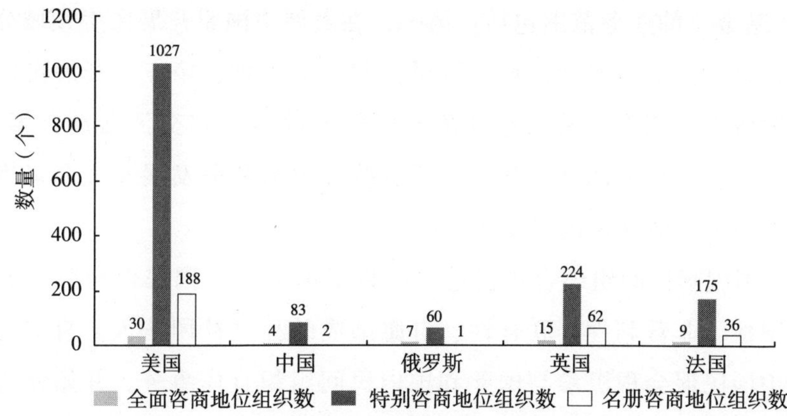


**图 1-9　联合国安理会常任理事国享有联合国经社理事会咨商地位社会组织的数量**

## 第三节　案例分析

虽然中国社会组织参与全球治理起步较晚，但已经不乏优秀案例。本书将通过对中国和平发展基金会、中国国际民间组织合作促进会、北京平澜公益基金会与世界针灸学会联合会在参与全球教育治理、全球环境治理、全球灾害治理与全球卫生治理方面所发挥的重要作用，聚焦维护和平、促进发展与保护人权三个领域进行案例分析。

中国和平发展基金会（China Foundation for Peace and Development）于 2011 年 1 月在民政部注册登记，总部设于北京。该基金会是中国第一个以全方位支持民间组织开展国际交流与合作为宗旨的全国性社会组织。① 中国和平发展基金会致力于传播中国的和平发展理念，促进世界和平发展与共同繁荣，这与联合国三大支柱性任务中的和平与发展高度契合。基金会的宗旨是：传播和平发展理念，开展国际公益项目和人文交流活动，支持中国民间组织开展国际交流，增进中国与世界各国人民之间的相互了解和友好合作，促进世界和平发展与共同繁

① 《中国和平发展基金会在京成立》，载《当代世界》，2011 年第 3 期，第 2 页。

荣。[①] 基金会的业务范围包括：第一，在发展中国家开展民生领域公益活动；第二，举办国际论坛、研讨会和人员培训；第三，开展民间外交课题研究；第四，参与联合国及国际非政府组织交流活动；第五，开展国际人文交流活动；第六，开展符合中国和平发展基金会宗旨的其他对外公益活动及民间交流工作。[②]

中国国际民间组织合作促进会（以下简称“中国民促会”）是一个全国性、非营利性、联合性、自愿结成的独立社团法人。自成立以来，中国民促会积极参与国际和国内民间组织合作事务，并始终与从事相关发展合作工作的多个国际组织机构保持着良好的合作关系。中国民促会2007年获得联合国经社理事会特别咨商地位，2011年获得联合国可持续发展大会咨商地位和联合国气候变化框架公约观察员资格。截至2020年年底，中国民促会共有国内会员146家，项目遍及全国31个省、市、自治区；同时还与192个国外民间组织和国际多双边机构建立合作关系，其中已有23个国家和地区的109个外国民间组织和国际多双边机构提供资金开展公益慈善项目合作。[③]

中国民促会业务范围十分广泛，覆盖扶贫与社区发展、卫生健康、社会性别、环境保护与气候变化、社会组织能力建设、公益研究与倡导等领域，受益人数达766万。其中，中国民促会在全球气候治理领域的参与尤其具有代表性，值得我们关注。中国民促会参与全球气候治理主要采用合作模式和服务模式两种路径，[④] 其中合作模式是中国社会组织参与气候治理的主要路径，也是中国民促会致力于通过社会组织影响气候变化决策、提高自身国际化水平的重要方式。服务模式实

① 《中国和平发展基金会章程》，https://cszg. mca. gov. cn/biz/ma/csmh/a/csmhadetail. html?aaee0101 = 10000021。

② 同①。

③ 中国国际民间组织合作促进会，http://www. cango. org/plus/list. php? tid = 90。

④ 这部分内容来源于在北京外国语大学国际组织学院开设的《中国社会组织参与全球治理》课程，我与同学们特别是中国民促会案例负责同学王靖潼多轮研讨该组织的特殊作用，最终总结了该组织在参与全球气候治理领域的国际国内合作模式。

际上属于一种间接合作模式，主要形式包括推动实践，起到示范作用；为国家政策制定及国际协商或谈判提供科学依据，发挥智库作用；进行公众教育和宣传，推动企业和公民的行动，创造政策支持基础。

北京平澜公益基金会是中国民办型社会组织参与全球治理的典型代表之一。基金会成立于2018年4月，由活跃在公益慈善、应急救援、公共外交等领域的爱心人士发起设立，以积极应对国内外人道危机、环境危机等突发事件。北京平澜公益基金会的行动主要涉及四个领域：救援与赈灾、排雷、难民援助与环境保护。该基金会行动范围遍布全球，有一定的延续性和系统性。在新冠肺炎疫情影响下，北京平澜公益基金会海外救援活动受到一定程度的制约，但是仍然尽可能凭借基金会在海外的分支机构和工作人员开展工作。

2020年，在北京市民政局组织的市级社会组织等级评估中，北京平澜公益基金会被评为4A级社会组织。2022年7月，北京平澜公益基金会获得联合国经社理事会特别咨商地位。机构自成立以来，先后开展山东寿光水灾救援、广东“山竹”台风灾害救援、宜宾地震救援、“利奇马”台风救援、南方水灾救援，以及泰国13名洞穴失踪少年搜救、非洲“伊代”飓风救援、朝鲜医疗援助、斯里兰卡暴恐人道援助、伊朗水灾救援、阿富汗地震救灾、巴基斯坦水灾救援等国内外人道援助行动。基金会在柬埔寨、黎巴嫩、津巴布韦、日内瓦、坦桑尼亚等国设立办公室，开展柬埔寨排雷行动、叙利亚难民人道援助、非洲反盗猎工作等，同时推动建立吉布提国际备灾库，联合中国人民对外友好协会召开“中美非民间组织在非洲开展人道援助工作座谈会”等行业会议。①

世界针灸学会联合会（以下简称“世界针联”）于1984年开始筹备，经国务院批准，由中国方面牵头，在世界卫生组织的指导下，于1987年11月在中国北京成立。20世纪50年代以来，针灸医学在国际

① 北京平澜公益基金会官网，http://www.peaceland.org.cn/introduction/。

上的发展进入了一个崭新的阶段，这就是传统的针灸技术与现代科学技术相结合的阶段。在这个阶段里，从中国传统医学中孕育而生的针灸技术已被证实与西方的医学物理疗法完全不同，开始逐渐被西方医学界接受并走出自己的独特发展道路。20 世纪七八十年代，针灸医学越来越受到各国医学界的关注，学习、应用、研究针灸的医生和学者与日俱增。针灸传播到 120 多个国家和地区，许多国家成立了非官方针灸学术组织，国际性的针灸学术交流活动日益频繁。伴随着国际上“针灸热潮”的到来，各国针灸界的一些有识之士认为，组建一个世界性的针灸学术联合组织，已经成为促进世界针灸医学发展的直接需要。① 针灸文化起源于中国，因此由中国来牵头建立一个国际性针灸组织是符合国际针灸界需求的。

世界针联是与世界卫生组织建立正式工作关系的、与国际标准化组织建立 A 级联络关系的非政府性针灸团体的国际联合组织，总部设在北京。该机构的宗旨是促进世界针灸界之间的了解和合作，加强国际学术交流，进一步发展针灸医学，不断提高针灸医学在世界卫生保健工作中的地位和作用，为人类的健康作出贡献。② 世界针联的主要任务包括：组织世界针灸学术大会、中型学术研讨会和专题学术讨论会；促进国际针灸界之间的友好往来，鼓励各种针灸学术交流；完成与世界卫生组织建立正式关系所承担的工作，实施世界卫生组织传统医学战略；宣传和推广针灸医学，争取各国针灸合法地位；发展针灸教育，提高从业人员水平；开展针灸医疗服务；出版针灸学术刊物，提供针灸信息服务；制定和推广有关针灸的国际标准；为实现本会宗旨所必须承担的其他任务。③

本书将就四个典型的中国社会组织参与全球教育治理、气候治理、

---

① 王雪苔：《针灸的现状与未来》，《纪念承淡安先生诞辰一百周年暨国际针灸发展学术研讨会论文集》，1998 年。

② 《世界针灸学会联合会》，http://www.wfasedu.org.cn/col.jsp?id=135。

③ 王笑频等：《世界针灸政策与立法通览》，北京：中国中医药出版社，2020 年版，第 31 页。

灾害治理及卫生治理进行全面的梳理，并结合中国实施联合国 2030 年可持续发展目标的相关政策、具体做法、完成情况综合分析，并尝试总结有关中国社会组织参与全球治理的基本路径、成就及挑战，为下一阶段社会组织更好地参与全球治理提出对策建议，为构建人类命运共同体的伟大事业贡献力量。

# 附　录　具有联合国经社理事会咨商地位的中国社会组织清单

**表 1：具有联合国经社理事会咨商地位的中国社会组织名单**

| 序号 | 组织名称（中文） | 组织名称（英文） |
|---|---|---|
| GSC1 | 亚洲法律资源中心 | Asian Legal Resource Centre |
| GSC2 | 中国民间组织国际交流促进会 | China NGO Network for International Exchanges (CNIE) |
| GSC3 | 中国人民对外友好协会 | Chinese People's Association for Friendship with Foreign Countries |
| GSC4 | 中国联合国协会 | United Nations Association of China |
| RSC1 | 中国女企业家协会 | China Association of Women Entrepreneurs |
| RSC2 | 亚太工商联合会 | Confederation of Asia Pacific Chambers of Commerce and Industry |
| SCS1 | 中华全国妇女联合会 | All China Women's Federation |
| SCS2 | 中华环保联合会 | All-China Environment Federation |
| SCS3 | 爱德基金会 | Amity Foundation |
| SCS4 | 亚洲反吸烟咨询有限公司 | Asian Consultancy on Tobacco Control Limited |
| SCS5 | 北京青爱教育基金会 | Beijing Changier Education Foundation |
| SCS6 | 北京青少年法律援助与研究中心 | Beijing Children's Legal Aid and Research Center |
| SCS7 | 北京手工艺术协会 | Beijing Crafts Council |
| SCS8 | 北京绿研公益发展中心 | Beijing Greenovation Institute for Public Welfare Development |
| SCS9 | 北京市光明慈善基金会 | Beijing Guangming Charity Foundation |
| SCS10 | 北京市民间组织国际交流促进会 | Beijing NGO Association for International Exchanges |
| SCS11 | 北京鹏门国际贸易有限公司 | Beijing Pengmen International Trade Co. , Ltd |

续表

| 序号 | 组织名称（中文） | 组织名称（英文） |
|---|---|---|
| SCS12 | 北京致诚农民工法律援助与研究中心 | Beijing Zhicheng Migrant Workers′ Legal Aid and Research Center |
| SCS13 | 国际得胜生命差传基金会 | Bishop Dennis Ng Victory Ministries Foundation Limited |
| SCS14 | 全球化智库 | Center for China & Globalization Limited |
| SCS15 | 海南成美慈善基金会 | Chengmei Charity Foundation |
| SCS16 | 中华科技文化中心有限公司 | China Academy of Culture Limited |
| SCS17 | 中国军控与裁军协会 | China Arms Control and Disarmament Association |
| SCS18 | 中国国际科学技术合作协会 | China Association for International Science and Technology Cooperation |
| SCS19 | 中国国际民间组织合作促进会 | China Association for NGO Cooperation |
| SCS20 | 中国西藏文化保护与发展协会 | China Association for Preservation and Development of Tibetian Culture（CAPDTC） |
| SCS21 | 中国科学技术协会 | China Association for Science and Technology |
| SCS22 | ＊＊＊ | China Association of Non-Profit Organizations |
| SCS23 | 中国关爱协会 | China Care and Compassion Society |
| SCS24 | 中国国际商会 | China Chamber of International Commerce |
| SCS25 | 中华少年儿童慈善救助基金会 | China Charities Aid Foundation For Children |
| SCS26 | 中国慈善联合会 | China Charity Alliance |
| SCS27 | 中国残疾人联合会 | China Disabled Person's Federation |
| SCS28 | 中国生态文明研究与促进会 | China Ecological Civilization Research and Promotion Association |
| SCS29 | 中国教育国际交流协会 | China Education Association for International Exchange |

续表

| 序号 | 组织名称（中文） | 组织名称（英文） |
|---|---|---|
| SCS30 | 中华环境保护基金会 | China Environmental Protection Foundation |
| SCS31 | 中国计划生育协会 | China Family Planning Association |
| SCS32 | 中国人权发展基金会 | China Foundation for Human Rights Development |
| SCS33 | 中国和平发展基金会 | China Foundation for Peace and Development |
| SCS34 | 中国乡村发展基金会（原中国扶贫基金会） | China Foundation for Rural Development (China Foundation for Poverty Alleviation) |
| SCS35 | 中国长城学会 | China Great Wall Society |
| SCS36 | 中国绿化基金会 | China Green Foundation |
| SCS37 | 中国国际跨国公司促进会 | China International Council for the Promotion of Multinational Corporations |
| SCS38 | 中国公共关系协会 | China International Public Relations Association (CIPRA) |
| SCS39 | 中国人权研究会 | China Society for Human Rights Studies (CSHRS) |
| SCS40 | 中国光彩事业促进会 | China Society for Promotion of the Guangcai Programme |
| SCS41 | 中国宋庆龄基金会 | China Soong Ching Ling Foundation |
| SCS42 | 中国水利工程协会 | China Water Engineering Association |
| SCS43 | 中国妇女发展基金会 | China Women's Development Foundation |
| SCS44 | 中非民间商会 | China-Africa Business Council |
| SCS45 | 中国国际交流协会 | Chinese Association for International Understanding |
| SCS46 | 中国人民争取和平与裁军协会 | Chinese People's Association for Peace and Disarmament |
| SCS47 | 中国可持续发展研究会 | Chinese Society for Sustainable Development |
| SCS48 | 中国青年志愿者协会 | Chinese Young Volunteers Association |
| SCS49 | 北京春晖博爱公益基金会 | Chunhui Children's Foundation |

续表

| 序号 | 组织名称（中文） | 组织名称（英文） |
| --- | --- | --- |
| SCS50 | * * * | Consortium of Institutes on Family in the Asian Region Limited |
| SCS51 | * * * | Enrich Personal Development Limited |
| SCS52 | 湖南爱眼公益基金会 | Hunan Eye Care Foundation |
| SCS53 | 南南合作金融中心有限公司 | Finance Center for South-South Cooperation Limited |
| SCS54 | 环球援手网络 | Global Hand |
| SCS55 | 黄金时代基金会 | Golden Age Foundation Limited |
| SCS56 | 内蒙古草原文化保护发展基金会 | Grassland Cultural Protection and Development Foundation of Inner Mongolia |
| SCS57 | 医护行者有限公司 | Health In Action Limited |
| SCS58 | 香港社会服务联会 | Hong Kong Council of Social Service |
| SCS59 | 香港各界妇女联合协进会 | Hong Kong Federation of Women |
| SCS60 | 香港妇女中心协会 | Hong Kong Federation of Women's Centres |
| SCS61 | 香港女工商及专业人员联会 | Hong Kong Women Professionals and Entrepreneurs Association |
| SCS62 | 国际儒学联合会 | International Confucian Association |
| SCS63 | 国际信息发展组织 | International Development Information Organization-DevNet |
| SCS64 | 国际生态安全合作组织 | International Ecological Safety Cooperative Organization |
| SCS65 | 国际市长交流中心有限公司* | International Mayor Communication Centre Limited |
| SCS66 | 中国司法行政戒毒工作协会 | Judicial Administrative Drug Rehabilitation Association of China |
| SCS67 | 澳门青年联合会 | Macao Youth Federation |
| SCS68 | * * * | Nanjing World Youth Development Service Center |

续表

| 序号 | 组织名称（中文） | 组织名称（英文） |
|---|---|---|
| SCS69 | 中华职业教育社 | National Association of Vocational Education of China |
| SCS70 | 亚太家庭组织 * | Organization of the Families of Asia and the Pacific |
| SCS71 | 全景公益基金会 | Panoramic Charity Foundation |
| SCS72 | 融幼社有限公司 | PathFinders Limited |
| SCS73 | 和平家园基金会 * | Peaceland Foundation |
| SCS74 | 三亚公共外交研究院 | Sanya Public Diplomacy Institute |
| SCS75 | 陕西省爱国主义志愿者协会 | Shaanxi Patriotic Volunteer Association |
| SCS76 | 阿拉伯工商会 | The Arab Chamber of Commerce & Industry |
| SCS77 | 澳门妇女联合会 | Women's General Association of Macau |
| SCS78 | 世界生态设计大会 | World Eco-Design Conference |
| SCS79 | 世界针灸学会联合会 | World Federation of Acupuncture - Moxibustion Societies |
| SCS80 | 世界中医药学会联合会 | World Federation of Chinese Medicine Societies |
| SCS81 | 世界道教宗会有限公司 | World Taoist Association Limited |
| SCS82 | 世界联合基金总会有限公司 | World Trade United Foundation Limited |
| SCS83 | 友成企业家扶贫基金会 | YouChange China Social Entrepreneur Foundation |

（＊＊＊：组织无正式中文名称；＊：组织无法确定成立年份或功能领域）

**表 2：中国获联合国经社理事会咨商地位社会组织成立时间与地点**

| 序号 | 组织名称（中文） | 成立时间 | 获得咨商地位时间 | 咨商地位类别 | 总部所在城市 |
|---|---|---|---|---|---|
| GSC1 | 亚洲法律资源中心 | 1986 | 1998 | 全面 | 香港 |
| GSC2 | 中国民间组织国际交流促进会 | 2005 | 2008 | 全面 | 北京 |
| GSC3 | 中国人民对外友好协会 | 1954 | 2001 | 全面 | 北京 |
| GSC4 | 中国联合国协会 | 1985 | 2000 | 全面 | 北京 |

续表

| 序号 | 组织名称（中文） | 成立时间 | 获得咨商地位时间 | 咨商地位类别 | 总部所在城市 |
|---|---|---|---|---|---|
| RSC1 | 中国女企业家协会 | 1985 | 2000 | 名册 | 北京 |
| RSC2 | 亚太工商联合会 | 1966 | 1970 | 名册 | 台北 |
| SCS1 | 中华全国妇女联合会 | 1949 | 1995 | 特别 | 北京 |
| SCS2 | 中华环保联合会 | 2005 | 2009 | 特别 | 北京 |
| SCS3 | 爱德基金会 | 1985 | 2014 | 特别 | 南京 |
| SCS4 | 亚洲反吸烟咨询有限公司 | 1990 | 2012 | 特别 | 香港 |
| SCS5 | 北京成长教育发展基金会 | 2014 | 2019 | 特别 | 北京 |
| SCS6 | 北京青少年法律援助与研究中心 | 1999 | 2011 | 特别 | 北京 |
| SCS7 | 北京手工艺术协会 | 2012 | 2019 | 特别 | 北京 |
| SCS8 | 北京绿研公益发展中心 | 2012 | 2021 | 特别 | 北京 |
| SCS9 | 北京市光明慈善基金会 | 2014 | 2019 | 特别 | 北京 |
| SCS10 | 北京市民间组织国际交流促进会 | 2007 | 2016 | 特别 | 北京 |
| SCS11 | 北京鹏门国际贸易有限公司 | 2012 | 2021 | 特别 | 北京 |
| SCS12 | 北京致诚农民工法律援助与研究中心 | 2009 | 2011 | 特别 | 北京 |
| SCS13 | 国际得胜生命差传基金会 | 2006 | 2021 | 特别 | 香港 |
| SCS14 | 全球化智库 | 2008 | 2018 | 特别 | 北京 |
| SCS15 | 海南成美慈善基金会 | 2010 | 2019 | 特别 | 海口 |
| SCS16 | 中华科技文化中心有限公司 | 2011 | 2017 | 特别 | 香港 |
| SCS17 | 中国军控与裁军协会 | 2001 | 2005 | 特别 | 北京 |
| SCS18 | 中国国际科学技术合作协会 | 1992 | 2006 | 特别 | 北京 |
| SCS19 | 中国国际民间组织合作促进会 | 1992 | 2007 | 特别 | 北京 |
| SCS20 | 中国西藏文化保护与发展协会 | 2004 | 2007 | 特别 | 北京 |
| SCS21 | 中国科学技术协会 | 1958 | 2004 | 特别 | 北京 |
| SCS22 | * * * |  | 2015 | 特别 | 北京 |

续表

| 序号 | 组织名称（中文） | 成立时间 | 获得咨商地位时间 | 咨商地位类别 | 总部所在城市 |
|---|---|---|---|---|---|
| SCS23 | 中国关爱协会 | 2001 | 2004 | 特别 | 北京 |
| SCS24 | 中国国际商会 | 1988 | 2021 | 特别 | 北京 |
| SCS25 | 中华少年儿童慈善救助基金会 | 2010 | 2019 | 特别 | 北京 |
| SCS26 | 中国慈善联合会 | 2013 | 2019 | 特别 | 北京 |
| SCS27 | 中国残疾人联合会 | 1988 | 1998 | 特别 | 北京 |
| SCS28 | 中国生态文明研究与促进会 | 2011 | 2016 | 特别 | 北京 |
| SCS29 | 中国教育国际交流协会 | 1981 | 2006 | 特别 | 北京 |
| SCS30 | 中华环境保护基金会 | 1993 | 2005 | 特别 | 北京 |
| SCS31 | 中国计划生育协会 | 1980 | 2005 | 特别 | 北京 |
| SCS32 | 中国人权发展基金会 | 1994 | 2020 | 特别 | 北京 |
| SCS33 | 中国和平发展基金会 | 2011 | 2014 | 特别 | 北京 |
| SCS34 | 中国扶贫基金会（现已更名为中国乡村发展基金会） | 1989 | 2011 | 特别 | 北京 |
| SCS35 | 中国长城学会 | 1987 | 2007 | 特别 | 北京 |
| SCS36 | 中国绿化基金会 | 1985 | 2003 | 特别 | 北京 |
| SCS37 | 中国国际跨国公司促进会 | 1993 | 2006 | 特别 | 北京 |
| SCS38 | 中国公共关系协会 | 1987 | 2007 | 特别 | 北京 |
| SCS39 | 中国人权研究会 | 1993 | 1998 | 特别 | 北京 |
| SCS40 | 中国光彩事业促进会 | 1995 | 2000 | 特别 | 北京 |
| SCS41 | 中国宋庆龄基金会 | 1982 | 2013 | 特别 | 北京 |
| SCS42 | 中国水利工程协会 | 2005 | 2018 | 特别 | 北京 |
| SCS43 | 中国妇女发展基金会 | 1988 | 2016 | 特别 | 北京 |
| SCS44 | 中非民间商会 | 2006 | 2017 | 特别 | 北京 |
| SCS45 | 中国国际交流协会 | 1981 | 2003 | 特别 | 北京 |

续表

| 序号 | 组织名称（中文） | 成立时间 | 获得咨商地位时间 | 咨商地位类别 | 总部所在城市 |
|---|---|---|---|---|---|
| SCS46 | 中国人民争取和平与裁军协会 | 1985 | 2002 | 特别 | 北京 |
| SCS47 | 中国可持续发展研究会 | 1991 | 2004 | 特别 | 北京 |
| SCS48 | 中国青年志愿者协会 | 1994 | 2010 | 特别 | 北京 |
| SCS49 | 北京春晖博爱公益基金会 | 2012 | 2020 | 特别 | 北京 |
| SCS50 | * * * | 2007 | 2021 | 特别 | 香港 |
| SCS51 | * * * | 2007 | 2021 | 特别 | 香港 |
| SCS52 | 湖南爱眼公益基金会 | 2005 | 2022 | 特别 | 长沙 |
| SCS53 | 南南合作金融中心有限公司 | 2014 | 2017 | 特别 | 香港 |
| SCS54 | 环球援手网络 | 1995 | 2008 | 特别 | 香港 |
| SCS55 | 黄金时代基金会 | 2015 | 2021 | 特别 | 香港 |
| SCS56 | 内蒙古草原文化保护发展基金会 | 2006 | 2021 | 特别 | 呼和浩特 |
| SCS57 | 医护行者有限公司 | 2011 | 2017 | 特别 | 香港 |
| SCS58 | 香港社会服务联会 | 1947 | 2003 | 特别 | 香港 |
| SCS59 | 香港各界妇女联合协进会 | 1993 | 2000 | 特别 | 香港 |
| SCS60 | 香港妇女中心协会 | 1981 | 2002 | 特别 | 香港 |
| SCS61 | 香港女工商及专业人员联会 | 1996 | 2001 | 特别 | 香港 |
| SCS62 | 国际儒学联合会 | 1994 | 2018 | 特别 | 北京 |
| SCS63 | 国际信息发展组织 | 2011 | 2015 | 特别 | 上海 |
| SCS64 | 国际生态安全合作组织 | 2006 | 2011 | 特别 | 香港 |
| SCS65 | 国际市长交流中心 * |  | 2017 | 特别 | 深圳 |
| SCS66 | 中国司法行政戒毒工作协会 | 2018 | 2021 | 特别 | 北京 |
| SCS67 | 澳门青年联合会 | 2006 | 2021 | 特别 | 澳门 |
| SCS68 | * * * |  | 2022 | 特别 | 北京 |
| SCS69 | 中华职业教育社 | 1917 | 2010 | 特别 | 北京 |

续表

| 序号 | 组织名称（中文） | 成立时间 | 获得咨商地位时间 | 咨商地位类别 | 总部所在城市 |
| --- | --- | --- | --- | --- | --- |
| SCS70 | 亚太家庭组织 | 1999 | 2011 | 特别 | 澳门 |
| SCS71 | 全景公益基金会 | 2016 | 2019 | 特别 | 深圳 |
| SCS72 | 融幼社有限公司 | 2008 | 2017 | 特别 | 香港 |
| SCS73 | 和平家园基金会 | 2018 | 2022 | 特别 | 北京 |
| SCS74 | 三亚国家治理研究院 | 2015 | 2021 | 特别 | 三亚 |
| SCS75 | 陕西省爱国主义志愿者协会 | 2014 | 2021 | 特别 | 西安 |
| SCS76 | 阿拉伯工商会 | 2006 | 2018 | 特别 | 香港 |
| SCS77 | 澳门妇女联合会 | 1950 | 2008 | 特别 | 澳门 |
| SCS78 | 世界生态设计大会 | 2018 | 2021 | 特别 | 广州 |
| SCS79 | 世界针灸学会联合会 | 1987 | 2019 | 特别 | 北京 |
| SCS80 | 世界中医药学会联合会 | 2003 | 2021 | 特别 | 北京 |
| SCS81 | 世界道教会有限公司 | 2012 | 2015 | 特别 | 香港 |
| SCS82 | 世界联合基金总会有限公司 | 2001 | 2019 | 特别 | 香港 |
| SCS83 | 友成企业家扶贫基金会 | 2007 | 2019 | 特别 | 北京 |

（＊＊＊：组织无正式中文名称；＊：组织无法确定成立年份或功能领域）

**表 3：中国获联合国经社理事会咨商地位社会组织功能领域**

| 序号 | 组织名称（中文） | 主要功能领域 1 | 主要功能领域 2 |
| --- | --- | --- | --- |
| GSC1 | 亚洲法律资源中心 | 法律 | 传播 |
| GSC2 | 中国民间组织国际交流促进会 | 传播 | 文化 |
| GSC3 | 中国人民对外友好协会 | 传播 | 文化 |
| GSC4 | 中国联合国协会 | 传播 | 文化 |
| RSC1 | 中国女企业家协会 | 经济 | 政治 |
| RSC2 | 亚太工商联合会 | 经济 | 政治 |

续表

| 序号 | 组织名称（中文） | 主要功能领域 1 | 主要功能领域 2 |
|---|---|---|---|
| SCS1 | 中华全国妇女联合会 | 政治 | 人权 |
| SCS2 | 中华环保联合会 | 政治 | 生态 |
| SCS3 | 爱德基金会 | 经济 | 法律 |
| SCS4 | 亚洲反吸烟咨询有限公司 | 卫生 | |
| SCS5 | 北京成长教育发展基金会 | 教育 | 文化 |
| SCS6 | 北京青少年法律援助与研究中心 | 法律 | 人权 |
| SCS7 | 北京手工艺术协会 | 文化 | 传播 |
| SCS8 | 北京绿研公益发展中心 | 卫生 | 文化 |
| SCS9 | 北京市光明慈善基金会 | 人权 | 传播 |
| SCS10 | 北京市民间组织国际交流促进会 | 传播 | 文化 |
| SCS11 | 北京鹏门国际贸易有限公司 | 经济 | 政治 |
| SCS12 | 北京致诚农民工法律援助与研究中心 | 法律 | 人权 |
| SCS13 | 国际得胜生命差传基金会 | 人权 | 经济 |
| SCS14 | 全球化智库 | 政治 | 文化 |
| SCS15 | 海南成美慈善基金会 | 传播 | 教育 |
| SCS16 | 中华科技文化中心有限公司 | 文化 | 传播 |
| SCS17 | 中国军控与裁军协会 | 军事 | 政治 |
| SCS18 | 中国国际科学技术合作协会 | 科技 | 政治 |
| SCS19 | 中国国际民间组织合作促进会 | 经济 | 政治 |
| SCS20 | 中国西藏文化保护与发展协会 | 文化 | 政治 |
| SCS21 | 中国科学技术协会 | 科技 | 传播 |
| SCS22 | * * * | 人权 | 教育 |

续表

| 序号 | 组织名称（中文） | 主要功能领域 1 | 主要功能领域 2 |
| --- | --- | --- | --- |
| SCS23 | 中国关爱协会 | 教育 | 人权 |
| SCS24 | 中国国际商会 | 经济 | 传播 |
| SCS25 | 中华少年儿童慈善救助基金会 | 教育 | 人权 |
| SCS26 | 中国慈善联合会 | 教育 | 人权 |
| SCS27 | 中国残疾人联合会 | 人权 | 卫生 |
| SCS28 | 中国生态文明研究与促进会 | 生态 | |
| SCS29 | 中国教育国际交流协会 | 教育 | 文化 |
| SCS30 | 中华环境保护基金会 | 生态 | |
| SCS31 | 中国计划生育协会 | 卫生 | |
| SCS32 | 中国人权发展基金会 | 人权 | |
| SCS33 | 中国和平发展基金会 | 经济 | 文化 |
| SCS34 | 中国扶贫基金会（现已更名为中国乡村发展基金会） | 经济 | |
| SCS35 | 中国长城学会 | 文化 | 传播 |
| SCS36 | 中国绿化基金会 | 生态 | 经济 |
| SCS37 | 中国国际跨国公司促进会 | 经济 | |
| SCS38 | 中国公共关系协会 | 政治 | 文化 |
| SCS39 | 中国人权研究会 | 人权 | 文化 |
| SCS40 | 中国光彩事业促进会 | 经济 | 政治 |
| SCS41 | 中国宋庆龄基金会 | 文化 | 经济 |
| SCS42 | 中国水利工程协会 | 经济 | 科技 |
| SCS43 | 中国妇女发展基金会 | 人权 | 教育 |
| SCS44 | 中非民间商会 | 经济 | 文化 |
| SCS45 | 中国国际交流协会 | 文化 | 经济 |

续表

| 序号 | 组织名称（中文） | 主要功能领域 1 | 主要功能领域 2 |
| --- | --- | --- | --- |
| SCS46 | 中国人民争取和平与裁军协会 | 政治 | 军事 |
| SCS47 | 中国可持续发展研究会 | 生态 | |
| SCS48 | 中国青年志愿者协会 | 文化 | 传播 |
| SCS49 | 北京春晖博爱公益基金会 | 卫生 | 人权 |
| SCS50 | * * * | 文化 | 传播 |
| SCS51 | * * * | 经济 | 人权 |
| SCS52 | 湖南爱眼公益基金会 | 经济 | 人权 |
| SCS53 | 南南合作金融中心有限公司 | 经济 | |
| SCS54 | 环球援手网络 | 经济 | |
| SCS55 | 黄金时代基金会 | 教育 | |
| SCS56 | 内蒙古草原文化保护发展基金会 | 文化 | 生态 |
| SCS57 | 医护行者有限公司 | 卫生 | |
| SCS58 | 香港社会服务联会 | 人权 | 卫生 |
| SCS59 | 香港各界妇女联合协进会 | 人权 | 文化 |
| SCS60 | 香港妇女中心协会 | 人权 | 教育 |
| SCS61 | 香港女工商及专业人员联会 | 经济 | 政治 |
| SCS62 | 国际儒学联合会 | 文化 | |
| SCS63 | 国际信息发展组织 | 科技 | 传播 |
| SCS64 | 国际生态安全合作组织 | 生态 | |
| SCS65 | 国际市长交流中心 * | 传播 | |
| SCS66 | 中国司法行政戒毒工作协会 | 卫生 | 政治 |
| SCS67 | 澳门青年联合会 | 文化 | 传播 |
| SCS68 | * * * | 文化 | 传播 |
| SCS69 | 中华职业教育社 | 教育 | |

续表

| 序号 | 组织名称（中文） | 主要功能领域1 | 主要功能领域2 |
|---|---|---|---|
| SCS70 | 亚太家庭组织 * | | |
| SCS71 | 全景公益基金会 | 文化 | 传播 |
| SCS72 | 融幼社有限公司 | 人权 | 人权 |
| SCS73 | 和平家园基金会 * | | |
| SCS74 | 三亚国家治理研究院 | 经济 | 传播 |
| SCS75 | 陕西省爱国主义志愿者协会 | 政治 | |
| SCS76 | 阿拉伯工商会 | 经济 | |
| SCS77 | 澳门妇女联合会 | 人权 | 传播 |
| SCS78 | 世界生态设计大会 | 经济 | 政治 |
| SCS79 | 世界针灸学会联合会 | 卫生 | |
| SCS80 | 世界中医药学会联合会 | 卫生 | 传播 |
| SCS81 | 世界道教会有限公司 | 文化 | 经济 |
| SCS82 | 世界联合基金总会有限公司 | 经济 | |
| SCS83 | 友成企业家扶贫基金会 | 传播 | 人权 |

（＊＊＊：组织无正式中文名称；＊：组织无法确定成立年份或功能领域）

# 第二章　中国和平发展基金会参与全球教育治理①

根据联合国2030年可持续发展目标的内容，全球发展议题主要包括消除贫困、实现粮食安全、实现公平优质的教育机会、实现性别平等、确保能源安全、确保水安全、促进经济可持续增长、应对气候变化、促进可持续消费和生产、促进可持续性居住环境、保护海洋和陆地生态环境、实现司法公平等。② 其中，教育并非高政治性的议题，不属于传统安全的范畴，教育治理与资源、环境、人口问题等非传统安全领域的治理区别较大。但教育有政治性的含义，教科书和课程等意识形态教育对国家认同具有重要意义。在全球化给国家主权带来的八个挑战中，即包括民族国家认同的危机，因为全球化对民族国家根深蒂固的制度、传统、文化、价值产生了强烈的冲击，有时甚至影响到

① 本章要特别感谢中国和平发展基金会对本研究的大力支持，王华副秘书长就中国和平发展基金会的议题做了两次专题讲座，为本研究提供了坚实的基础。还要感谢中国和平发展基金会研究小组北外学院李琛琦、孙家威、彭冯晟世、王旭、温祎凡等对于中国和平发展基金会国际教育公益项目的开展模式的基础研究，国际组织学院硕士生李德民对于援助有效性的研究对作者很有启发，中国社会科学院大学国际政治经济学院博士生张晋岚协助作者整理了本章的初稿。本章文稿已由王华副秘书长审阅，文中错漏之处由作者负责。

② 联合国：《变革我们的世界：2030年可持续发展议程》，A/RES/70/1，第12—13页。

国民的身份和利益。[①] 当前，中美战略竞争持续升级，对国际教育交流与合作产生了较大影响。2021 年美国参议院出台了“2021 年美国创新和竞争法案”，要求调查包括联合国教科文组织在内的 40 个国际组织，调查中国采用了什么战略让国际组织支持中国战略发展需要。[②] 这些做法会进一步影响主要大国对全球教育治理的政策与参与，进而影响不同国家对于文化、身份、价值等的理解。在国际实践中，以联合国教科文组织为主要角色的全球教育治理，多年来因为推动文明对话、文化和睦，已经使得多边主义出现了文明政治转向。中国应积极把握这一趋势，坚持倡导文明交流互鉴的“新文明观”、真正多边主义的全球治理观，以及人类命运共同体的终极价值追求，以文明间对话帮助缓解大国竞争、地缘政治回归等带来的压力，为塑造和而不同的多边治理体系贡献智慧和力量。[③] 在这一背景下，中国如何通过社会组织的实践更加有效地参与全球教育治理，就成为非常重要和紧迫的研究课题。

## 第一节　全球教育治理与联合国可持续发展目标

从构建人类命运共同体的视角出发，全球教育治理不仅需要回应全球化冲击下民族国家认同问题，还需要回答全球性危机带来的全球命题，即如何构建和传递对人类命运共同体认同的知识。全球教育治理指向全球主义视野下的教育本体论建设。“教育是一项基本人权”奠定了全球教育治理的哲学基础和正当性。如果发展中国家的广大民众不能获得公平和充分的优质教育机会，那么他们改变自身命运、促进社会公平和发展国家经济的能力就会受到很大限制，国家的可持续发

① 俞可平:《论全球化与国家主权》,载《马克思主义与现实》,2004 年第 1 期,第 4—21 页,转引自谢喆平:《全球教育治理的哲学基础与正当性》,载《清华大学教育研究》,2021 年第 4 期,第 15 页。

② 唐虔:《UNESCO 与全球教育治理》,载《清华大学教育研究》,2021 年第 4 期,第 4 页。

③ 刘铁娃、宗华伟:《多边主义的文明政治维度——联合国教科文组织文明间对话议程述评》,载《外交评论》,2022 年第 5 期,第 110 页。

展能力也就会受到很大削弱。改善全球教育治理着眼于提升人的素质，是构建人类命运共同体的重要抓手之一。

## 一、全球教育治理的发展历史与演变

二战后的全球教育治理，起步于联合国教科文组织的成立。当时联合国教科文组织的主要任务是恢复战后教育秩序，帮助刚刚脱离殖民统治的民族独立国家发展教育。随着20世纪60年代人力资本理论出现，各国开始重视发展教育。许多国际组织如世界银行、经济合作与发展组织（以下简称“经合组织”）也都开始关注各国教育的发展，把教育作为发展经济、培养人才的重要途径，国际组织因而逐渐成为参与全球教育治理的重要主体。如世界银行于1963年发放第一笔教育贷款，1970年成立教育部门，1971年发表了第一份教育报告。[①] 经合组织也从20世纪60年代起收集教育数据，为各国制定教育规划提供数据，开展各国教育政策评议。联合国教科文组织的众多报告更是反映了一个时代的要求，影响到各国教育的改革和发展。特别是1990年在泰国宗滴恩召开的世界全民教育大会，呼吁发展中国家普及教育，以满足每个人的基本学习需求。虽然全民教育进展比较缓慢，但这次会议促进了发展中国家教育的发展。欧盟成立以后开启了“博洛尼亚进程”，试图实现欧洲教育一体化。[②]

根据联合国教科文组织的实践经验，全球教育治理可以分成以下几个部分。第一是分析全球教育发展趋势，提出新的教育理念，从而能够预测和指引全球的教育发展方向。[③] 2021年，联合国教科文组织总干事召集的独立国际委员会编写的系列全球报告《教育的未来：学会成长》旨在讨论未来面临的挑战，激发变革并提出教育政策建议。

---

① 和震：《世界银行职业教育政策的演变》，载《清华大学教育研究》，2010年第1期，第66—70页。

② 顾明远：《全球教育治理与中国作为》，载《清华大学教育研究》，2021年第4期，第1页。

③ 唐虔：《UNESCO与全球教育治理》，载《清华大学教育研究》，2021年第4期，第3页。

该系列报告的第一期——《学会成长：教育世界的今天与明天》（以下简称《学会成长》）由法国前总理、教育部长埃德加·富尔主持的一个委员会于1971—1972年编写，因此又称《富尔报告》。《学会成长》报告警示出现不平等、贫困和苦难的风险，并强调教育的普遍特性，呼吁不断扩大教育范围并开展终身教育。1993—1996年，欧盟委员会前主席、法国前经济和财政部长雅克·德洛尔领导的另一个国际委员会编写了一份以《学习：财富蕴藏其中》为题的报告，又称《德洛尔报告》。该报告进一步强调了人文教育的重要性，并确立了教育的“四大支柱”，即学会生存、学会认知、学会做事、学会共同生活。近年来教科文组织关于教育的另一份重要出版物是2015年出版的报告《反思教育：向“全球共同利益”的理念转变?》，该报告提出，要对作为全球共同利益的教育和知识进行反思，并提出了教育是“全球共同利益”的理念。①

2021年11月10日，联合国教科文组织在该组织第四十一届大会上正式发布了《一起重新构想我们的未来：为教育打造新的社会契约》教育报告，这是联合国教科文组织国际委员会响应2019年教科文组织提出的“教育的未来”倡议所撰写的报告。该报告旨在确保每位儿童、青少年和成年人都有权接受优质教育，共同建构能够实现公平、正义、非歧视性、尊重人权和包容文化多样性的新的教育契约，巩固教育作为公共和共同利益的地位。② 联合国教科文组织提出的对于教育属性的认知具有重要意义。最开始教育被认为是一项基本人权，后来教育又被认为是一个公共产品、公益事业，2015年教科文组织提出教育是全球共同利益，这是联合国教科文组织在理念上对全球教育治理发展作出的重要贡献。

---

① United Nations Educational, Scientific and Cultural Organization, *Rethinking Education: Towards a Global Common Good*, UNESCO, 2015, pp. 71-84.

② United Nations Educational, Scientific and Cultural Organization, "Futures of Education: Learning to Become", https://gcedclearinghouse.org/sites/default/files/resources/190368eng.pdf.

第二是制定教育发展相关的规则和标准。[①] 联合国教科文组织积极发挥其在全球教育治理领域的引领作用，为推动国际教育治理监测、合作与发展制定相关的治理标准与规则，以提升国际社会开展特定教育项目的治理效率。例如，联合国教科文组织和世界卫生组织于2018年提出要制定和推广健康促进学校（Health-Promoting School，HPS）全球标准和指标，该标准与指标体系已于2022年发布。[②] 健康促进学校是“一种为了给生活、学习、工作创造安全健康环境而不断加强自身能力建设的学校”，健康促进学校全球标准和指标的出台旨在指导所有教育行业相关的政府工作人员和政策制定者、校领导，以及从事发展工作的合作伙伴在教育过程中落实促进健康的可持续全校参与法，以从国家和地区层面促进学生、父母、看护人、学校教职工、当地社区的健康福祉。[③] 健康促进学校全球标准和指标涵盖政府政策和资源、学校政策和资源、学校治理和领导力、学校与社区之间的伙伴关系、学校课程、学校社会情感环境、学校物理环境、学校健康服务八项全球标准内容，并在每项标准内容中制定了详细的标准依据、目标与组成要素。[④] 该标准与指标体系为政府、学校、社区提供促进教育健康建设行动计划提供了详实的行动步骤与评估指标，促进了学校的软硬件基础设施建设朝着健康化和人文化方向发展，同时也为学生的身体、心理、社会情感三方面的健康发展提供了制度性保障，有助于促进国家和地区层面的教育机构实现优质教育的可持续发展目标。

第三是制定全球教育发展目标，监测各国实现这些目标的速度和进程。2015年，联合国在设计可持续发展议程的过程中，将17个目标中的目标4设定为优质教育，此后联合国教科文组织又带领一些国际组织制定了一个可持续发展目标4指标体系，并通过每年发表“全

---

① 唐虔：《UNESCO与全球教育治理》，载《清华大学教育研究》，2021年第4期，第3页。

② 世界卫生组织和联合国教育、科学及文化组织：《让每一所学校都成为健康促进学校：全球标准与指标》，2022年，第7页。

③ 同②，第3页。

④ 同②，第11页。

球教育监测报告”监测各国在2030年前为达到可持续发展目标4所作的努力、遇到的挑战和问题。[①] 例如，2020年联合国教科文组织发布了《2020年全球教育监测报告摘要——包容与教育：覆盖全民，缺一不可》，该报告聚焦包容教育工作的落实，强调实现优质教育的前提是让每一个人都能够平等、公平地获得教育机会，消除教育中的各类歧视。[②] 报告对世界范围的包容教育工作落实情况展开调研，并主要得出以下监测结果：第一，身份、背景和能力决定了教育机会。第二，68%的国家确定了包容教育的定义，但在这些定义中，只有57%提到了诸多边缘化群体。第三，尽管落实包容性教育的工作取得了进展，但仍有许多国家没有收集、报告和使用关于落后者的数据。第四，数百万人正在错失学习机会。第五，人们对教育包容性的可行性的认同度较低。第六，对弱势群体的教育资金支持力度较低。第七，教师、教材和学习环境往往忽略了接纳多样性带来的益处。[③] 可见，全球教育监测报告制度能够对国际社会落实教育可持续发展目标的工作项目开展详细调查，定期总结实现优质教育相关工作存在的突出问题，有助于为多元治理行为体完善教育治理工作提供改善建议，提高教育治理水平，有助于实现教育质量提升、教育公平改进、消除教育歧视、完善教育基础设施等治理目标。

第四是推动双边和多边国际教育交流合作，特别是向发展中国家提供智力和资金方面的支持。[④] 联合国教科文组织充分利用其在全球教育治理体系中的平台优势，积极向发展中国家（特别是最不发达国家）开展教育援助行动，主要内容包括：其一，制定教育援助行动规划，敦促发达国家兑现向发展中国家提供教育供资援助的承诺。联合国教科文组织在《2030年教育：仁川宣言和行动框架实现可持续发展目标

① 唐虔：《UNESCO与全球教育治理》，载《清华大学教育研究》，2021年第4期，第3页。

② 联合国教科文组织：《2020年全球教育监测报告摘要——包容与教育：覆盖全民，缺一不可》，2020年，第7页。

③ 同②，第10页。

④ 同①。

4——确保包容和公平的优质教育，让全民终身享有学习机会》中明确了教育援助的议程，即敦促发达国家兑现向发展中国家提供占其国民生产总值0.7%的资金作为官方发展援助的承诺，同时，承诺增加对最不发达国家的支持。[①] 其二，积极推进南南教育合作，建立相关合作制度。为推动发展中国家和最不发达国家实现“教育促进农村发展”目标，联合国教科文组织和中国政府共同建设联合国教科文组织国际农村教育研究与培训中心（以下简称“农教中心”）。农教中心主要通过教育和培训、研究和宣传等工作促进农村人口思维和行为发生积极变化，从教育层面推动农村经济可持续发展。[②] 2021年，为落实联合国教科文组织“非洲优先”战略，农教中心推出“南南教育合作促进乡村发展系统解决方案”，并在纳米比亚开展学前教育合作项目。该项目旨在促进纳米比亚当地学前教育体系建设、教师培训、教学评估与管理工作，进而提升当地的教育质量和入学率，优化教学软硬件设施，最终将该模式推广至其他发展中国家，推动发展中国家的学校教育水平提升。[③]

需要指出的是，全球教育治理的使命和责任重点有三。其一，构建人类命运共同体的教育思想。这指的不是技术层面，而是首先要在意识和理念层面解决问题，要意识到人类是一个共同体，相辅相成、互为生命，而不是一旦出现新冠肺炎疫情这样的公共危机就各自为政、各行其是。其二，构建天人共同体的教育理念。人类是共同体，天人也是共同体。全球教育治理应教会我们如何与自然相处，如何理解自然和人类的命运共同体。其三，通过教育树立全球社会的公民意识。在民族国家兴起发展的时代，教育发挥了重大的作用。都德的短篇小说《最后一课》中关于民族国家意识的教育使每个人都有很深刻的感

① 联合国教科文组织：《2030年教育：仁川宣言和行动框架实现可持续发展目标4——确保包容和公平的优质教育，让全民终身享有学习机会》，第10页。

② 《机构简介》，https://inruled.bnu.edu.cn/zw/gyinruled/smhmb/index.html。

③ 《纳米比亚学前教育合作项目》，https://inruled.bnu.edu.cn/zw/sylbtzw_20200911095502579132/107083.html。

受。那么全球社会的公民意识怎么培养、怎么教育，是包括联合国在内的国际社会应该考虑的重大问题，也是全球教育治理的责任和使命之一。①

## 二、全球教育治理与联合国可持续发展目标的相关性

联合国可持续发展目标（Sustainable Development Goals，SDGs）是2015年9月25日193个国家在纽约可持续发展峰会上正式通过的17个全球发展目标，是2000—2015年千年发展目标（MDGs）到期之后继续指导2015—2030年的全球发展工作的新框架。可持续发展目标旨在从2015年到2030年间以综合方式彻底解决社会、经济和环境三个维度的发展问题，转向可持续发展道路。具体包括：（1）无贫穷；（2）零饥饿；（3）良好健康与福祉；（4）优质教育；（5）性别平等；（6）清洁饮水和卫生设施；（7）经济适用的清洁能源；（8）体面工作和经济增长；（9）产业、创新和基础设施；（10）减少不平等；（11）可持续城市和社区；（12）负责任消费和生产；（13）气候行动；（14）水下生物；（15）陆地生物；（16）和平、正义与强大机构；（17）促进目标实现的伙伴关系。② 联合国可持续发展目标中的"优质教育"目标是全球教育治理的重要内容。首先，提高广大发展中国家的教育质量与提供更多优质教育机会是确保欠发达国家培养优质人才的前提条件，而更多的优质人才能够为经济高质量发展奠定坚实的人才基础。其次，推动教育机会平等是确保弱势群体提升生存技能、职业技能的重要因素，其能够从根本上构建一个包容、开放、可持续发展的社会环境。最后，在全球范围内推动教育公平与提高教育质量的措施能够帮助发展中国家缩小同发达国家的教育水平差距，提升其在数字时代背景下的经济发展能力与社会适应能力，进而提高国际社会应对气候、

① 秦亚青：《全球治理中的教育责任》，载《清华大学教育研究》，2021年第4期，第6页。

② 《联合国可持续发展目标》，https://www.un.org/sustainabledevelopment/zh/sustainable-development-goals/。

生态、网络安全、贫困等发展性安全挑战的总体能力。结合中国和平发展基金会在教育援助领域的诸多贡献，本章聚焦于联合国可持续发展议程中的第四项目标，[①] 探讨全球教育治理。

第四项目标的具体内容如下：第一，到 2030 年，确保所有男女童完成免费、公平和优质的中小学教育，并取得相关和有效的学习成果。第二，到 2030 年，确保所有男女童获得优质幼儿发展、看护和学前教育，为他们接受初级教育做好准备。第三，到 2030 年，确保所有男女平等获得负担得起的优质技术、职业和高等教育，包括大学教育。第四，到 2030 年，大幅增加掌握就业、体面工作和创业所需相关技能，包括技术性和职业性技能的青年和成年人数。第五，到 2030 年，消除教育中的性别差距，确保残疾人、土著居民和处境脆弱儿童等弱势群体平等获得各级教育和职业培训。第六，到 2030 年，确保所有青年和大部分成年男女具有识字和计算能力。第七，到 2030 年，确保所有进行学习的人都掌握可持续发展所需的知识和技能，具体做法包括开展可持续发展、可持续生活方式、人权和性别平等方面的教育，弘扬和平和非暴力文化，提升全球公民意识，以及肯定文化多样性和文化对可持续发展的贡献。[②]

建立和改善兼顾儿童、残疾和性别平等的教育设施，为所有人提供安全、非暴力、包容和有效的学习环境。到 2020 年，在全球范围内大幅增加发达国家和部分发展中国家为其他发展中国家，特别是最不发达国家、小岛屿发展中国家和非洲国家提供的高等教育奖学金数量，包括职业培训和信息通信技术、技术、工程、科学项目的奖学金。到 2030 年，大幅增加合格教师人数，具体做法包括在发展中国家，特别

① 《目标 4：确保包容和公平的优质教育，让全民终身享有学习机会》，https://www.un.org/sustainabledevelopment/zh/education/。

② 《优质教育：为何重要》，https://www.un.org/sustainabledevelopment/zh/wp-content/uploads/sites/6/2016/10/Chinese_Why_it_Matters_4.pdf。

是最不发达国家和小岛屿发展中国家开展师资培训方面的国际合作。①

总之，联合国可持续发展第四项优质教育目标注重构建并完善全民教育体系、促进教育公平、消除教育歧视、提升教育软硬件条件，以实现包容、公平、平等、优质的教育发展目标，使弱势群体能够获得优质教育机会，缩减发展中国家与发达国家之间的教育水平差距，推动教育可持续发展。中国和平发展基金会作为中国对外开展国际公益项目的重要社会组织，积极参与全球教育援助，改善发展中国家学校基础设施建设、提供教学物资、开展教师培训等行动，推动了发展中国家实现教育公平与提升教育水平的目标，为中国落实联合国的教育可持续发展目标树立了典范。

## 第二节　中国在全球教育治理中的理念与实践

在百年未有之大变局的时代背景下，全球治理在权力结构、制度结构、理念结构、治理方式四个维度上出现转型趋势：第一，在权力结构层面，以中国、印度为代表的新兴大国的群体性崛起深刻地改变着国际权力分配格局，② 进而推动全球治理体系朝着更加公平公正的方向变革，以构建反映国际权力结构变迁的全球治理秩序，避免以美国为首的西方国家利用其在全球治理中的制度与权力地位优势损害新兴国家的利益，遏制新兴国家影响力上升态势。新兴大国实力快速增长，促进了其全球治理能力不断增强，这意味着新兴大国能够在具体治理层面发挥更大影响力，例如提供治理资金与先进技术、供给制度性与价值性公共产品等。因此，新兴国家的崛起能够从根本上驱动全球治理体系转型。这主要表现在新兴国家积极塑造全球治理议程，向广大

① 《目标 4：确保包容和公平的优质教育，让全民终身享有学习机会》，https://www.un.org/sustainabledevelopment/zh/education/。

② 韦宗友：《新兴大国群体性崛起与全球治理改革》，载《国际论坛》，2011 年第 2 期，第 8—14 页；Matthew D. Stephen, "Emerging Powers and Emerging Trends in Global Governance", *Global Governance*, 2017, Vol. 23, No. 3, pp. 483-502。

发展中国家供给促进社会可持续发展的相关技术、基础设施、资金等物质性公共产品，逐渐改变西方发达国家作为发展合作中的公共产品供给者和援助者的地位，从而形成多元权力中心的全球治理格局。第二，在制度结构层面，新兴大国力量将会积极参与全球治理具体议题的规则制定，构建新的发展、治理、合作制度，完善全球治理制度体系，改变西方国家在全球治理规则制定与制度改革中的主导地位，力图使全球治理制度结构与权力结构的变化相契合。第三，在理念结构层面，新兴大国倾向于提升自身在全球治理体系中的话语权[①]，根据国内发展经验提出符合发展中国家实际情况的治理理念，改变西方发达国家推广的发展模式主导国际发展合作的格局，以从理念层面改变西方发达国家与发展中国家在合作中的不平等现象。第四，在治理方式层面，数字技术和数字资源成为数字时代推动大国综合实力增长的关键变量，这为全球治理方案变革提供新机遇，也增强了新兴大国在治理方案创新中的影响力。因此，新兴大国在参与全球治理进程中会倾向于积极应用数字技术，创新数字型问题解决方案，提升治理效率，并最终增强国家在全球治理过程中标准与规则制定话语权。

全球教育治理理念是国家行为体参与国际教育治理合作的指导思想，同时教育发展也是全球发展议程的重要组成部分。中国参与全球教育治理的理念，是中国全球治理理念的一部分。总的来说，中国秉持共商共建共享、“共同但有区别的责任”、新时代全球发展倡议、人类命运共同体的理念参与《联合国 2030 年可持续发展议程》以及“一带一路”合作倡议，以构建开放、平等、包容、普惠、共赢的治理互动模式，推动全球治理体系朝着更加公平公正民主的方向发展。在参与全球教育治理时，中国所秉持和实践的同样是这些基本理念。

## 一、中国参与全球教育治理的理念

第一，共商共建共享的全球治理观。中共十九大报告指出“中国

① 徐进：《理念竞争、秩序构建与权力转移》，载《当代亚太》，2019 年第 4 期，第 4—25 页。

秉持共商共建共享的全球治理观，倡导国际关系民主化，坚持国家不分大小、强弱、贫富一律平等，支持联合国发挥积极作用，支持扩大发展中国家在国际事务中的代表性和发言权。中国将继续发挥负责任大国作用，积极参与全球治理体系改革和建设，不断贡献中国智慧和力量。”① 共商共建共享的含义是共同协商、共同建设、共同承担、共同分享治理成果。② 共商共建共享是新时期中国针对全球治理中的霸权主义、强权政治、单边主义现象提出的治理理念与解决方案，以推动全球治理体系朝着更加公正合理的方向发展，促进全球治理多元行为体互动的平等性与民主性。

共商共建共享的全球治理观具有强调治理主体的多元性、治理方式的平等参与和民主协商性、构建包容开放的治理体系和构建新型国际关系的特征。③ 这一观念对中国参与全球发展治理具有重要指导作用。首先，中国将积极发展团结、平等、均衡、普惠的全球发展伙伴关系，在对发展中国家开展发展援助的过程中平等协商、尊重主权、不干涉内政，反对将发展援助政治化、意识形态化，以推动发展治理目标得到有效落实。其次，中国将积极构建和完善反映共商共建共享理念的治理制度，在制度内开展更符合发展中国家国情的治理项目，从制度层面推动全球发展治理互动模式的变革。

第二，“共同但有区别的责任”。中国向联合国正式提交的《2015年后发展议程中方立场文件》明确指出中国参与联合国可持续发展议程的总体原则。其中，中国政府强调“发展模式多样化。尊重各国不同国情、发展水平和发展阶段，支持各国自主选择适合本国的发展政策、发展模式和发展道路”“‘共同但有区别的责任’原则。将实现发

① 习近平：《决胜全面建成小康社会 夺取新时代中国特色社会主义伟大胜利——在中国共产党第十九次全国代表大会上的报告》，新华社北京 2017 年 10 月 27 日电。

② 《习近平：“一带一路”是成功实践和精彩现实》，http://politics.people.com.cn/n1/2019/1113/c1024-31451547.html。

③ 秦亚青、魏玲：《新型全球治理观与“一带一路”合作实践》，载《外交评论》，2018 年第 2 期，第 1—14 页。

展作为各国共同努力的目标，同时根据各国不同能力，以各自方式实现发展并参与全球发展合作。”①

中国在全球教育治理中坚持“共同但有区别的责任”原则，主要表现在两个方面。首先，中国主张依据各国自身国情与经济发展情况，制定符合本国国情的教育治理模式，反对西方发达国家将自身教育模式强加于发展中国家的霸权主义行为。其次，中国强调建立在各国能力差异基础上的有区别的责任，反对在落实具体目标“责任分配”的政府间谈判中刻意忽视或弱化各国国情特殊性，以确保各国能够在自身国家能力范围内有效落实可持续发展目标并履行与自身能力相符的国际责任。②

第三，提出全球发展倡议，明确中国参与全球教育治理、促进教育发展的一系列基本原则，这是中国向国际社会提供的理念型公共产品。2021 年 9 月，习近平主席在第七十六届联合国大会上提出全球发展倡议，作为解决发展问题的理念与行动方针。该倡议包含六点内容：一是坚持发展优先；二是坚持以人民为中心；三是坚持普惠包容；四是坚持创新驱动；五是坚持人与自然和谐共生；六是坚持行动导向。③ 全球发展倡议反映了中国落实联合国可持续发展目标的行动理念：一是强调发展质量和发展的可持续性。二是强调全球发展治理应以人为本，即在应对各类形式贫困、气候变化、生态环境危机、经济发展不平等、教育公平等问题时要以促进人的可持续性发展为最终目标，最大限度增进人类社会福祉。三是强调构建普惠与包容的发展互动模式，即国际社会不仅应秉持普惠理念共享发展治理成果，还应尊重各国经济水平差异、政治制度差异、治理水平差异，反对将发展问题政治化、意识形态化，形成基于“共同但有区别的责任”理念、包

---

① 《2015 年后发展议程中方立场文件》，https://www.mfa.gov.cn/web/gjhdq_676201/gjhdqzz_681964/lhg_681966/zywj_681978/201505/t20150513_9381691.shtml。

② 同①。

③ 《习近平提出全球发展倡议》，http://www.gov.cn/xinwen/2021-09/22/content_5638602.htm。

容开放的全球发展治理互动模式。四是强调科技创新与治理方案创新，将数字技术运用于全球治理，以提升治理效率和治理质量，推动社会生产生活朝着更加高质量的可持续性方向发展。五是强调在处理各类发展问题时注重生态环境保护，维护生态系统平衡，这是实现社会经济可持续发展与人的可持续发展的前提条件。六是强调各国应采取与治理承诺相契合的实际行动，以务实态度落实联合国可持续发展目标。

第四，构建人类命运共同体是中国参与全球教育治理的根本遵循。人类命运共同体理念是中国参与全球治理的重要指导思想，也是中国在新时代背景下针对全球安全挑战提出的重要倡议与方案，体现了中国参与全球治理的秩序观、利益观和治理观。

在秩序观层面，中国支持以联合国为核心的国际体系，支持联合国在处理全球治理议题中发挥核心作用，“将继续维护以联合国宪章宗旨和原则为核心的国际秩序和国际体系”，① 反对西方发达国家垄断国际规则制定权并构建符合其意识形态偏好的排他性国际秩序。中国主张国际社会多元行为体平等交往、民主协商、相互尊重、合作共赢，共同推动国际秩序朝着更加民主、公平、正义的方向发展。② 在利益观层面，中国强调在参与全球治理进程中树立命运共同体的意识，处理好国家利益与全球利益的关系。在全球化时代，国家利益与全球共同利益相互交融的程度更深、关涉范围更广，所有行为体都是人类社会福祉的“利益攸关者”。因此，各国应将国家利益与全球共同利益视为密不可分的一体，在处理好国内发展问题的同时，积极参与国际层面的发展议程与行动，以增进各国人民的福祉。③ 在治理观层面，中国强调构建平等、包容、共赢、普惠、公平的全球治理体系，反对在全球治理互动中的霸权主义、强权政治、单边主义行为，提倡在各行为体

① 习近平：《携手构建合作共赢新伙伴 同心打造人类命运共同体》，载《人民日报》，2015年9月29日，第2版。

② 秦亚青：《人类命运共同体的思想价值与实践意义》，载《中国党政干部论坛》，2020年第9期，第7页。

③ 曲星：《人类命运共同体的价值观基础》，载《求是》，2013年第4期，第54页。

的治理互动中树立你中有我、我中有你的合作理念，共同承担治理责任，共同协商并制定治理规则，共同分享治理成果，将人类命运共同体的价值理念落实到具体治理行动中，以推动全球治理制度体系朝着更加公平公正民主的方向变革。

## 二、中国参与全球教育治理的实践与成效

首先，中国已经全面普及九年义务教育。2012—2022 年，普通话普及率从 70%提高到 80.72%，识字人口使用规范汉字比例超过 95%，文盲率下降至 2.67%。[①]

其次，中国制定并实施中长期国家发展战略规划，以五年为周期制定国民经济与社会发展规划纲要，调动各种资源推动规划落实。中国制定了《国家中长期教育改革和发展规划纲要（2010—2020 年）》，有力推动了教育事业发展。[②]

最后，中国政府建立健全教育领域法律法规体系，调动社会各界广泛参与。中国政府相继颁布实施或修订了《义务教育法》等法律法规，从法律层面保障实施千年发展目标相关规划。中国政府通过主动引导、多方合作、舆论宣传等途径，推动社会各界积极参与千年发展目标。同时，民间社会团体等也自下而上地推进落实千年发展目标。[③]

在国际教育交流与合作方面，“一带一路”倡议是中国参与全球教育治理的重点合作平台。“一带一路”倡议包括了“丝绸之路经济带”和“21 世纪海上丝绸之路”，是在经济全球化、国际格局多极化、文化多样化的时代背景下提出的新型合作倡议。“一带一路”倡议秉持共商共建共享的全球治理理念，坚持开放合作、和谐包容、市场运作、互利共赢的共建原则，旨在同沿线各国共同建设开放、包容、均衡、

---

① 《十年来全国普通话普及率提高至 80.72% 文盲率降至 2.67%》，http://www.moe.gov.cn/fbh/live/2022/54618/mtbd/202206/t20220628_641542.html。

② 《中国落实 2030 年可持续发展议程国别方案》，http://www.gov.cn/xinwen/2016-10/13/5118514/files/4e6d1fe6be1942c5b7c116e317d5b6a9.pdf。

③ 同②。

普惠区域经济合作制度与模式。这一倡议包含五项重点合作内容，即政策沟通、设施联通、贸易畅通、资金融通、民心相通。①

“一带一路”倡议与《联合国2030年可持续发展议程》在治理理念和目标层面高度契合，在治理内容层面协同互补。落实“一带一路”倡议具体合作项目的过程有助于实现联合国可持续发展目标，二者能够相互兼容、相互促进。在治理目标层面，实现社会、经济和环境可持续发展是“一带一路”倡议和《联合国2030年可持续发展议程》的共同首要目标。二者旨在通过深化区域合作，构建开放、包容、互惠的合作互动模式，向国际社会提供制度性、价值性、理念性公共产品，以解决治理目标地区的经济发展不均衡、贫困、教育机会、生态环境保护、气候变化、卫生健康等发展性问题，最终实现人类社会可持续发展目标。② 在民心相通方面，“一带一路”合作倡议注重民间交往、文明互鉴，该倡议通过“健康丝绸之路”、“廉洁丝绸之路”、“绿色丝绸之路”、推动智库合作、设立“丝绸之路”奖学金等措施提高教育质量，增进不同文化与文明间的了解，从而促进人的可持续发展。③ 在“一带一路”合作倡议的指导下，中国积极同沿线国家开展教育及其相关领域的治理合作，培养专业技能型人才。在科技创新领域，中国同沿线国家开展科技人才交流、科技研发合作、科技园合作，截至2021年年末，中国与84个共建国家建立科技合作关系，支持联合研究项目1118项，累计投入29.9亿元。④

中国人民大学专门设立了“丝路学院”，大大增加了来自“一带一路”沿线国家的留学生数量，并为“一带一路”沿线国家培养大量工

---

① 《推动共建丝绸之路经济带和21世纪海上丝绸之路的愿景与行动》，http://2017.beltandroadforum.org/n100/2017/0407/c27-22.html/。

② 联合国和平与发展信托基金、2030年可持续发展议程子基金：《“一带一路”倡议支持联合国〈2030年可持续发展议程〉的进展报告》，2022年9月，第8页。

③ 同②，第28页。

④ 《“一带一路”建设成果丰硕推动全面对外开放格局形成——党的十八大以来经济社会发展成就系列报告之十七》，http://www.stats.gov.cn/tjsj/sjjd/202210/t20221009_1888994.html。

程、医疗等技术人才和国家治理人才。北京外国语大学主动对接“一带一路”倡议，立足多语种特色优势，在促进与沿线国家语言互通、教育合作、文化交流等方面精准发力，为“一带一路”倡议发挥积极支撑作用。[①] 通过建设非通用语种专业、培养复合复语型人才、扶持非通用语种师资、打造高水平科研平台、提升国际化办学能力等多角度多维度探索，服务国家参与全球教育治理的重大使命。教育部统计数据显示，2017 年，“一带一路”沿线国家来华留学生为 31.72 万人，占来华留学生总人数的 64.85%，增幅达 11.58%，高于各国平均增速。[②] 2019 年，“一带一路”沿线国家来华留学人数在来华留学总人数中的占比仍达到 54.1%。[③] 中国在“一带一路”沿线国家开展了包括“孔子学院”“鲁班工坊”等在内的大量卓有成效的教育合作项目。自 2014 年以来，“一带一路”沿线国家新建孔子学院达 25 所，占全球新增孔子学院的 29%。[④] 此外，西安交通大学于 2015 年 5 月发起成立“丝绸之路大学联盟”（University Alliance of the Silk Road），以落实“一带一路”倡议的高等教育行动，加深同其他国家和地区大学在人才培养、科研合作、文化沟通、政策研究、医疗服务等领域的合作，共同培养符合新时代发展趋势的高素质、复合型人才。[⑤]

中非合作是南南合作的典范，也为中国参与全球发展治理树立了典范。自新中国成立以来，中国与非洲国家建立了紧密的合作关系，发展同非洲国家团结合作是中国对外政策的重要基石。[⑥] 中国与非洲国

---

① 《北京外国语大学发挥多语种特色优势 积极服务“一带一路”倡议》，教育部简报〔2018〕第 65 期，http://www.moe.gov.cn/jyb_sjzl/s3165/201812/t20181227_365126.html。

② 《“一带一路”沿线国家来华留学人数持续增加》，http://www.gov.cn/xinwen/2018-04/30/content_5287005.htm。

③ 《教育部：2016—2019 年我国留学生学成回国占比达八成》，http://www.moe.gov.cn/fbh/live/2020/52834/mtbd/202012/t20201223_507088.html。

④ 王辉、陈阳：《基于大数据的“一带一路”沿线国家孔子学院分布研究》，载《云南师范大学学报（对外汉语教学与研究版）》，2019 年第 1 期，第 12 页。

⑤ 《西安交大立足丝绸之路大学联盟深入推进“一带一路”合作》，http://news.xjtu.edu.cn/info/1005/187102.htm。

⑥ 《新时代的中非合作》，http://www.gov.cn/zhengce/2021-11/26/content_5653540.htm。

家在国际关系民主化、经济可持续发展、气候治理、减贫、网络安全、农业经济、人文教育等领域拥有广阔的合作空间，构建以可持续发展为目的的中非命运共同体是中非合作新阶段的首要目标。

目前，中非合作机制主要有中非合作论坛与“一带一路”合作倡议。中非合作论坛是中非合作的关键制度平台，同时也是中非合作重要制度成果。中非合作论坛成立的标志是2000年10月在北京召开的首届部长级会议，该论坛旨在深化中国和非洲国家友好合作，以更有力地应对经济全球化挑战。论坛的宗旨是“平等磋商、增进了解、扩大共识、加强友谊、促进合作”，成员共55名，包括中国及与中国建交的53个非洲国家和非洲联盟委员会。论坛在三个级别上建立后续机制，即部长级会议（每三年举行一届）、高官级后续会议及为部长级会议做准备的高官预备会（分别在部长级会议前一年及前数日各举行一次）、非洲驻华使节与中方后续行动委员会秘书处会议（每年至少举行两次）。部长级会议及其高官会轮流在中国和非洲国家举行。中国和承办会议的非洲国家担任共同主席国，共同主持会议并牵头落实会议成果。① 根据中非双方共识，部分部长级会议升格为峰会。论坛迄今已举行三次峰会（2006年11月北京峰会、2015年12月约翰内斯堡峰会、2018年9月北京峰会）和7届部长级会议。②

在促进优质教育领域，中国主要通过向非洲国家的学校援建基础设施、培养师资力量、提供奖学金等方式推动非洲国家基础教育、高等教育、职业教育三个层面水平的提高，让更多非洲人民享有更优质的教育机会。③ 在学校基础设施方面，中国实施后疫情时代中非人才培

① 《中非合作论坛》，http://www.focac.org/ltjj/ltjz/。

② 《新时代的中非合作》，https://www.fmprc.gov.cn/web/wjb_673085/zzjg_673183/fzs_673445/xwlb_673447/202111/t20211126_10453869.shtml。

③ 《〈新时代的中国国际发展合作〉白皮书（全文）》，http://www.scio.gov.cn/zfbps/32832/Document/1696685/1696685.htm。

养计划，为非洲国家援建或升级 10 所学校。① 在培养人才方面，中国根据非洲国家的社会发展需求，设立多个奖学金专项，支持非洲优秀青年来华学习。自 2018 年起，中国在埃及、南非、吉布提、肯尼亚等非洲国家与当地院校共建“鲁班工坊”，同非洲国家分享中国优质职业教育，为非洲国家培养经济社会发展急需的高素质技术技能人才。② 此外，中国还注重帮助非洲国家培养减贫人才，为非洲国家提供减贫政策参考和实践研修班，并为非洲国家提供减贫与发展专业学位教育奖学金。③

尤其值得一提的是，中国与非洲国家在卫生、减贫领域的教育和技术交流。中国积极向非洲国家提供医疗物资与医疗服务，援建医疗基础设施，培养医疗领域人才，帮助非洲国家完善公共卫生体系建设。例如，中国重点帮助非洲国家加强专科医学建设，为非洲各国培训各类医务人才 2 万人次。截至 2021 年年底，中国已帮助 18 个非洲国家建立了 20 个专科中心，涉及心脏、重症医学、创伤、腔镜等专业，同 40 个非洲国家的 45 所医院建立对口合作机制。④ 中国还将积极推动非洲疾控中心总部项目的建设，为非洲援助实施 10 个医疗卫生项目，加快中非友好医院建设，加强中国与非洲国家医教研的学术技术交流与合作，加强卫生人才培养，以增强非洲国家整体公共卫生能力及医疗水平。⑤ 在应对新冠肺炎疫情方面，中国积极向非洲国家提供防疫物资和疫苗援助，并派遣医疗专家组分享抗疫经验，为非洲国家提升应对

---

① 《中非合作论坛—达喀尔行动计划（2022—2024）》，https://www.fmprc.gov.cn/web/ziliao_674904/1179_674909/202112/t20211202_10461174.shtml。

② 《新时代的中非合作》，http://www.gov.cn/zhengce/2021-11/26/content_5653540.htm。

③ 《中国和非洲联盟加强中非减贫合作纲要（全文）》，http://politics.people.com.cn/n/2014/0506/c1001-24980662.html。

④ 《新时代的中非合作》，https://www.fmprc.gov.cn/web/wjb_673085/zzjg_673183/fzs_673445/xwlb_673447/202111/t20211126_10453869.shtml。

⑤ 同①。

新冠肺炎疫情的公共卫生能力作出重要贡献。① 中非双方于 2020 年 6 月 17 日召开中非团结抗疫特别峰会，一致同意实施好中非合作论坛框架内“健康卫生行动”，共同加强公共卫生体系建设，加强“一带一路”合作，克服疫情对经济发展的冲击，实现卫生健康领域的可持续发展。②

在减贫领域，中国和非洲国家之间的教育交流与合作也发挥着重要作用。消除贫困是中国与非洲国家合作的关键领域之一，也是中非双方落实《联合国 2030 年可持续发展议程》的首要目标。在减贫领域，中非双方共同制定了《中国和非洲联盟加强中非减贫合作纲要》③，并且建立了“中非合作论坛—减贫与发展会议”“中非青年减贫和发展交流项目”等机制，为中非地方政府、学术、企业、青年和非政府组织开展形式多样的减贫经验交流与务实合作提供了制度保障。自 2010 年以来，“中非合作论坛—减贫与发展会议”已在中国、埃塞俄比亚、南非、乌干达等国连续举办 10 届，参会总人数接近 1600 人次。2005 年至 2021 年，中国共举办 160 期减贫援外培训班，为非洲 53 国培训超过 2700 人次，占总参训人数 58.6%。④ 中国将继续为非洲国家消除贫困提供多元力量支持，以实现《联合国 2030 年可持续发展议程》中消除各类贫困的目标。⑤

“一带一路”建设和中非合作是中国参与全球教育治理的两个典型案例。总结这两个案例可以发现，中国参与全球教育治理的实践具有如下特点：

---

① 《中非合作论坛—达喀尔行动计划(2022—2024)》，https://www.fmprc.gov.cn/web/ziliao_674904/1179_674909/202112/t20211202_10461174.shtml。

② 《习近平在中非团结抗疫特别峰会上的主旨讲话(全文)》，http://www.xinhuanet.com/politics/leaders/2020-06/17/c_1126127508.htm。

③ 《中国和非洲联盟加强中非减贫合作纲要(全文)》，http://politics.people.com.cn/n/2014/0506/c1001-24980662.html。

④ 《新时代的中非合作》，https://www.fmprc.gov.cn/web/wjb_673085/zzjg_673183/fzs_673445/xwlb_673447/202111/t20211126_10453869.shtml。

⑤ 同①。

一是坚持共享发展。按照人人参与、人人尽力、人人享有的要求，注重机会公平，保障基本民生，着力增进人民福祉，使全体人民在共建共享发展中有更多获得感。①

二是牢固树立利益共同体意识，建立全方位的伙伴关系，支持各国政府、私营部门、民间社会和国际组织广泛参与全球发展合作，实现协同增效。②

三是提高公众参与落实的责任意识。中国坚持以人为本原则，按照人人参与、人人尽力、人人享有的要求推动落实工作，帮助公众更好地认同《联合国2030年可持续发展议程》，认识落实工作同个人和社会利益密切相关，提高自身参与落实工作的主动性和责任感。③

四是积极推进参与性社会动员。发挥民间团体、私营部门、个人尤其是青少年的作用，通过各行为体亲身参与落实可持续发展目标的培训、社交、管理等活动，帮助其认识到经济、社会、环境综合协调发展的重要性，进而就落实《联合国2030年可持续发展议程》形成广泛共识。④

五是承认自然、文化、国情多样性，尊重各国走独立发展道路的权利，推动各国政府、社会组织及各利益攸关方在落实《联合国2030年可持续发展议程》中加强交流互鉴，取长补短，根据“共同但有区别的责任”原则推动可持续发展目标的落实。⑤

六是推动建立更加平等均衡的全球发展伙伴关系。坚持南北合作主渠道，推动发达国家及时、足额履行官方发展援助承诺，加大对发展中国家的支持力度。充分发挥技术促进机制的作用，包括采取建立

---

① 《中非合作论坛—达喀尔行动计划(2022—2024)》,https://www.fmprc.gov.cn/web/ziliao_674904/1179_674909/202112/t20211202_10461174.shtml,第10页。

② 同①。

③ 同①,第10—11页。

④ 同①,第14—15页。

⑤ 《中国落实2030年可持续发展议程国别方案》,http://www.gov.cn/xinwen/2016-10/13/5118514/files/4e6d1fe6be1942c5b7c116e317d5b6a9.pdf。

技术银行等方式，帮助发展中国家科技开发以及向其转让、传播和推广环境友好型技术。①

七是进一步积极参与南南合作。积极履行国际责任，为全球发展贡献更多公共产品，推动南南合作援助基金、中国-联合国和平与发展基金、应对气候变化南南合作基金、亚洲基础设施投资银行、金砖国家新开发银行等为帮助其他发展中国家落实《联合国 2030 年可持续发展议程》发挥更大作用。继续推进“一带一路”建设和国际产能合作，实现优势互补。②

八是稳妥开展三方合作。在尊重受援国意愿的前提下，与其他多双边援助方一道稳妥推进优势互补的三方合作，丰富援助方式，提升援助效果。鼓励私营部门、非政府组织、慈善团体等利益攸关方发挥更大作用。③

总之，中国积极落实联合国 2030 年可持续发展目标 4，主要通过完善各级教育体系、开展全民教育行动、完善教育基础设施、消除各类教育歧视、注重职业技能培训、深化国际教育合作与援助行动等方式推动中国教育事业朝着公平、包容、优质、普惠的方向发展。④ 根据《2022 年可持续发展报告》（*Sustainable Development Report 2022*）显示，中国目前已经实现联合国可持续发展目标 4“优质教育”，评分为 100 分。⑤ 由此可见，中国以行动为导向，通过各级政府、企业、社会组织、个人等多方合作，有效地落实了优质教育的目标，为推动国际社会实现包容与可持续发展的教育环境与制度体系作出了重要贡献。

---

① 《中非合作论坛—达喀尔行动计划（2022—2024）》，https://www.fmprc.gov.cn/web/ziliao_674904/1179_674909/202112/t20211202_10461174.shtml，第 17 页。

② 同①。

③ 同①，第 16—17 页。

④ 中国国际发展知识中心：《中国落实 2030 年可持续发展议程进程报告（2021）》，2021 年 9 月，第 25 页。

⑤ Jeffrey D. Sachs, Guillaume Lafortune, Christian Kroll, Grayson Fuller and Finn Woelm, *Sustainable Development Report 2022*, Cambridge University Press, 2022, p. 154.

## 第三节　中国和平发展基金会概况

### 一、中国和平发展基金会的发展历程

中国和平发展基金会是经民政部批准的慈善组织，业务主管单位是中共中央对外联络部，拥有联合国经社理事会特别咨商地位，于2011年1月在北京成立。办会宗旨是传播和平发展理念，开展国际公益项目和人文交流活动，支持中国民间组织开展国际交流，增进中国与世界各国人民之间的相互了解和友好合作，促进世界和平发展与共同繁荣。现任理事长是全国政协副主席、全国工商联主席高云龙。[①] 正如该组织的名字所体现的，中国和平发展基金会致力于传播中国和平发展理念，促进世界和平发展与共同繁荣。

基金会开展的业务范围包括：第一，在发展中国家开展民生领域公益活动；第二，举办国际论坛、研讨会和人员培训；第三，开展民间外交课题研究；第四，参与联合国及国际非政府组织交流活动；第五，开展国际人文交流活动；第六，符合基金会宗旨的其他对外公益活动及民间交流工作。[②]

自成立以来，基金会重点在老挝、柬埔寨、缅甸、蒙古国、菲律宾、塔吉克斯坦、巴基斯坦、尼泊尔、苏丹、赞比亚、坦桑尼亚等周边及“一带一路”沿线国家开展了80多个民生公益项目，累计投入超过2.7亿元人民币，数十万人从中直接受益。此外，还曾举办“和平发展论坛”“丝路之友对话会”等多场国际交流研讨活动，为促进“一带一路”民心相通工作作出了积极贡献。[③] 此外，基金会拥有联合国经社理事会特别咨商地位，积极参与联合国及社会组织举办的交流

① 中国和平发展基金会官网，http://www.cfpd.org.cn/Column/217/0.htm。

② 《中国和平发展基金会章程》，http://www.cfpd.org.cn/Column/250/0.htm。

③ 同①。

活动，与联合国粮食计划署、联合国难民署等国际组织开展合作交流。

基金会的成立不仅壮大了中国民间外交的组织力量，而且有助于中国外交理念的落实，丰富中国外交实践，增强中国公共外交建设，提升中国的国家软实力。在参与全球治理的过程中，基金会着眼于全球发展治理的诸多领域，尤其是在教育、卫生和减贫等方面做了大量的工作。为了让本章的论述更加集中，后面的案例研究聚焦于中国和平发展基金会最为突出的工作领域，即全球教育发展和教育治理。

## 二、中国和平发展基金会的组织结构

中国和平发展基金会设有理事会、监事会及秘书处，秘书处下设综合业务部、项目管理部、基金管理部，驻柬埔寨办事处、驻缅甸办事处。

理事会是决策机构，现由 17 名理事组成。理事每届任期 5 年，任期届满，可以连选连任。理事会设理事长、副理事长和秘书长，从理事中选举产生。理事会拥有的职权如下：第一，制定、修改章程；第二，选举、罢免理事长、副理事长、秘书长；第三，决定重大业务活动计划，包括资金的募集、管理和使用计划；第四，审定年度收支预算及决算；第五，制定内部管理制度；第六，决定办事机构、分支机构、代表机构的设立、变更和终止；第七，决定由秘书长提名的副秘书长和各机构主要负责人的聘任；第八，听取、审议秘书长的工作报告，检查秘书长的工作；第九，决定基金会的分立、合并或终止；第十，决定荣誉职务的设立及人选；第十一，决定其他重大事项。[①] 理事拥有和履行以下权利与义务：第一，基金会的选举权、被选举权和表决权；第二，参加基金会举办的活动；第三，获得基金会服务的优先权；第四，对基金会工作的批评权、建议权和监督权；第五，遵守基金会的章程，维护基金会的合法权益；第六，按规定不泄露本基金会

① 中国和平发展基金会官网，http://www.cfpd.org.cn/Column/217/0.htm。

秘密的义务，在未获得授权的情况下，不能代表理事会和本基金会发言；第七，执行基金会的决议；第八，为本基金会及其各项事业的持续发展提供支持。《中国和平发展基金会章程》（以下简称《章程》）规定，理事会每年至少召开两次会议，会议召开条件如下：第一，若有三分之一理事提议，必须召开理事会会议；第二，召开理事会会议，理事长或召集人需提前五日通知全体理事、监事；第三，理事会会议须有三分之二以上理事出席方能召开；理事会决议须经过半数出席理事通过方为有效。①

监事会是监督机构，现由三人组成，监事任期与理事任期相同，期满可以连任。监事的产生与罢免程序如下：第一，监事由主要捐赠人、业务主管单位分别选派；第二，登记管理机关根据工作需要选派；第三，监事的变更依照其产生程序。监事的权利与义务包括：第一，监事依照《章程》规定的程序检查基金会财务和会计资料，监督理事会遵守法律和章程的情况；第二，监事列席理事会会议，有权向理事会提出质询和建议，并应当向登记管理机关、业务主管单位以及税务、财务主管部门反映情况；第三，监事应当遵守有关法律法规和基金会章程，忠实履行职责。②

基金会的规章制度包括：《中国和平发展基金会重大事项报告制度》《中国和平发展基金会会议制度》《中国和平发展基金会保密管理办法》《中国和平发展基金会对外宣传工作管理办法》《中国和平发展基金会项目经费管理办法》《中国和平发展基金会项目流程管理暂行规定》《中国和平发展基金会财务管理制度》《中国和平发展基金会信息公开办法》。③ 下面将就几项重要制度分别进行解释。

第一，信息公开制度：基金会目前实行的信息公开制度根据《中华人民共和国慈善法》和《慈善组织信息公开办法》制定。基金会依

① 中国和平发展基金会官网，http://www.cfpd.org.cn/Column/217/0.htm。。

② 同①。

③ 中国和平发展基金会：《中国和平发展基金会2021年度工作报告》，第7页。

据相关法律法规，秉持真实、完整、及时的原则，在民政部门提供的统一信息平台和基金会官方网站向社会公开内部信息和业务活动信息，以保护捐赠人、志愿者、受益人等慈善活动参与者的合法权益，维护社会公众的知情权。[①] 基金会的信息公开范围包括：第一，基本信息；第二，年度工作报告和财务会计报告；第三，公开募捐情况；第四，慈善项目有关情况；第五，慈善信托有关情况；第六，重大资产变动及投资、重大交换交易及资金往来、关联交易行为等情况；第七，法律法规要求公开的其他信息。基金会在信息公开工作方面实行内部审批制度，由综合业务部对信息公开工作进行总体协调，对于必须公开的信息由有关部门根据工作职责及时、准确收集或制作，明确信息采编、审核、发布环节的责任，对未经审批的信息不得公开。[②]

第二，财务管理制度：基金会内设基金管理部负责管理各项财务工作，其主要职责如下：第一，执行国家财务规章制度，拟订基金会内部财务管理相关办法，管理和落实基金会各项财务业务活动；第二，负责资金使用的预算、决算管理，如实反映基金会财务收支情况，保障基金会开展工作的资金使用；第三，按照国家法律和政策规定，负责基金会财产保值增值工作，努力提高资金使用效益；第四，落实基金会资产管理，确保资产安全，做到账实相符，防止资产流失。[③] 基金会财务管理遵循“统一领导、归口管理”的原则。在管理机制上，理事会定期审议基金会财务工作报告和资金使用情况的年度预算及决算，决定财务工作的重大事项。同时，基金会按照《民间非营利组织会计制度》的规定，依法进行会计核算。[④] 基金会的财务管理制度包括预算管理、收入管理、支出管理、票据管理、现金管理、物资管理、档案

① 《中国和平发展基金会信息公开办法》，http://www.cfpd.org.cn/News/321/1852.htm

② 同①。

③ 《中国和平发展基金会财务管理制度》，http://www.cfpd.org.cn/archiver/cfpd/UpFile/Files/Default/20190108002613486882.pdf。

④ 《中国和平发展基金会财务管理制度（试行）》，http://www.cfpd.org.cn/archiver/cfpd/UpFile/Files/Default/20190108002613486882.pdf。

管理、财务监督等主要内容。①

第三，自有资金项目流程管理规定：基金会自有资金项目流程管理依据“务实、公开、合法、有效”的原则管理自有资金项目的申请、立项、实施和总结。② 在项目立项方面，首先，按照基金会年度总体工作部署，项目申请部门根据项目类型填写相应项目申请报告，并送基金管理部会签。其次，基金会秘书长办公会审议，提出审议意见，项目申请部门根据秘书长办公会意见建议修改完善申请报告，或撤销申请报告。③ 在项目实施方面，主要流程如下：一是项目申请部门按照项目申请报告规定内容，与项目合作方共同拟定项目合作协议，经法律顾问审核后送基金管理部会签，并报基金会秘书长审批。二是协议签署后，基金会保留两份原件，供基金管理部和综合业务部存档。三是项目申请部门负责按照合作协议约定的条款督促合作方提供相关材料或服务，满足协议规定条款后，可申请向合作方支付项目款，支付申请由项目申请部门送基金管理部会签后，报基金会秘书长审批。四是项目所有开支须符合基金会财务规定及项目合作协议规定内容，并经基金会秘书长审批，项目申请部门不得擅自改变开支范围。④ 在项目总结方面，首先，项目执行结束后30个工作日内，项目申请部门提供相关总结材料和项目档案；其次，项目总结报告送基金管理部会签，秘书长办公会审核相关总结材料和项目档案，确定项目结项；最后，项目相关文件材料按照《中国和平发展基金会文件材料归档范围和管理办法》要求，交至综合业务部存档。⑤

---

① 《中国和平发展基金会财务管理制度（试行）》，http://www. cfpd. org. cn/archiver/cfpd/UpFile/Files/Default/20190108002613486882. pdf。

② 《中国和平发展基金会自有资金项目流程管理暂行规定》，https://cszg. mca. gov. cn/biz/ma/csmh/a/csmhadetail. html? aaee0101 = 10000021。

③ 同②。

④ 同②。

⑤ 同②。

## 第四节　中国和平发展基金会参与全球教育治理的实践

### 一、教育基础设施援助

中国和平发展基金会积极参与国际教育合作，同发展中国家的政府机构或社会组织建立合作关系，向受援国的学校提供教育基础设施援助支持，向当地学生提供教育物资援助，努力帮助受援国改善教育环境、提高教育质量，同时帮助受援国的学生降低教育成本，提供接受高质量教育的机会，推动受援国教育总体水平提升。

近年来，中国和平发展基金会在提供教育基础设施及公共产品方面的主要实践有：

第一，帮助柬埔寨完善教育基础设施，改善当地教育硬件设施。2021 年，中国和平发展基金会与柬埔寨民间社会组织联盟论坛合作，出资为柬埔寨西哈努克港的 5 所学校（占卡斯高绍小学、甘边小学、三廊小学、洪森戴伊克拉汉姆小学及斯登蔡小学），以及茶胶省的 2 所学校（昂坎拿小学和索安卡珀高中）各捐赠 2 台电脑、2 套电脑桌椅及 20 把图书馆用椅。[①] 2018 年 9 月，基金会出资为柬埔寨茶胶省巴提县昂坎拿小学和伯雷楚萨县索安洞坡高中各援建一栋教学楼。2019 年 3 月，项目正式动工，2020 年 9 月，项目完工。援建校舍为符合柬教育部规定的标准二层教学楼，含 12 间教室，室内配课桌椅、文教具、电灯等设施设备，楼外配 5 间卫生间。教学楼长 52 米、宽 10 米，使用面积不少于 1000 平方米。该项目在帮助解决当地儿童入学问题的同时，还吸纳周边临近乡镇儿童入学，对改善当地教学条件作用显著。[②]

第二，向老挝提供教育基础设施援助。2018 年，中国和平发展基金会与老挝和平与团结委员会签署协议，由基金会资助老挝在援建的

---

① 中国和平发展基金会：《中国和平发展基金会 2021 年度工作报告》，第 12 页插页。

② 同①。

11 所学校内各开设一间多媒体图书室，命名为中老“丝路之友”智慧校园项目，具体为：根据老方教学实际需求，由基金会捐赠一定数量的电脑、打印机、复印机、投影仪、扩音设备及图书，以改善学校教学条件。[①] 2018 年 9 月，基金会与老挝和平与团结委员会签署协议，出资为中老友好“丝路之友”项目援建 5 所学校。这 5 所小学皆位于受灾较为严重的省份：占巴塞省（2 所）、川圹省（2 所）、沙湾拿省（1 所）。项目于 2018 年 11 月开工，2020 年 8 月竣工。5 所学校建设结构均为一层平房校舍，每栋校舍含 5 间教室、1 间校长室、1 间教师办公室，校内配套课桌椅、黑板、电灯、风扇等设施；每栋校舍各配备 1 间室外卫生间。据老方教育部统计，基金会援建的 5 所小学交接后，截至 2020 年年底，共逾 2000 名学生注册入学，满足了当地适龄儿童少年就读小学的迫切需求。[②] 2017 年 5 月，基金会与老挝和平与团结委员会签署合作协议，由基金会资助老方在孟诺学校校园内建设一栋 2 层教学楼。孟诺学校项目共含 12 个房间、8 间教室、2 间教师办公室、1 间电脑室、1 间图书室并配备课桌椅、电扇、灯、黑板等设施，并对一老旧校舍及食堂、操场、厕所等进行修缮，还修建了 2 间面积为 30 平方米的教工宿舍。[③]

第三，在缅甸援建学校项目，提高当地教学硬件水平。2020 年 1 月，中国和平发展基金会同缅甸光明基金会正式签署《2019 年中缅友好“丝路之友”2 所学校项目合作协议》，约定由基金会出资，在仰光省滩塔彬镇和博葛礼镇各援建一栋一层校舍，并包含相关配套设施。2020 年 2 月项目开工，历时四个月全部完工，并正式投入使用。肯寇讷小学主体建筑面积近 250 平方米，耶芬宇小学主体建筑面积近 167 平方米。2 所学校均包含 3 间教室、水电、卫生间和相关设施。[④] 近 10

---

① 中国和平发展基金会：《中国和平发展基金会 2021 年度工作报告》，第 12 页插页。

② 同①。

③ 同①。

④ 同①。

年来，中国和平发展基金会在缅甸教育、医疗、人文交流等领域开展了丰富的合作实践，累计投入约400万美元。其中，中国和平发展基金会与缅甸光明基金会合作，在缅甸援建、扩建了包括耶芬宇小学在内共18所“丝路之友”小学。①

第四，帮助菲律宾援建学校并提供教育配套资源支持。中国和平发展基金会与菲律宾萨巴克基金会建立合作关系，由基金会出资，在菲律宾内湖省圣安东尼奥区南威尔3A国立高中校园内援建一栋4层含8间教室的教学楼。菲方负责为教室内配备黑板、桌椅、电灯、电扇等设备。2019年12月7日，中菲友好南威尔3A国立高中教学楼奠基启动仪式在菲律宾内湖省南威尔村举行。② 中国和平发展基金会与菲关爱基金会签署《关于中国和平发展基金会向菲律宾民力党关爱基金会捐赠平板电脑设备的项目合作协议》，中国和平发展基金会出资向菲律宾捐赠500台联想平板电脑，物资采购、国内运费由中国和平发展基金会承担，国际运输、清关、物资分发等工作由菲方负责。③

第五，向阿富汗难民营提供教育物资。中国和平发展基金会与阿富汗红新月会合作，出资向阿富汗卡瑞坎巴2号营地、迪哈马藏3号营地、纳沙杰巴格瑞米8号营地共三个难民营捐赠一批日用物资，内容包括向1614个家庭共4530人提供援助，向4906名儿童发放包括钢笔、铅笔、橡皮擦、黑板、书包、笔记本、彩笔、卷笔刀、粉笔的文具包。④ 2019年11月19日—22日，物资在三个营地分发完成。

在中国和平发展基金会教育基础设施援助行动中，中巴瓜尔达地区法曲尔学校项目和中老友好农冰村小学项目是治理实践的典范。⑤

---

① 《中国和平发展基金会援建缅甸小学交付使用》，http://www.xinhuanet.com/world/2020-07/16/c_1126248300.htm。

② 同①。

③ 同①。

④ 中国和平发展基金会：《中国和平发展基金会2021年度工作报告》，第12页插页。

⑤ 这部分的案例分析主要来自与中国和平发展基金会的工作人员的座谈交流，由该小组同学整理完成。

1. 中巴瓜达尔地区法曲尔学校[①]

2015 年，习近平主席访问巴基斯坦，中巴双方签署多项合作协议，开展教育合作项目。中巴瓜达尔地区法曲尔学校由中国和平发展基金会出资援建，位于中巴经济走廊终点瓜达尔港，一期占地面积 752 平方米，于 2016 年 8 月建成并正式投入使用。2019 年，基金会立项出资扩建，2020 年 6 月扩建完成。学校现占地面积达 1600 平方米，有两栋教学楼和配套活动场地，可容纳近千名学生。[②] 校园干净整洁，配备儿童游乐设施和崭新的发电机。中国驻巴使馆、中资企业以及当地华人定期捐献校服、书籍、文具文体用品。中国港控公司向学校捐献了三辆崭新的校车，解决了当地学生长途奔波求学的困难，还定期把学校学生接到港口和自由区参观。法曲尔学校在建设过程中受到了来自使馆、企业、各级政府、当地媒体和民众的关注和支持。[③]

值得注意的是，法曲尔学校作为“配合国家重大项目先行落地的民生项目”代表，具有保证被援助方“自主权”的特点，具体体现于以下两点：其一，保障巴各利益相关方充分参与。法曲尔学校项目首先在当地进行了充分的实地调研及征求意见。立项通过后，由巴基斯坦当地合作伙伴根据实际情况具体实施。项目的援建资金全部在巴支出，保证当地利益相关方参与。其二，符合巴方意愿和风俗习惯。学校完全按照当地建筑风格和民俗设计，严格遵循巴建筑规范和标准施工。现由瓜达尔当地政府承担小学的相关管理和运营工作。法曲尔学校援建项目体现出的高度“自主权”，实际上确立了国际援助的较高标准。

---

① 一期项目建设为法曲尔小学，建成后升级为中学，二期扩建时仍沿用中学，为学术方便，文中统称为“法曲尔学校”。

② 《中巴经济走廊瓜达尔法曲尔公立中学扩建项目顺利竣工移交》，https://www.ndrc.gov.cn/fzggw/jgsj/gjs/sjdt/202006/t20200630_1232523.html? code=&state=123；《多个项目落地瓜达尔助力中巴经济走廊发展》，http://www.xinhuanet.com/world/2019-11/05/c_1125196008.htm。

③ 《瓜达尔港——中巴经济走廊的璀璨明珠》，http://www.xinhuanet.com/politics/2018-08/26/c_1123331199.htm。

法曲尔学校项目切实缓解了当地普通家庭儿童上学难的问题，显著改善了当地的教育设施水平，有助于为当地儿童提供优质的教育环境与教育机会，推动瓜达尔地区教育水平的提高。该项目不仅是中巴教育合作的成功典范，更是中国和平发展基金会落实中国“一带一路”合作倡议民心相通的重要合作表现，有助于增强巴基斯坦人民对中国新时代和平发展理念与共商共建共享的全球治理观的了解和理解。

2. 中老友好农冰村小学

中老友好农冰村小学是基金会促进“一带一路”民心相通的合作典范。为改善农冰村小学教学条件，自2012年2月起，基金会开展多次实地考察论证，决定立项援建农冰村小学，帮助其扩建教学楼。农冰村小学经历几次扩建之后，正式更名为老挝中老友好农冰村小学，目前可接受1000余名儿童就读。[①] 同时，学校硬件基础设施也得到极大地完善，被评为万象市“示范学校”“美丽校园”。[②]

基金会在对农冰村小学开展教育基础设施援助的同时，还注重开展文化交流合作。在基金会的帮助下，农冰村小学开设了汉语课程，为学生提供学习汉语的机会。此外，农冰村小学还开展了丰富多样的中国文化课，例如剪纸、中文歌、水墨画、踢毽子比赛等活动，这些课程的设置不仅有助于促进当地学生对中国文化的了解，而且还能加强中老之间的文化交流和民心相通。

2019年4月29日，中共中央总书记、国家主席习近平给老挝中老友好农冰村小学全体师生回信，信中肯定了中国和平发展基金会在落实“一带一路”倡议民生合作领域中发挥的民心相通使者作用。回信全文如下[③]：

---

① 《“丝路一家亲”如何促进民心相通？民生合作“骨干地位凸显”》，https://m.mp.oeeee.com/a/BAAFRD000020210508482363.html。

② 《中老友好农冰村小学：以教育为桥促民心相通》，http://www.ce.cn/xwzx/gnsz/gdxw/201904/15/t20190415_31851289.shtml。

③ 《习近平给老挝中老友好农冰村小学全体师生的回信（全文）》，http://www.xinhuanet.com/politics/leaders/2019-04/30/c_1124439990.htm。

亲爱的老挝中老友好农冰村小学全体师生：

你们好！谢谢你们的来信和亲手制作的精美画册，从中我能感受到你们的快乐幸福、对美好生活的向往和对中国人民的真挚情谊，这份心意让我感动！

从你们的来信中得知，“一带一路”建设给你们的学校和家乡、学习和生活带来了许多积极变化。实现沿线国家共同发展，让民众过上好日子是我提出“一带一路”倡议的初心。加强中老民生领域合作，促进中老在“一带一路”框架下的合作是构建中老命运共同体的重要内容。中老加强合作，让更多惠民项目落地，可使我们的生活更加幸福。我期待着更多像中国和平发展基金会一样的民心相通使者，在“一带一路”沿线各国开展合作、造福民众。希望同学们好好学习，早日成长为国家栋梁，成为中老友好接班人！

祝中老友好农冰村小学越办越好！欢迎你们早日乘上中老铁路列车来到北京。

习近平

2019年4月29日于北京

2016年、2019年，老挝政府先后授予中国和平发展基金会国家二级发展勋章和国家一级发展勋章，以表彰基金会对改善老挝当地教育条件与提升教育基础设施水平作出的贡献。①

中国和平发展基金会的项目部署与“一带一路”倡议构建包容、开放、普惠的合作模式紧密相关。一方面，基金会依托“一带一路”合作框架，充分发挥其民间外交使者、民心相通使者的作用，通过教育资源援助和文化交流的方式落实中国对发展中国家教育援助的目标，

① 《老挝政府授予中国和平发展基金会国家二级发展勋章》，http://www.cfpd.org.cn/News/216/1786.htm。

促进中国与“一带一路”沿线国家的人文交流，增进沿线国家人民对中国的理解与支持。另一方面，“一带一路”合作倡议为中国社会组织“走出去”提供了交流合作的平台与制度保障，推动中国公共外交朝着高质量、高标准、多领域方向发展，与政府外交积极配合，发挥特色优势，同时能够增强中国社会组织开展公共外交的能力，更好地通过民间外交渠道展示中国发展新理念、新方向与新形象。

由此可见，中国和平发展基金会积极参与“一带一路”倡议行动，积极落实《联合国2030年可持续发展议程》中促进优质教育的目标。通过向发展中国家援建教学楼、完善学校硬件设施、向当地学生提供学习用品等措施，基金会以教育实践行动落实联合国促进优质教育议程中的“到2030年，确保所有男女童完成免费、公平和优质的中小学教育，并取得相关和有效的学习成果”“到2030年，确保所有男女平等负担得起优质技术、职业和高等教育，包括大学教育”“建立和改善兼顾儿童、残疾和性别平等的教育设施，为所有人提供安全、非暴力、包容和有效的学习环境”等目标。[①] 提供教育基础设施与资源不仅能够缓解发展中国家一些学生家庭的经济压力，鼓励和支持更多贫困学生获得优质教育机会，而且能够为培养更多优质人才提供坚实的物质基础。这与中国共建“一带一路”的开放、包容、均衡、普惠理念高度契合，同时也是响应中国政府落实《联合国2030年可持续发展议程》的重要表现，有助于促进国际社会在教育领域的总体福祉。

## 二、教育扶贫与民心相通

中国和平发展基金会在落实联合国可持续发展优质教育目标的过程中注重人才培养与教育扶贫，以促使更多学生获得接受更多教育培训的机会，帮助贫困学生掌握生存技能，从教育层面推动人、社会与经济的可持续发展。

---

① 联合国:《变革我们的世界:2030年可持续发展议程》,A/RES/70/1,第15—16页。

第一，建设扶贫示范村，为当地民众提供技能培训，以帮助其摆脱贫困状态。2019 年 12 月，中国和平发展基金会与柬埔寨民间社会组织联盟论坛合作，在柬埔寨启动“中柬友好扶贫示范村”项目，三年共投入 1000 万元。该项目位于柬埔寨首都金边以南 60 公里的茶胶省巴提县达弄村，该村共有 125 户、556 人。项目的核心任务是帮助当地建设基础设施，改善教育与医疗条件，为村民提供清洁饮用水，提供保健服务，发展养殖和畜牧业等民生工程，恢复传统手工艺品和提供职业培训。①

第二，向优秀青年提供优质高等教育机会，推动人才交流与合作，促进“一带一路”民心相通。基金会积极推进亚洲青年领袖交流及培养项目，出资 1140 万元，在暨南大学教育发展基金会设立亚洲青年领袖交流及培养专项基金，该项目宗旨是推动中国与亚洲各国青年之间的交流与合作，促进“一带一路”民心相通，培养亚洲杰出青年，打造亚洲青年领袖朋友圈。项目将开展国际青年交流项目，举办“亚洲青年国际交流研讨会”“亚洲青年考察交流活动”等；开展符合宗旨的国际青年培训项目；举办“亚洲青年领袖国际培训班”“亚洲青年领袖培养计划”等。② 这一项目不仅能够加强亚洲青年在科技创新、生态保护、体育、公共卫生、文化等领域的交流与合作，增进亚洲青年之间的了解，而且能够促进中国同“一带一路”沿线各国青年民心相通，传播新时期中国参与国际事务的新面貌、新理念，增进亚洲各国青年对中国对外政策与实践的了解，巩固并扩大中国“一带一路”倡议的国际支持。此外，由中国和平发展基金会主办、北京陈江和公益基金会提供资金支持、清华大学承办的“未来领袖国际公共管理硕士”(International Master of Public Administration for Future Leaders，IMPA -

① 中国和平发展基金会:《中国和平发展基金会 2021 年度工作报告》,第 12 页插页;《中柬友好扶贫示范村项目正式启动》,http://ydyl.china.com.cn/2021-02/04/content_77183035.htm。

② 中国和平发展基金会:《中国和平发展基金会 2021 年度工作报告》,第 12 页插页。

Future Leaders）项目于2020年9月14日正式开班。该项目主要面向“一带一路”沿线发展中国家高级政府官员，旨在通过为期一年的课程学习和社会实践，增进中国与“一带一路”沿线国家的教育交流与合作，向国际社会分享中国发展经验，让学生了解中国的公共管理、社会经济发展、外交战略与政策等内容，培养具有全球化视野和国际影响力的高层次公共管理专业人才。①

第三，举办中文演讲比赛，推动中文学习人才培养水平的提高。2020年11月，基金会与柬中关系发展学会和金边中国文化中心三方合作，在柬埔寨暹粒省吴哥中学举办中文演讲比赛。由柬中关系发展学会和金边中国文化中心负责项目具体实施。② 这一合作项目不仅有助于鼓励和支持柬埔寨青年学习中文，为柬埔寨青年提供锻炼中文的机会，提高中文水平，而且能够增强中柬青年之间的交流与合作，让柬埔寨青年了解中国的传统文化与社会发展情况，促进两国青年之间的民心相通。③

第四，实施新媒体发展高级研修班项目，推动中国与“一带一路”沿线国家在新媒体领域的交流与合作，协助“一带一路”国家培养符合数字时代需求的新媒体人才。以网络视频会议形式分批举办“澜湄五国新媒体发展高级研修班”，旨在疫情时代充分发挥网络作用，通过及时有效的网络媒体宣传和介绍中国外交政策、发展政策，以及这些政策在新媒体发展、扶贫减贫等领域的具体应用与影响。该项目有利于向沿线国家的新媒体人才传播中国外交政策及和平发展理念、社会发展政策及落实联合国可持续发展目标的具体实践，以增进国际社会对中国参与全球治理和发展援助的了解。④

---

① 《清华大学首期“未来领袖国际公管硕士”项目开班》，https://cn.chinadaily.com.cn/a/202009/15/WS5f607484a3101e7ce97247ec.html。

② 中国和平发展基金会：《中国和平发展基金会2021年度工作报告》，第12页插页。

③ 《第二届中柬友好中文演讲比赛举行》，https://www.chinanews.com.cn/gj/2021/09-27/9574833.shtml。

④ 中国和平发展基金会：《中国和平发展基金会2021年度工作报告》，第12页插页。

由此可见，中国和平发展基金会不仅高度重视发展中国家的教育基础设施援建，促进当地学生平等获得教育机会，而且积极向发展中国家青年提供接受优质高等教育的机会，提供职业技能培训，培养数字时代具有全球化视野的优秀人才，促进受援国的社会与经济可持续发展。这一教育实践落实了《联合国2030年可持续发展议程》中的“到2030年，确保所有男女平等获得负担得起的优质技术、职业和高等教育，包括大学教育”“到2030年，大幅增加掌握就业、体面工作和创业所需相关技能，包括技术性和职业性技能的青年和成年人数”“到2030年，消除教育中的性别差距，确保残疾人、土著居民和处境脆弱儿童等弱势群体平等获得各级教育和职业培训”“到2030年，确保所有进行学习的人都掌握可持续发展所需的知识和技能”等目标。[①] 高等教育和职业技能教育是实现人与社会可持续发展的必要前提，人才培养方面的援助不仅有助于帮助青年实现个人价值、摆脱贫困，同时有助于社会经济高质量发展，进而促进社会各领域可持续发展目标的落实。

综上，中国和平发展基金会在参与全球教育治理和发展援助方面具有如下特点：

第一，目标宗旨明确，积极宣传中国坚持走和平发展道路的主张。首先，作者梳理基金会成立当年的年度报告，发现基金会在成立之初就有明确定位。2011年，基金会先后走访了中国环保基金会和北京大学公民社会研究中心等大型基金会和知名学术机构，在赴美参加第四届中美民间论坛期间，先后拜会了美国和平研究所等有关机构。基金会两次召开专家座谈会，围绕宣传中国坚持走和平发展道路主张、拓展民间对外交往渠道、提升民间对外交往能力和水平、推动国家软实力建设、促进世界和平发展的宗旨进行论证。在明确目标宗旨的基础上，确保基金会工作重点突出、效果显著。其次，作者总结基金会60

① 联合国：《变革我们的世界：2030年可持续发展议程》，A/RES/70/1，第15—16页。

多项已完成或在执行项目，发现基金会将和平发展理念贯穿始终，努力拓宽与其他国家的民间交往渠道。基金会以实现“人、社会与经济可持续发展”为最终目标，推进开放、包容、普惠的合作项目，以实际行动落实中国共商共建共享的全球治理观。

第二，注重促进民心相通，深入“一带一路”沿线国家扶贫、教育和卫生等重点民生领域。在柬埔寨、老挝、缅甸、蒙古国、塔吉克斯坦、泰国、巴基斯坦等国开展以医疗、教育为主的公益和民生项目，向当地民众传递善意。”[①]“国之交在于民相亲，民相亲在于心相通。”在民心相通理念的指导下，中国和平发展基金会凭借其组织性、专业性优势，深入“一带一路”沿线国家民生领域，将重要理念落实到社会组织实际工作当中，为深化双边与多边合作奠定坚实基础。基金会成立当年，就先后在缅甸和蒙古国开展“中缅友好光明行”和“中蒙友好光明行”活动，搭建了沟通桥梁，为两国人民造福；在土耳其实施“多媒体教学应用学校”项目，为土中建交40周年献上一份厚礼；与巴基斯坦“贝布托收入支持项目”组织合作，在巴开展“中巴友好奖学金”项目，资助巴贫困家庭青年学生参与职业技能培训，帮助他们实现就业，逐步使家庭摆脱贫困。[②]从校舍建设到设备援助，从一般意义的物资援助到支持在线教育硬件及多媒体图书馆建设，中国和平发展基金会坚持“不让一个人掉队”，着眼教育与卫生等民生领域，惠通民心，在受援国收获良好效果。

第三，长短期项目结合，以点带面形成加强效果。从半年的项目到长达五年的项目，基金会针对不同国家和地区的需求，开展分类帮扶，坚持走可持续发展的教育援助道路。自2011年成立起，基金会有多个项目进入了三期执行阶段，有效促进了两国人民的深入交流与长

① 《凝聚民间智慧 拓展公共外交——专访中国民间组织国际交流促进会、中国国际交流协会、中国人民争取和平与裁军协会、中国和平发展基金会四位负责人》，载《当代世界》，2014年第1期，第33页。

② 中国和平发展基金会：《中国和平发展基金会2011年度报告》，第14页。

久友谊。

第四，注重与出资方及受援方的多向合作。基金会在受援国当地开展项目，大多会与受援国相关机构开展合作，一方面，保证项目在符合受援国文化、宗教等习惯的条件下顺利落地实施；另一方面，在项目执行完毕时，能够保障当地仍有相关机构支持项目后续工作，建立长效机制。中国和平发展基金会主要负责项目的设计规划，以定期拨款的方式提供资金支持，完成项目监督及评估验收，而项目的主体工程均交由受援国的合作方执行。援助方与受援方有着明确且细致的工作职责划分。这样的援助方式不仅在世界范围内通用，也受到受援方的广泛好评。因为对于当地企业而言，它们能在有着足够参与度的同时，以较高的自由度参与到项目的整个过程中。而当地企业的积极参与也确保了援助项目能否真正立足基层，符合当地需要并解决实际问题。从中，我们可以发现社会组织在开展海外援助立项时，要综合考虑多种因素，给予地方企业一定自主性，建立起政府、企业、社会组织之间的伙伴关系。特别需要指出的是，中国和平发展基金会在项目实施过程中十分重视每个项目历史档案的收集整理。基金会执行的每一个项目，都保存有完整的相关资料，包括立项依据、立项审批、合作方、拨款预算与执行情况等各类数据，建立了完备的管理链条。这一方面是对基金会工作的系统梳理，另一方面也便于掌握已执行项目的情况，对于未来的项目规划做到心中有数。

第五，发挥国际交流平台作用，积极拓展对外合作，扩大“朋友圈”。中国和平发展基金会不是一个出资平台，而是一个采取参与式资助方式的基金会。2013 年，基金会举办了中欧青年政治领袖对话会、亚洲生态文明对话会等多个形式新颖、互动热烈的对话会。借助已有平台，打造中国和平发展基金会特色品牌项目，深化与各地区各国之间的交流沟通。同时，中国和平发展基金会与中国民间组织国际交流促进会、中国国际交流协会、中国人民争取和平与裁军协会和当代世界研究中心等单位合作，共同举办了一系列具有较大影响力的双边和多边国际活动，发挥各自特色和优势，形成对外交往的合力。[①]2013 年 9 月，应联合国非政府组织联络署邀请，中国和平发展基金会派工作组赴美参加联合国公民社会、政府与联合国代表间对话会并列席联合国大会千年发展目标特别会议。这是基金会首次参加联合国有关会议。在对话会上，基金会代表就会议主题发言并提出建议，引起多国与会代表广泛关注，扩大了中国国际社会话语权和影响力。[②] 此外，基金会还设立了亚洲青年领袖交流及培养项目，为深化中国与“一带一路”沿线国家的青年人才交流与合作提供平台，增进亚洲青年对沿线各国政治、文化、社会、经济领域新发展的了解。2012 年 3 月，时任第十一届全国政协副主席、基金会首任理事长孙家正应邀访问美国、加拿大。其间，举办了以“增进民间交流、促进人文合作”为主题的三场招待会，响应全方位开展民间外交的需求，努力拓宽交流渠道。

## 第五节　中国和平发展基金会参与全球教育治理的成就与挑战

### 一、中国和平发展基金会参与全球教育治理取得的成就

在教育、医疗卫生、扶贫等领域，中国和平发展基金会参与全球发展治理的成就主要表现在以下几个方面：

第一，基金会以实现人、社会与环境可持续发展为最终目标，为落实《联合国 2030 可持续发展议程》中关于教育、健康、消除贫困、环境卫生、性别平等、经济可持续增长等目标作出重要贡献。例如，在全球卫生治理领域，基金会积极向柬埔寨、缅甸、泰国、西班牙、意大利等国捐赠卫生防疫物资，协助蒙古国与老挝建设基础设施并捐

① 《凝聚民间智慧 拓展公共外交——专访中国民间组织国际交流促进会、中国国际交流协会、中国人民争取和平与裁军协会、中国和平发展基金会四位负责人》，载《当代世界》，2014 年第 1 期，第 33 页。

② 同①。

赠医疗设备，帮助受援国家提升医疗硬件水平，缓解受援国家防疫物资短缺问题，协助受援国提升新冠肺炎疫情防治能力，最大限度保障受援国人民的健康福祉。在全球教育领域，一方面，基金会与老挝、柬埔寨、菲律宾等“一带一路”沿线国家建立稳定的合作关系，在受援国家援建和扩建学校基础设施，提供高质量的教学配套设备及教学用品，改善当地学生的学习环境，减轻当地家庭的教育经济压力，让更多学生享有优质教育的机会。另一方面，基金会为老挝、柬埔寨、缅甸等国家提供人才技能培训，向“一带一路”沿线国家青年提供优质的高等教育机会，帮助受援国培养更多符合新时代发展需求的高素质人才。

第二，贯彻落实中国“一带一路”倡议共商共建共享原则，建立开放、包容、廉洁、普惠的常态化合作机制。中国和平发展基金会积极同受援国家的政府部门与社会组织建立平等、开放、共赢的合作关系，基金会与合作伙伴在落实具体合作项目的过程中共同协商确定、共同承担责任、共同分享合作成果。例如，基金会海外教育援助行动重点布局“一带一路”沿线国家，通过“丝路之友”教育合作项目在老挝与缅甸援建了重要教育基础设施，改善了当地教育条件。这一措施是中国和平发展基金会作为参与国际非政府组织活动和全球治理的重要社会组织，对“一带一路”合作倡议中基础设施互联互通目标的落实，同时也展现了中国在落实《联合国2030年可持续发展议程》中体现出的务实精神与开放普惠的合作理念。

第三，中国和平发展基金会在全球发展治理实践中充分发挥“民心相通使者”的作用，为推进中国与“一带一路”沿线国家之间的文化交流、教育交流、媒体交流、青年交流作出重要贡献。“一带一路”合作倡议的发展和联合国2030年可持续发展目标的落实离不开坚实的民意基础与社会支持，广泛的民意基础不仅有利于合作项目的顺利落实，而且有助于增进中国与国际社会的相互了解，增强国际社会对中国发展理念的认同。中国和平发展基金会在向国际社会提供卫生、教育、扶贫等领域公共产品的同时，积极开展“情感外交”，促进民心相通。例如，在抗击新冠肺炎疫情方面，基金会向柬埔寨小学提供“健康爱心包”以帮助当地学生增强个人防疫能力，践行“丝路一家亲”理念，为当地学生带去希望与温暖。即使受到新冠肺炎疫情影响，中柬友好扶贫示范村项目仍于2021年1月底在达弄村启动。该项目是中外民间组织携手在海外开展整村扶贫项目建设的第一例，将借鉴中国40多年减贫经验，立足本地实际，依靠当地政府、社会组织和私营部门，努力把达弄村建设成为象征中柬民间友谊的扶贫示范村。① 在人文交流方面，基金会积极支持“中柬友好中文演讲比赛”项目，鼓励柬埔寨学生学习中文，为当地学生提供展示中文能力平台，帮助其提升中文水平，促进当地学生了解中国传统文化、社会经济发展状况、对外政策与理念。基金会在全球发展治理进程中充分发挥了中国与世界交流的“情感桥梁”作用，以实际行动诠释了中国和平发展理念，展示了新时代中国发展的积极面貌。

第四，中国和平发展基金会参与卫生健康、教育发展与扶贫的全球治理实践壮大了中国公共外交力量，在落实中国对外政策目标与理念方面发挥了积极的辅助性作用。例如，基金会组织“澜湄五国新媒体发展高级研修班”项目，加深了中国与澜湄五国的新媒体领域交流，促进了澜湄五国新媒体人才对中国社会发展、对外政策与战略、科技创新、文化艺术等领域的了解。这一举措有助于实现中国开展公共外交的目的，即更直接、更广泛地面对国外公众，以增强本国文化吸引力和政治影响力，改善国际舆论环境，维护国家利益，表达真实的国家形象。②

总之，中国和平发展基金会秉持开放、包容、普惠、廉洁的合作理念，积极贯彻落实联合国2030年可持续发展目标与“一带一路”合

---

① 《中国在柬探索海外扶贫新模式》，https://m. gmw. cn/baijia/2021-02/27/1302136488. html。

② 赵启正：《由民间外交到公共外交》，载《外交评论》，2009年第5期，第2页。

作倡议重点内容，以实际行动促进受援国家民众的健康、经济、教育福祉，有力推动人与社会的可持续发展。同时，基金会的发展援助行动也促进了“一带一路”沿线国家的民心相通，增进了人民之间的感情与友谊，传播了新时代中国和平发展的国家形象，有助于夯实“一带一路”合作倡议的民意基础。

## 二、中国和平发展基金会参与全球教育治理的行动建议

尽管中国和平发展基金会在促进优质教育、卫生健康和精准扶贫等领域取得了显著成就，但基金会“走出去”过程中也面临着一定挑战和困难，简要总结如下：

第一，在援助教育、卫生硬件设备的基础上，应进一步注重人文交流活动，促进中华优秀传统文化的传播。从现阶段工作来看，基金会目前主要通过援建校舍等教学场所、提供实验设备等教学基础设施提供援助，以改善当地教育教学环境。[①] 基础设施是教育援助的基石，也是推动受援地区教育发展的必由之路。但从长远来看，对于“一带一路”沿线国家的援助不能仅停留在物质层面，更应注重价值与精神层面的交流与认同。[②] 2019 年 11 月，联合国教科文组织大会第四十届会议通过了一个新的全球可持续发展教育框架，名为“可持续发展教育：努力实现可持续发展目标（2030 年可持续发展教育）”。可持续发展教育的目标在于保障教育质量和公平以及提供平等的终身学习机会。联合国 2030 年教育可持续发展目标不仅依靠基础设施援建，更要依赖教育解决方案与一体化教育体系。目前，基金会已陆续开展了一系列教育人文交流活动，旨在通过搭建文化桥梁，促进中华优秀传统文化的传播。中国和平发展基金会应在未来重点落实综合性教育援助项目，尤其注重人力资源培养，吸纳专业性教育人才，辅助受援国逐步完善课程教材体系，以政策鼓励更多受援国学生来华交流学习，从

---

① 陈莹:《中国对东南亚教育援助论析》,载《东南亚研究》,2019 年第 3 期,第 117—136 页。

② 唐虔:《UNESCO 与全球教育治理》,载《清华大学教育研究》,2021 年第 4 期,第 4 页。

而完成从单一教育基础设施援助向协助建立完整教育体系的转变。从这个角度出发，国际公共管理硕士项目不失为一次有益的尝试。2013年7月，应匈牙利国会副主席乌伊海伊邀请，基金会组织50余名来自四川芦山地震灾区的学生赴匈学习交流，帮助灾区孩子抚平伤痛、重燃希望。这是中国和平发展基金会成立至2014年以来举办的最大规模的国际交流项目，是一次把大型公益活动与人文交流相结合、把参与国内灾后重建与促进中外民间友好相结合的成功尝试。①

第二，需要进一步完善援助项目的评估监测体系，保障援助质量与最终效果。中国和平发展基金会在“一带一路”沿线国家积极开展国际公益项目，通过与国内外社会组织的密切合作，帮助解决实际性社会问题。然而，沿线国家的语言众多，文化各异，因此，在推进时必须应对语言文化多样性问题。目前，中国精通非通用语种的人才欠缺，中国和平发展基金会难以在对象国广泛传播其开展的工作；同时，基金会也无法及时获取当地媒体对项目的相关报道，了解项目后期执行效果，难以做到对项目的实时追踪。尤其是疫情期间，基金会的信息收集主要来自使馆与所设办事处的反馈，对于项目的评估监测则主要借助照片、视频及相关线上会议，信息交流不通畅影响了教育援助的效率与有效性。为此，基金会应重视教育援助评估监测体系的建设与完善，引进与培养相关语言专业人才，确保及时获取信息；此外，还应加强对外教育援助项目前期、中期、后期的整体性评估，从而有效提升援助质量与项目可持续性。

第三，内宣与外宣并重，多角度增进项目国内国际影响力。从国内层面来看，受到宣传不到位等因素的影响，国内民众对海外援助、社会组织的概念仍比较陌生，也存在一定误解。因此，需要借助媒体对拟开展的援助项目进行说明，唤起民众对国际事务的关注，以及对

① 《凝聚民间智慧拓展公共外交——专访中国民间组织国际交流促进会、中国国际交流协会、中国人民争取和平与裁军协会、中国和平发展基金会四位负责人》，载《当代世界》，2014年第1期，第33页。

于中国承担大国责任的理解与支持。而从国际层面来看，中国社会组织在对其他国家进行援助时，既是参与者，也是建设者、贡献者。如果能够在对外援助过程中与当地及他国媒体建立良好的合作关系，深化友谊，便可以借助国外媒体的视角对两国关系、“一带一路”倡议进行正面宣传，从而有助于在国际舞台上更为有效地传播中国的和平发展理念，参与全球治理。

第四，需要进一步加强有关教育援助的学术研究。以中国对东南亚国家教育援助为例，目前的学术研究成果还很不充分，在顶层设计、调研摸底、国别政策等方面存在研究不足，针对性不强，与受援国的教育发展战略契合度有限，部分援助项目存在同质化现象，这些都在一定程度上弱化了中国对东南亚国际教育援助的有效性。例如，柬埔寨国家工业技术学院院长曾对柬“劳动力市场缺乏熟练的工人”表示担忧，他认为“柬埔寨职校学生的培养数量，远不能满足市场对高水平技术工人的需求”。由此可见，高等教育援助、职业教育援助和技术人员培训是柬埔寨政府的迫切需要。而在缅甸和老挝，薄弱的基础教育则更需要建设校舍、提供成套教学设备等硬件援助。[①] 2016 年 7 月，中国教育部发布了《推进共建“一带一路”教育行动》，提出实施“丝绸之路”教育援助计划，将发挥教育援助在“一带一路”教育共同行动中的重要作用，逐步加大教育援助力度，重点投资于人、援助于人、惠及于人；将发挥教育援助在“南南合作”中的重要作用，加大对沿线国家尤其是最不发达国家的支持力度，充分体现教育的基础性、支撑性和引领性作用。[②] 如果能进行比较充分的调研，中国社会组织可以更加灵活地对政府援助起到补充作用。

综上，中国和平发展基金会需要在巩固已取得的治理成果基础上，着重完善项目评估监测体系、加强对基金会合作项目进展与成果的宣

---

① 陈莹:《中国对东南亚教育援助论析》,载《东南亚研究》, 2019 年第 3 期, 第 132 页。

② 《教育部:全面推进共建“一带一路”教育行动》, http://www.gov.cn/xinwen/2019-02/20/content_5367017.htm。

传力度、进一步加强教育援助行动中的情感交流与人文交流、推进受援国国别研究等工作。在以信息与通信技术为代表的数字时代背景下，中国和平发展基金会在筹建、组织、落实教育发展合作项目的过程中应注重数字技术的运用，将数字思维融入合作理念中，以适应社会发展数字化转型需求，积极帮助受援国家培养更多高素质数字化人才，量力而行创新教育、卫生健康、乡村减贫治理方案，努力提高治理质量，实现人、社会与环境的可持续发展目标。

# 第三章　中国国际民间组织合作促进会参与全球气候治理①

全球气候变化已经成为一个不争的事实，其与经济、健康、生态环境甚至安全领域内的全球性挑战交织在一起，关乎国际社会的稳定发展和人类未来的福祉。因此，国际社会对于全球气候治理亦日渐重视。自20世纪80年代以来，全球气候治理的规则框架已经基本成型，国家行为体和非国家行为体也从多个渠道、多个角度参与到气候治理中。中国也不断加强对气候问题的重视，并且积极制定和实施了一系列应对气候变化的战略、法规与政策。在政府层面，尤其是在党的十八大以来，在习近平生态文明思想指引下，中国积极调整产业结构、能源结构，参与全球气候治理的国际谈判与合作，并为全球气候治理贡献中国力量。中国在应对气候变化方面也取得了一定的成果，为全球气候变化治理作出了自己的贡献。中华人民共和国外交部于2021年发布的《中国落实2030年可持续发展议程国别自愿陈述报告》指出，

① 本章要特别感谢中国国际民间组织合作促进会对本研究的大力支持，秘书长王香奕就中国国际民间组织合作促进会的议题作专题讲座，为本研究提供了坚实基础；感谢中国国际民间组织合作促进会研究小组北外学院曹舒雨、李佳萌、苗佳艺、林修瑞、王牧天同学对中国国际民间组织合作促进会的基础研究；感谢国际组织学院硕士研究生王靖潼对中国国际民间组织合作促进会开展工作模式的研究，对作者很有启发。中国社会科学院助理研究员俞凤协助作者完成了本章初稿的整理。本章文稿已由秘书长王香奕审阅，错漏之处由作者负责。

“‘十三五’期间，中国生态文明建设从认识到实践都发生了历史性、转折性、全局性变化”①，其中应对气候变化取得了显著进展，气候韧性得到进一步增强，并在“为全球应对气候变化注入政治动力”方面，提出中国方案。② 党的二十大报告中，第十部分专门论述了“推动绿色发展，促进人与自然和谐共生”，提出积极参与应对气候变化全球治理。除政府在全球气候治理中的承诺与具体实践之外，中国的社会组织、企业和个人也在积极努力地参与全球气候治理。本章将着重探讨中国社会组织在全球气候治理中的参与，并以中国国际民间组织合作促进会为具体案例，展现中国社会组织在全球气候治理中如何贡献自己的力量。

## 第一节　全球气候治理与联合国可持续发展目标

全球气候变化是21世纪国际社会面临的最严峻的全球性挑战之一，需要全世界国家行为体和非国家行为体的共同努力才能够更好地应对——这一点已经成为国际社会的共识。鉴于此，全球气候治理已经成为国家、政府间国际组织及非政府组织共同参与合作的一个重要领域，并且与联合国可持续发展目标的多个维度密切相关。

### 一、全球气候治理的发展历史与演变

根据联合国政府间气候变化专门委员会（Intergovernmental Panel on Climate Change，IPCC）在2021年发布的第六次评估报告，自1850年以来，人类排放的温室气体已经导致全球气候变暖近1.1摄氏度，而

① 《中国落实2030年可持续发展议程国别自愿陈述报告》，https://www.fmprc.gov.cn/web/ziliao_674904/zt_674979/dnzt_674981/qtzt/2030kcxfzyc_686343/zw/202107/P020210912807817369012.pdf。

② 同①。

这些变化将可能对地球的所有区域产生不可逆的影响。① 鉴于全球气候变暖是决定人类命运的全球性问题，仅靠任何一个国家都无法实现治理目的，因此早在 20 世纪 80 年代，国际社会已经开始着手探索应对气候变化的集体路径，提出了“全球气候治理”的理念。所谓全球气候治理，主要包括了所有能够帮助预防、减轻或适应气候变化带来的风险的所有社会系统的机制与措施。②

1972 年，在斯德哥尔摩召开了联合国人类环境会议（United Nations Conference on the Human Environment，也称“斯德哥尔摩会议”），这是第一个关于国际环境问题的重大会议，也是国际环境政治的一个重要转折点。会议成果文件《人类环境行动计划》的第 70 条建议提出，“建议各国政府注意那些具有气候风险的活动”，故而此次会议也标志着全球环境治理的开端。1979 年，世界气候大会在日内瓦召开，直接促成世界气候项目的确立。直至 1987 年，世界环境与发展委员会发布了报告《我们共同的未来》（*Our Common Future*，也称“布伦特兰报告”），将环境问题纳入正式的政治发展领域，要求国际社会共同应对包括气候变化在内的环境问题和能源危机等，改变现有的生活方式，实现可持续发展。同年，联合国通过了《蒙特利尔议定书》，呼吁国际社会共同保护臭氧层。1988 年，政府间气候变化专门委员会成立，从科学的层面对全球气候变化及其潜在的环境和社会经济影响进行评估。1990 年，IPCC 发布了第一份气候变化评估报告，第四十五届联合国大会则在同年决定设立政府间谈判委员会（Intergovernmental Negotiating Committee，INC），要求制定气候变化框架公约，这标志着全球气候谈判和气候治理的开端。

1992 年，《联合国气候变化框架公约》在联合国总部获得通过，

① IPCC，“IPCC Sixth Assessment Report：Summary for Policymakers”，https://www.ipcc.ch/report/ar6/wg1/downloads/report/IPCC_AR6_WGI_SPM.pdf.

② Sverker C. Jagers and Johannes Stripple，“Climate Governance Beyond the State”，*Global Governance*，No. 9，2003，pp. 386-388.

成为旨在减缓全球气候变暖、帮助应对气候变化后果的里程碑式国际条约。该公约首次为工业化国家设定了具有约束力的温室气体减排目标，为此后国际社会的全球气候治理与合作奠定了法律基础。此后至今，世界各国在《联合国气候变化框架公约》的基础上针对气候治理合作和减排目标等具体问题共举行了26轮气候谈判，并在1997年和2015年达成了具有标志性意义的《京都议定书》和《巴黎协定》。其中，《京都议定书》是人类历史上首次以法规形式限制温室气体排放，并且建立了减排温室气体的三种灵活合作机制；而《巴黎协定》则由全世界178个缔约方共同签署，设定了将全球平均气温较工业化前水平上升幅度控制在2摄氏度以内的明确目标，并对2020年后全球应对气候变化行动作出了统一安排。可以说，在气候变化问题被提出的初期，各国政府作为应对气候变化的主要责任人发挥了关键作用，政府间的气候变化谈判直接推动了全球气候治理的进程。

但是，近20年来，全球气候治理在实质和重点上发生了逐步转变，从自上而下的以国家为中心的国际治理合作转向更加复杂的多主体、多层次、自下而上的跨国治理。① 作为全球治理中的非传统安全和低政治问题领域，气候治理越来越被认为是非政府组织更多、更有效参与的领域。事实上，在气候变化问题进入国际政治话语的最初阶段，非政府组织就已经发挥着非常重要的作用。例如，最早推动政府间气候变化专门委员会建立的就是20世纪80年代末从属于瑞典斯德哥尔摩环境研究所（Stockholm Environment Institute）的两个工作室。② 此外，气候变化谈判的国际法是以“公约+议定书+附件”为法律范式，依托不断的国际谈判逐步完善。这一进程使气候变化治理呈现出向全球不同层次行为体扩张的趋势，以主权国家为主体的联合国体系、世

① Philipp Pattberg, et al. “20 Years of Global Climate Change Governance Research: Taking Stock and Moving Forward”, *International Environment Agreements*, No. 22, 2022, p. 296.

② 罗辉:《国际非政府组织在全球气候变化治理中的影响——基于认知共同体路径的分析》,载《国际关系研究》,2013年第2期,第52页。

界贸易组织及各国政府的活动是全球治理的核心因素；同时，通过“更广泛地接触决策论坛”以及利用伙伴关系，非国家行为者被纳入全球气候变化和环境治理系统中。①

## 二、全球气候治理与联合国可持续发展目标的相关性

全球气候治理不仅是全球治理中的重要和关键一环，同时也与联合国可持续发展目标一脉相承。

在前文所述的联合国可持续发展目标的17大目标中，全球气候治理主要是与目标7、目标13、目标14和目标15这四个目标相关，并且与目标13最直接相关。目标7主要是从使用清洁能源的角度来实现全球气候治理，其中包括在2030年前，确保人人获得可负担、可靠和可持续的现代能源；大幅促进全球再生能源的共享；将全球能源利用效率提升一倍；改善国际合作，以清洁能源与科技等领域合作渠道，促进能源基建和清洁能源科技的投资等。目标13与气候治理最直接相关，要求强化所有国家应对天灾及与气候有关风险的灾后修复能力与调适和适应能力；要求各国在政策规划过程中要考虑到气候变化应对措施；要求各国提高针对气候变化的早期预警能力和适应气候变化的意识；要求发达国家在2020年前落实《联合国气候变化框架公约》的承诺目标，帮助解决发展中国家的需求，并确保绿色气候基金实现完全资本化运作，同时帮助最不发达国家完善应对气候变化的相关机制。目标14和目标15主要是针对海洋和陆地生态系统的可持续发展，在一定程度上也与全球气候治理相呼应。这其中包括：要求全面落实国际法，保护并可持续使用海洋及海洋资源，保护森林、沼泽、山脉与旱地，防止沙漠化，保护生物多样性，改善全球资源等，这些都将间接帮助全球气候治理的成功推进。②

① 于宏源：《全球气候治理伙伴关系网络与非政府组织的作用》，载《太平洋学报》，2019年第11期，第17页。

② 《可持续发展目标：变革世界的17个目标》，https://www.un.org/zh/node/180631。

## 三、非政府组织在全球气候治理中的参与维度、作用与优势

国际非政府组织参与全球治理的维度主要可分为“上游参与”和“下游参与”。上游参与主要指国际非政府组织对目标机构的政策制定、治理磋商和总体管理等，这些对全球治理有较为直接的影响，分为两个层次：一是透明度和访问权限（允许其传播信息或观察治理过程）；二是决策参与（参与同决策者共享信息等过程，不一定拥有投票机会）。下游参与主要指合作或伙伴关系的建立，也分为两个层次：一是指建立同公共部门的程序化合作伙伴关系，其中国际组织或各国政府可将某些项目委托给国际非政府组织实施，可能包括执行、协调和管理具体方案；二是同其他私有部门以及社会组织的合作。[①] 目前来看，全球气候治理格局已从最初的大多边政府机制演变为多元行为体的多维治理机制。这使得国际非政府组织在气候治理中的地位和作用发生了阶段性变化，其参与路径也发生了重要调整：更为灵活地利用政治机会强化上下游参与以提升政策影响力；通过网络化策略和多元伙伴关系建设提升结构性权力；注重专业性权威塑造及国际标准制定中的引领力。[②]

近年来，参加联合国气候变化大会的非政府组织逐年增加，无论是直接参与讨论并提交议案，还是作为主办者或协调人组织边会，抑或是在会场外进行示威抗议、发布研究报告、举办展览或者研讨，这些方式都对围绕全球气候变化问题的政府间谈判、学者在该领域的学术研究方向、民众对于气候变化问题的自主意识起到了不可替代的影响作用。

首先，非政府组织是全球气候变化意识的宣传者。这是非政府组织在气候环境领域扮演的首要角色。以罗马俱乐部（Club of Rome）为

---

① 李昕蕾、王彬彬:《国际非政府组织与全球气候治理》,载《国际展望》,2018 年第 5 期,第 142—143 页。

② 同①,第 136 页。

例，作为一个研究全球问题的非政府组织，罗马俱乐部于1972年发表了报告《增长的极限》，首次在全球范围内引发了人类对环境污染的关注。

其次，非政府组织是全球气候治理信息的提供者。气候变化涉及气象学、地理学、地球物理学、生物化学等众多学科，全球气候治理又涉及世界经济、政治、外交等领域。有些气候环境研究领域的非政府组织在扮演全球气候治理信息提供者的角色上，因其专业性和中立性而具备较强的说服力。例如，成立于1992年的波茨坦气候影响研究所（Potsdam Institute for Climate Impact Research）由180位包括自然科学和社会科学在内的不同领域的研究者组成，为国际社会提供了大量关于气候变化对生态环境和社会影响的信息。

最后，非政府组织是全球气候治理行动的监督者。目前，对全球温室气体排放的评估主要是依据各个国家的政府报告，这对全球气候保护行动来说相当于自我监督，效果自然不如人意。气候环境类的非政府组织可以独立自主地开展包括监督、揭露和谴责等在内的行动，从而可协助提高主权国家和政府间国际组织履约的透明度，督促政府履行他们应承担的义务和责任，在调查和报告违反环境条约事件、发挥督促作用方面有独到之处。①

全球气候治理模式呈现由政府主导转向多重伙伴关系共同参与的趋势。非政府组织参与建设的全球气候治理伙伴关系网络正积极引领全球气候治理理念构建和方案制定，通过对个人、社会和企业直接施加影响，把全球层面的气候治理理念与方案落实到地方治理中心，并不断加强与全社会各种行为体之间的通力合作，为探索和发现最优的气候治理解决途径提供支持。② 考虑到气候变化问题兼具科学性、政治

① 于宏源：《非国家行为体在全球治理中权力的变化：以环境气候领域国际非政府组织为分析中心》，载《国际论坛》，2018年第2期，第3—4页。

② 于宏源：《全球气候治理伙伴关系网络与非政府组织的作用》，载《太平洋学报》，2019年第11期，第14页。

性、公众性和经济性等多维特点，非政府组织因其自身的公益性、专业性和广泛性能够在气候治理的参与中发挥优势。

第一，国际环境非政府组织的公益性和非营利性特征决定了其拥有广泛的群众基础，能够有效提升全球的气候变化意识。在气候日益恶化并威胁到人类生存的今天，人们对防止气候恶化、改善气候环境有着共同的诉求，在此发展起来的国际环境非政府组织代表了全人类的共同利益。国际环境非政府组织最传统的功能是在公众层面普及环境保护意识。① 它们经常与政府间组织形成气候变化领域内的“认知共同体”，为公众提供关于气候变化的相关知识与报告，推动全球气候治理共识的形成。例如，比较为大众所熟知的政府间气候变化专门委员会（IPCC），是由世界气象组织（WMO）和联合国环境规划署（UNEP）在1988年建立的政府间组织，是气候变化领域最为权威的科学团体，对全世界思考全球变暖问题有着巨大的影响。作为《联合国气候变化框架公约》的支持者和合作者，政府间气候变化专门委员会的成员囊括了政府官员、国际组织、非政府组织、科学家及商业团体等，它们的主要工作是对气候变化及对气候变化的认知进行评估，并且为政治决策者定期撰写相应的政策报告。②

第二，国际环境非政府组织在专业知识方面的优势，有效地弥补了国家和政府间组织在制定和实施政策时的不足。除了前文提到的斯德哥尔摩环境研究所两个工作室的开创性工作，世界自然基金会（WWF）和绿色和平（Greenpeace）发布的有关气候变化对生物多样性的影响、极端天气的报告提升了公众对该问题的认知水平。此外，气候变化行动网络（Climate Action Network）持续宣传气候变化可能造成的毁灭性影响并展开科学研究；乐施会（Oxfam）也积极参与气候变化

① 王晓文：《全球气候治理中的国际非政府组织》，载《财经界》，2011年第72期，第104—105页。

② 罗辉：《国际非政府组织在全球气候变化治理中的影响——基于认知共同体路径的分析》，载《国际关系研究》，2013年第2期，第57页。

大会，举办气候传播国际论坛等。在广泛宣传及扎实研究的基础上，国际环境非政府组织凭借其专业性为国际气候制度提供政策解决方案和思路。例如，英国的全球公共资源研究所（Global Commons Institute）提出了“紧缩与趋同”（Contraction and Convergence）的方法，瑞典斯德哥尔摩环境研究所提出的温室发展权框架，虽仍有争议但也提供了可供选择的方案。

第三，国际环境非政府组织的全球化和网络化使其具有自由灵活的特点，同时也能在国际社会上形成强大的舆论力量。在实践中，国际环境组织主要通过国际社会、国家和公民三个层面在全球气候治理中发挥作用。国际环境非政府组织广泛参与到政府间国际组织的活动中，在联合国和民众间架起了桥梁，并对国际气候谈判进程施加影响。例如，在气候变化谈判期间，气候变化行动网络会每天出版时事通讯——《生态》（*ECO*）。这份被与会代表广泛传阅的通讯主要致力于实现两个目标：第一，为代表们更新每天谈判的内容和进度；第二，更为重要的是，气候变化行动网络将这份通讯当成一个政治论坛，发表其在各个议题上的意见和立场。①

## 第二节　中国在全球气候治理中的理念与实践

中国历来高度重视气候变化的应对。作为世界上最大的发展中国家，党的十八大以来，党中央把生态文明建设首次提升到更高的战略层面，确立了一系列新理念，并积极采取应对气候变化的国家政策，为全球气候治理注入强大动力。党的二十大报告中，第十部分“推动绿色发展，促进人与自然和谐共生”中，提出四项具体措施：加快发展方式绿色转型；深入推进环境污染防治；提升生态系统多样性、稳定性、持续性；积极稳妥推进碳达峰碳中和。此外，党的二十大报告

① 罗辉：《国际非政府组织在全球气候变化治理中的影响——基于认知共同体路径的分析》，载《国际关系研究》，2013 年第 2 期，第 59—61 页。

再次明确提出积极参与应对气候变化全球治理。①

## 一、中国政府参与全球气候治理的理念

自党的十八大以来，以习近平同志为核心的党中央将生态文明建设摆在全局工作的突出地位，将之纳入中国特色社会主义事业“五位一体”的总体布局，并将“走向生态文明新时代，建设美丽中国”作为中华民族伟大复兴的中国梦的重要内容，提出了“绿水青山就是金山银山”科学论断，这些都彰显了中国实现经济发展与生态环境保护协调共生的坚定决心。2012 年 11 月 17 日，习近平总书记在主持十八届中共中央政治局第一次集体学习时指出：“党的十八大把生态文明建设纳入中国特色社会主义事业总体布局，使生态文明建设的战略地位更加明确，有利于把生态文明建设融入经济建设、政治建设、文化建设、社会建设各方面和全过程。这是我们党对社会主义建设规律在实践和认识上不断深化的重要成果。”2015 年 10 月 26 日，习近平总书记在《关于〈中共中央关于制定国民经济和社会发展第十三个五年规划的建议〉的说明》中指出：“扭转环境恶化、提高环境质量是广大人民群众的热切期盼，是‘十三五’时期必须高度重视并切实推进的一项重要工作。”2020 年 4 月，在中央财经委员会第七次会议上的讲话中，习近平总书记指出：“人与自然是生命共同体，人类必须尊重自然、顺应自然、保护自然……生态文明建设是关系中华民族永续发展的千年大计，必须站在人与自然和谐共生的高度来谋划经济社会发展。”② 在以习近平同志为核心的党中央的领导之下，中国关于生态文明建设的思想理论也在不断完善：把生态文明建设作为中国现代化建设总体布局中的重要一环，把坚持人与自然和谐共生作为新时代坚持和发展中国特色社会主义的一条基本方略，把绿色发展作为新发展理

① 习近平:《高举中国特色社会主义伟大旗帜 为全面建设社会主义现代化国家而团结奋斗——在中国共产党第二十次全国代表大会上的报告》,新华社北京 2022 年 10 月 25 日电。

② 习近平:《习近平谈治国理政》(第四卷),北京:外文出版社,2022 年版,第 355 页。

念中的关键一环，并把污染防治作为中国三大攻坚战中的重要一方面，体现了中国共产党对生态文明建设的高度重视。

作为生态文明建设中的重要一环和中国参与全球治理的关键环节，应对气候变化也成为新一届党中央的重要任务。在习近平生态文明思想的指引之下，中国将应对气候变化放在了国家治理和全球治理中更加重要的位置。2020 年 9 月 22 日，中国在第七十五届联合国大会一般性辩论上首次提出：将提高国家自主贡献力度，采取更加有力的政策和措施，二氧化碳排放力争于 2030 年前达到峰值，努力争取 2060 年前实现碳中和。2021 年 4 月，在主持中共十九届中央政治局第二十九次集体学习时，习近平总书记指出，中国要“坚持不懈推动绿色低碳发展……深入打好污染防治攻坚战……提升生态系统质量和稳定性……积极推动全球可持续发展。”① 2021 年 10 月 27 日，国务院新闻办公室发表了《中国应对气候变化的政策与行动》白皮书，全面阐述了中国进行气候治理的新理念。白皮书指出：“中国把应对气候变化作为推进生态文明建设、实现高质量发展的重要抓手，基于中国实现可持续发展的内在要求和推动构建人类命运共同体的责任担当。”② 在应对气候变化的过程中，中国将牢固树立共建人类命运共同体的意识，与世界各国加强团结、携手合作，顺应自然、保护自然，推动形成人与自然和谐共处的格局。同时，中国将秉持创新、协调、绿色、开放、共享的新发展理念，坚持以人民为中心，在应对气候变化的同时保障和改善民生，并在绿色转型的过程中实现社会公平正义。在应对气候变化的过程中，中国政府将实现碳达峰、碳中和作为重大战略，以能源绿色低碳发展为关键，实现减污降碳的协同增效。

## 二、中国政府参与全球气候治理的实践与成效

中国坚持以习近平生态文明思想为指导，高度重视并积极落实

---

① 习近平：《习近平谈治国理政》（第四卷），北京：外文出版社，2022 年版，第 363—365 页。

② 《〈中国应对气候变化的政策与行动〉白皮书（全文）》，http://www.scio.gov.cn/2fbps/32832/Document/1715491/1715491.htm。

《联合国2030年可持续发展议程》，成立了由45家政府机构组成的跨部门协调机制，将落实可持续发展目标的工作同国家“十三五”规划等战略相结合，积极参与国际合作，并取得了重大成果。具体表现为：积极应对气候变化，加快新能源的开发利用，实现生产和发展方式的转型，积极参与国际气候谈判，落实《巴黎协定》等。这些为全球气候治理注入了中国力量，提出了中国方案。

一方面，中国在国际社会上主动作出减排承诺，广泛参与全球的气候治理谈判与合作行动，并为建立公平合理、合作共赢的全球气候治理体系而努力。其一，党的十八大以来，习近平总书记多次在重要的会议和活动中阐释中国的全球气候治理主张，表明中国参与全球气候治理的决心。例如，2015年，习近平主席出席联合国巴黎气候变化大会，并发表了题为《携手构建合作共赢、公平合理的气候变化治理机制》的重要讲话，指出《巴黎协定》应该着眼于强化2020年后全球应对气候变化行动，也要为推动全球更好实现可持续发展注入动力。[①] 2020年12月，习近平主席在气候雄心峰会上宣布：2030年，中国单位国内生产总值二氧化碳排放将比2005年下降65%以上，非化石能源占一次能源消费比重将达到25%左右，森林蓄积量将比2005年增加60亿立方米，风电、太阳能发电总装机容量将达到12亿千瓦以上。[②] 2021年9月，习近平在第七十六届联合国大会一般性辩论时表示，中国将不再新建境外煤电项目。[③] 其二，中国坚持多边主义，坚持在联合国气候变化框架下进行气候谈判，维护《联合国气候变化框架公约》《京都议定书》《巴黎协定》等所确定的目标、原则和框架。在进行气候谈判的过程中，中国还积极推进发起“基础四国”部长级会

① 《携手构建合作共赢、公平合理的气候变化治理机制》，http://politics.people.com.cn/n/2015/1201/c1024-27873625.html。

② 《继往开来，开启全球应对气候变化新征程——在气候雄心峰会上的讲话》，http://news.cnr.cn/native/gd/20201212/t20201212_525361086.shtml。

③ 《习近平出席第七十六届联合国大会一般性辩论并发表重要讲话》，新华社北京2021年9月21日电。

议和气候行动部长级会议等多边机制，积极同发展中国家进行协商。其三，中国主动同发展中国家进行应对气候变化的合作。“2011 年以来，中国累计安排约 12 亿元用于开展应对气候变化南南合作，与 35 个国家签署 40 份合作文件，通过建设低碳示范区，援助气象卫星、光伏发电系统和照明设备、新能源汽车、环境监测设备、清洁炉灶等应对气候变化相关物资，帮助有关国家提高应对气候变化能力，同时为近 120 个发展中国家培训了约 2000 名应对气候变化领域的官员和技术人员。”①

另一方面，中国也在国内实施应对气候变化的战略，以切实实现中国在国际社会上的减排承诺。这部分的实践主要包括以下几点。其一，提高人民群众的环保意识和对气候变化问题的关注，培养人民的低碳生活习惯。各地通过开展“全国节能宣传周”“全国低碳日”“世界环境日”等活动，来向民众普及气候知识，开展生态文明教育。从推广“光盘行动”到告别一次性用品，各级政府一直都在倡导简约、绿色、低碳的生活方式。其二，制定应对气候变化的相关战略、法规、政策和标准等，推动气候治理实践。2007 年《中国应对气候变化国家方案》《中华人民共和国国民经济和社会发展第十一个五年规划纲要》，2008 年《中国应对气候变化的政策与行动》白皮书，2009 年《全国人大常委会关于积极应对气候变化的决议》，2013 年《国家适应气候变化战略》等都为中国应对气候变化明确了思想，指明了行动方向。不仅如此，中国还成立了由国务院总理担任组长、30 个相关部委为成员的国家应对气候变化及节能减排工作领导小组，并在各个省（区、市）都成立了省级应对气候变化及节能减排工作领导小组，以此形成监管并推动气候变化治理的各级机制。其三，大力发展新能源，提升应对气候变化的能力。在减少温室气体排放的基础上，中国也在大力开发新能源，优化并调整能源结构。这其中就包括：确立能源安

① 《〈中国应对气候变化的政策与行动〉白皮书（全文）》，http://www.scio.gov.cn/2fbps/32832/Document/1715491/1715491.htm。

全新战略，推动能源消费革命、供给革命、技术革命、体制革命，全方位加强国际合作，优先发展非化石能源，推进水电绿色发展，全面协调推进风电和太阳能发电开发；发布煤炭、电力、有色、石化等13个行业共260项重点节能技术、15批实行能源效率标识的产品目录及实施细则；创建5114家节约型公共机构示范单位等。① 以国家政策和公共机构的示范作用，推动中国的减排、节能和能源结构转型，以切实为气候变化治理作出贡献。

中国坚持理念引领、务实行动，在应对气候变化方面取得了一定的成果，为全球气候变化治理作出了自己的贡献。例如，中国坚定落实《巴黎协定》，从2015年年底到2020年，“森林覆盖率从21.66%提高至23.04%……碳强度累计下降18.8%，清洁能源占比增至24.3%。光伏和风能的装机容量、发电量居世界首位。2020年碳强度比2005年下降约48.4%，超额完成应对气候变化相关目标。”② 值得一提的是，中国应对气候变化的行动，也为实现联合国可持续发展目标作出了相应的贡献。《2022年可持续发展报告》中关于实现联合国可持续发展目标的综合表现，中国在163个国家中位列第56位，综合评分为72.4分，高于东亚地区的平均分数65.9分。如图3-1所示，中国在“目标13：气候行动”的得分超过了75分，在“目标7：清洁能源”和“目标13：气候行动”的表现都被认为“有所提升”。③ 中国参与气候治理的成就与对应相关联合国可持续发展目标实现情况，具体如表3-1所示。除政府在全球气候治理中的承诺与具体实践之外，中国已有越来越多的社会组织参与到环保和气候治理

---

① 中华人民共和国国务院新闻办公室：《中国应对气候变化的政策与行动白皮书（全文）》，http://www.scio.gov.cn/2fbps/ndnf/44691/Dowment/1715538/1715538.htm。

② 《中国落实2030年可持续发展议程国别自愿陈述报告》，https://www.fmprc.gov.cn/web/ziliao_674904/zt_674979/dnzt_674981/qtzt/2030kcxfzyc_686343/zw/202107/P020210912807817369012.pdf。

③ Jeffrey D. Sachs, et al. *Sustainable Development Report 2022*, Cambridge: Cambridge University Press, 2022, p. 154.

的工作之中。“1994 年，中国只有九个环境非政府组织，现在有 3600 个。”① 这些组织大致可以分为三类：政府主导的社会组织；民间社会组织；国际非政府组织在中国的分支机构。

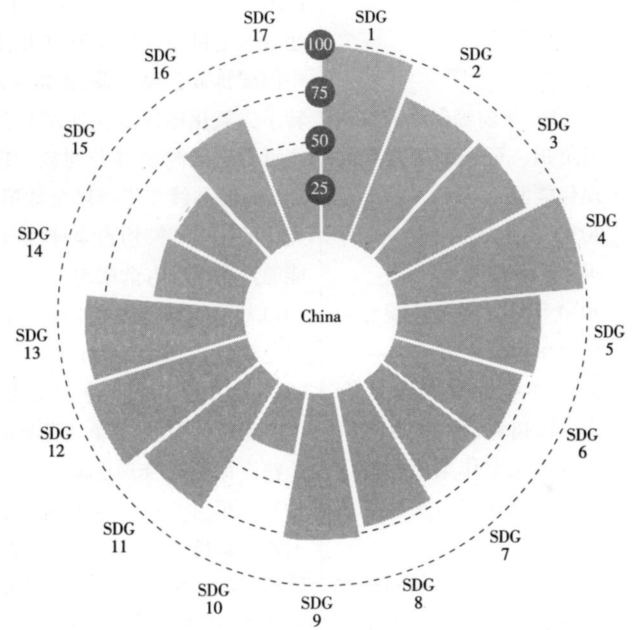


**图 3-1　2022 年中国的联合国可持续发展目标各项表现评分②**

① 《中国的环境非政府组织（ONGE）》，https://cn.ambafrance.org/%E4%B8%AD%E5%9B%BD%E7%9A%84%E7%8E%AF%E5%A2%83%E9%9D%9E%E6%94%BF%E5%BA%9C%E7%BB%84%E7%BB%87-ONGE。

② Jeffrey D. Sachs, et al. *Sustainable Development Report 2022*, Cambridge: Cambridge University Press, 2022, p. 154.

**表 3-1 中国参与气候治理的成就与对应联合国可持续发展目标实现情况**

| 联合国可持续发展目标 | 具体项目 | 中国的成就 |
|---|---|---|
| 目标 7：经济适用的清洁能源——确保人人获得可负担、可靠和可持续的现代能源 | 在 2030 年前确保人人获得可负担、可靠和可持续的现代能源<br>2030 年前，大幅促进全球再生能源的共享<br>2030 年前，将全球能源利用效率提升一倍<br>2030 年前，改善国际合作，以拓宽清洁能源与科技等领域合作渠道，促进能源基建和清洁能源科技的投资<br>2030 年前，加强基础设施建设并改善科技，为所有发展中国家尤其是不发达国家提供现代及可持续的能源服务 | 2020 年年底，中国非化石能源消费占比提升至 15.9%，超额完成既定目标。2016—2020 年，单位国内生产总值（GDP）二氧化碳排放累计下降 18.8%，超过既定目标。与 2005 年相比，2020 年中国碳排放强度下降约 48.4%，基本扭转了二氧化碳排放快速增长的局面。中国可再生能源领域专利数、投资、装机和发电量连续多年稳居全球第一，风电、光伏的装机规模均占全球 30% 以上。新能源汽车销量占全球 55%<br>2019 年全国城市再生水利用率达 22.1%，绿色建筑占城镇新建民用建筑比例接近 60%。2016—2020 年，中国能源消耗强度实现整体较快下降，能源消耗总量增长幅度保持在合理区间，能效水平显著提升，相当于减排 14 亿吨二氧化碳<br>七省市碳排放权交易试点形成要素完善、特点突出、初具规模的地方碳市场。截至 2020 年 12 月，试点省市碳市场共覆盖电力、钢铁、水泥等 20 多个行业近 3000 家重点排放单位，累计配额成交量约 4.4 亿吨二氧化碳当量，累计成交额约 102.6 亿元。2020 年年底，生态环境部印发了《碳排放权交易管理办法（试行）》和《2019—2020 年全国碳排放权交易配额总量设定与分配实施方案（发电行业）》，全国碳市场第一个履约周期正式启动 |

续表

| 联合国可持续发展目标 | 具体项目 | 中国的成就 |
| --- | --- | --- |
| 目标 13：气候行动——采取紧急行动应对气候变化及其影响 | 强化所有国家对天灾与气候有关风险的灾后复原能力与调适适应能力<br>将应对气候变化措施纳入国家政策、策略与规划之中<br>在气候变化的减险、适应、影响减少与早期预警上，加强培训，提升意识，增强相关人员与机构应对气候变化的能力<br>《联合国气候变化框架公约》发达国家签约国兑现到 2020 年前向发展中国家提供每年 1000 亿美元的气候援助，并尽快让绿色气候基金实现完全资本化运作<br>完善最不发达国家中的有关机制，以提高有效应对气候变化规划与管理的能力，包括将焦点放在妇女、年轻人、地方社区与边缘化社区上 | 防灾抗灾能力不断增强。农田水利气候韧性基础设施建设积极推进。28 个城市开展气候适应型城市建设试点。中国特色大国应急管理体系基本形成，灾害综合监测预警和风险评估和社区防灾减灾能力明显提高<br>2011 年以来，已累计安排约 12 亿元人民币用于开展气候变化南南合作项目，通过援助节能低碳物资、合作建设低碳示范区和开展气候变化能力建设培训等方式，帮助共建“一带一路”国家、小岛屿国家、最不发达国家、非洲国家等提高应对气候变化能力<br>2015 年 9 月以来，中国已与 35 个发展中国家签署 39 份应对气候变化合作文件，并向有关发展中国家提供急需的低碳物资设备<br>近年来，中国在共建“一带一路”国家可再生能源项目投资额年均达 20 亿美元以上。2020 年上半年，可再生能源领域投资已超过化石能源领域投资。中国企业承建的阿联酋迪拜光热电站采用全球太阳能发电领域最高标准，建成后预计每年可减少 160 万吨碳排放量 |
| 目标 14：水下生物——保护和可持续利用海洋及海洋资源以促进可持续发展 | 2025 年前，预防及大幅减少各式各样的海洋污染，尤其是来自陆上活动的污染，包括海洋废弃物污染以及营养盐污染<br>2020 年前，以可持续的方式管理及保护海洋与海岸 | “十三五”期间，全国近岸海域水质总体呈改善趋势。2020 年，全国近岸海域优良（一、二类）水质比例为 77.4%，比 2015 年上升 9.0 个百分点；劣四类水质比例平均为 9.4%，比 2015 年下降 3.6 个百分点。对全国 49 个区域开展的海洋垃圾监测结果显示，海面目测漂浮垃圾 |

续表

| 联合国可持续发展目标 | 具体项目 | 中国的成就 |
| --- | --- | --- |
| | 生态，避免重大的不利影响，并采取行动帮助它们恢复原状，使海洋保持健康，物产丰富<br>减少并解决海洋酸化的影响，做法包括加强各相关领域的科学合作<br>(此处省略与气候变化应对相关性较小的指标项目) | 平均个数为27个每平方千米，表层水体拖网漂浮垃圾平均个数为5363个每平方千米，平均密度为9.6千克每平方千米 |
| 目标15：陆地生物——保护、恢复和促进可持续利用陆地生态系统，可持续管理森林，防治荒漠化，制止和扭转土地退化，遏制生物多样性的丧失 | 到2020年，依照国际协议规定的义务，保护、恢复及可持续使用陆地与内陆淡水生态系统及其服务，尤其是森林、沼泽、山脉与旱地<br>到2020年，进一步落实所有类型森林的可持续管理，停止毁林，恢复退化的森林，大幅增加全球植树造林和重新造林<br>到2030年，防治荒漠化，恢复退化的土地与土壤，包括受到荒漠化、干旱及洪涝影响的土地，致力于建设一个不再出现土地退化的世界 | 水土流失有效管控。2016—2020年，全国新增水土流失综合治理面积30.04万平方千米，累计完成水土流失治理面积6.2万平方千米，水土流失面积和强度实现“双下降”，水土流失治理程度普遍提高10%—40%<br>防沙治沙持续推进。完成防沙治沙任务1000万公顷，荒漠化、沙化面积及程度连续3个监测期实现“双缩减”。与2011年相比，石漠化土地面积减少193.2万公顷；同时长江流域泥沙减少40%以上；石漠化地区植被综合盖度达61.4%。2015年至2018年，中国土地恢复净面积约占全球的五分之一，位居世界首位 |

续表

| 联合国可持续发展目标 | 具体项目 | 中国的成就 |
| --- | --- | --- |
|  | 到2030年，落实保护山地生态系统，包括其生物多样性，以提高其提供有关可持续发展的有益能力(此处省略与气候变化应对相关性较小的指标项目) | 森林覆盖率和蓄积量继续同时提高。2020年，中国森林覆盖率达23.04%，森林蓄积量超过175亿立方米，连续30年保持“双增长”，成为森林资源增长最多的国家<br>草原综合植被盖度稳步提高。2020年，中国草原综合植被盖度达56.1%，比2015年提高21%，草原生态持续向好。<br>海洋和陆地生态保护力度加大。累计修复岸线1200千米、滨海湿地2.3万公顷，新增湿地面积20.26万公顷 |

资料来源：联合国可持续发展目标，《中国落实2030年可持续发展议程国别自愿陈述报告》。

## 三、中国社会组织参与全球气候治理的实践

除政府在全球气候治理中的承诺与具体实践之外，中国已有越来越多的社会组织参与环保和气候治理的工作。中国社会组织在国际社会上就相关议题表达民间的立场和声音主要有三种做法：第一，直接加入国际组织，成为其成员。例如：中国科协系统部分国家级的学会代表中国加入科技类国际组织之中。第二，建立国内社会组织网络与国际相关组织对接。例如：中国国际民间组织合作促进会利用中国民间气候行动网络（CCAN）平台，先后在天津、杭州协调和组织国内60家社会组织代表就气候变化应对方案讨论拟定了民间行动计划，并将该计划递交给在墨西哥坎昆参加联合国气候变化会议的各方代表，传递了独特的社会声音。这里需要强调的是，当时在中国民间气候行动网络15家成员中，93%的成员来自民办型环保社会组织，这说明民办型社会组织已经成为参与国际事务的一股新兴力量。第三，以项目

合作的方式参与国际事务。例如：2010—2012 年，中国国际民间组织合作促进会参加的 121 场涉国际事务活动中，65%以上都是以项目合作和项目研讨的方式进行的。①

近年来，中国的社会组织为推动中国参与全球气候治理积极贡献自己的力量。一方面，社会组织正在为中国积极参与气候治理和低碳发展创造良好的舆论环境。2010 年在天津联合国气候谈判会议期间，60 多家中国社会组织联合组织了 20 多场边会，是中国社会组织在气候变化领域合作规模最大的一次。2011 年，40 家中国社会组织发起了一项名为“C+行动：超越政府承诺、超越气候、超越中国”的长期性气候运动，旨在动员企业、社区、校园以及个人在节能减排方面采取积极行动。② 另一方面，中国的社会组织亦日渐具备国际视野，纷纷走上国际舞台，作为观察者或者参与者投入到全球气候治理的工作前线中去。例如，中国社会组织持续关注国际气候进程，在谈判现场积极开展公共外交，进行相关政策研究。在 2007 年巴厘岛气候变化大会至 2015 年巴黎气候变化大会期间，中国国际民间组织合作促进会和中国民间气候行动网络先后派出 18 个社会组织的 78 名代表与会；2013 年，环境友好公益协会在中国举办了第三届低碳东亚论坛；2015 年，在德国罗伯特·博世基金会（Robert Bosch Stifung）发起的“中欧非政府组织结对交流项目”中，来自中国和欧洲的 10 个非政府组织成为 2015 年“气候变化结对组织”。③

不过，当前中国社会组织在参与全球治理的过程中也面临着一些挑战。2017 年，联合国开发计划署（UNDP）根据机构类型、地域分布和业务领域三方面因素，对 18 家中国涉外社会组织开展国际合作面临的共性问题与挑战进行了评估。报告指出，中国涉外社会组织开展

① 黄浩明：《民间组织的国际化路径》，载《学会》，2013 年第 5 期，第 38 页。

② 刘磊、王溥、邬桐：《非政府组织在中国气候变化治理中的角色》，载王辉耀等主编：《新时代绿色经济与可持续发展报告》，北京：社会科学文献出版社，2020 年版，第 229—249 页。

③ 同②。

国际合作时面临内外部双重困境。从外部环境来看，缺乏法律法规、政策依据、资金支持、国际化专业人才及国际化治理机制，这是涉外社会组织面临的最大挑战。从内部环境来看，涉外社会组织不仅需要理事会支持，团队的国际化视野和知识体系等也都有待提升。① 具体到环境类社会组织来说，首先，由于国内某些社会组织行政色彩过浓，其资源、观念、组织、职能和活动方式等方面均严重依赖于行政部门，因此其活动的独立性和参与全球治理的能力往往不足。其次，很多本土社会组织囿于自身发展需求往往过多关注国内环保议题，缺乏对全球气候治理议题的长期追踪积累，参与全球治理的实践机会亦有限。再次，缺乏专业性人才，专业性研究能力不足，这就导致在参与国际气候谈判时，其在技术合作、标准设定和监督方法设定上的经验和能力也非常有限，很大程度上限制了其国际影响力的发挥。此外，中国的社会组织在国际化过程中缺乏法律保障和资金支持。②

## 第三节　中国国际民间组织合作促进会概况

中国社会组织在参与全球气候治理中虽仍存在独立性不足、实践经验不足、权威性不足、专业人才缺乏等问题，但近年来也有一些社会组织积极参与到全球气候治理中并取得了一定的成效，积累了不少经验。中国国际民间组织合作促进会就是其中一例。在接下来的内容中，我们将深入研究中国国际民间组织合作促进会参与全球气候治理的实践与经验。

---

① 康晓丽：《中国涉外民间组织参与全球治理的战略与机制研究》，载《太平洋学报》，2020 年第 12 期，第 16—29 页。

② 李昕蕾、王彬彬：《国际非政府组织与全球气候治理》，载《国际展望》，2018 年第 5 期，第 152 页。

## 一、中国国际民间组织合作促进会的发展历程

中国国际民间组织合作促进会（以下简称“中国民促会”）由原外经贸部（现商务部）批准成立，并在1994年登记注册，是一个全国性、非营利性、联合性、自愿结成的独立社团法人。该组织坚持促进发展合作，与国际社会的许多非政府民间组织、多双边机构保持长期的良好合作关系。2007年，中国民促会获得联合国经社理事会非政府组织特别咨商地位；2010年，被民政部评选为“全国先进社会组织”；2011年，获得联合国可持续发展大会（WSSD）咨商地位和联合国气候变化框架公约（UNFCCC）观察员资格；2016年，获得民政部社会组织评估全国性公益类社团4A级，同时，获得非营利组织免税资格。

中国民促会在国内属于成立较早、国际化程度较高的社会组织，与国际上的合作伙伴，包括其他国家与地区的政府机构、基金会、智库、高校、企业，以及联合国系统内的国际组织都较早开展了各类合作，有较为密切的关系。1995年，世界妇女大会在京举行，中国民促会受邀与会，时任中国民促会常务理事、第十届中华全国妇女联合会执行委员会委员、中国女企业家协会顾问（原副会长）龙江文女士在回忆当年世妇会的情景时谈道：“大会的召开有力地打破了西方对中国的制裁，让世界了解真实的中国，让中国了解国际规则，大大推动了中国改革开放的进程。”“北京世妇会更新了政府和群众对非政府组织的认识，促进了中国社会组织的发展，对改变社会治理的理念和模式起到积极的作用。”[①] 1996年，中国民促会首次启动双边合作项目，开始为期七年的中国菲律宾社会组织交流项目。2001年，中国民促会开

① 《女性丨龙江文：第四次世界妇女大会的回顾及启示》，http://www.gywx.org/article/1096。

始与美国环保协会（EDF）[①] 合作。2002 年，中国民促会开始与德国基督教发展服务社（EED）合作，开启了为期 15 年的社会组织能力建设项目。2004 年，首次开展与联合国机构的合作，受联合国粮农组织、亚洲土地改革和乡村发展民间组织联盟的委托，中国民促会在北京举办第二十七届联合国粮农组织亚太地区民间组织磋商会。[②] 2013 年，中国民促会主办第二届中国－欧洲－南美民间组织对话会，并出版了英文案例集，促进了国内外民间组织的经验交流。2016 年，中国民促会首次参加二十国集团民间社会会议（C20）。2021 年，举办了第十二届东亚民间社会论坛，并参加了第十八届中国－东盟博览会、金砖国家民间社会论坛和联合国《生物多样性公约》第十五次缔约方大会第一阶段会议。

中国民促会业务领域涉及广泛，活动覆盖乡村与社区发展、性别平等、气候变化与环境保护、社会组织发展与支持、公益研究与倡导，以及中外交流与国际合作。第一，在乡村与社区发展领域，中国民促会自成立以来就积极从国际社会筹集资金，探索和开发扶贫济困的有效方法和措施。中国民促会主要是从加强基础设施建设、提升农村增收创收能力逐渐拓展到教育扶贫、灾害重建等领域，之后又随着受益群体的实际需求变化，逐渐聚焦到农村建设和社区综合发展议题上。例如，中国民促会先后在河南、云南、甘肃等地的偏远农村投入资金约 857 万元建设桥梁、修建公路，方便民众出行，促进经济发展；在新疆、河北、广西、云南和甘肃等地挖掘水井 20 口、机井 7 口，维护机井 14 口，建水窖 1720 眼，建立机房并安装饮水系统等，满足当地

① 美国环保协会（Environmental Defense Fund）在 20 世纪 80 年代为有关气候变化的国际科学谈判的顺利进行发挥过重要作用，它提出的“排污权交易”概念成为《京都议定书》的核心思想。美国环保协会坚持以市场为导向、以经济效益优先的议定书框架一直影响着美国政府的政策方向，曾参与起草 1991 年美国政府关于二氧化碳排放补偿的相关法案（Carbon Dioxide Offsets Policy Efficiency Act of 1991）。转引自罗辉：《国际非政府组织在全球气候变化治理中的影响——基于认知共同体路径的分析》，载《国际关系研究》，2013 年第 2 期，第 52 页。

② 中国国际民间组织合作促进会官网，http://www.cango.org/plus/list.php? tid=91。

民众的基本生活需求。又如，中国民促会在调研了解地域、气候、民族等差异后，在安徽、云南、陕西、河南等地开展传统手工技术培训，在新疆、云南、广西、安徽等地开展种养殖技术培训等，因地制宜地引入技能培训，帮助农牧民增收创收。

第二，在开展扶贫发展工作中，中国民促会关注到女性在社会可持续发展中的弱势地位和独特需求，逐渐将推动性别平等纳入重要工作领域。在这个领域中，中国民促会通过多途径、多手段提升女性发展，鼓励基层女性参与社区管理，支持妇女发展类社会组织的能力建设，并促进家庭、社区和社会对性别平等的认知等。例如，中国民促会先后在广西钦州、崇左等地区组织妇儿工委成员单位、基层妇联等开展性别平等培训，并在当地报刊上开设妇女发展与维权专栏，宣传政策法规，鼓励女性全面参与社会发展建设，提高女性的性别平等意识。从 2004 年到 2009 年，中国民促会在重庆、陕西、河南、新疆和内蒙古等地组织贫困妇女和少数民族妇女学习刺绣、种桑养蚕等技术，并提供创业、就业培训和社区基础医疗服务，帮助妇女及其家庭增收创收。

第三，气候变化与环境保护是中国民促会的另一个重要工作领域。中国民促会主要围绕着生态农业、植树造林、节能减排、绿色出行、海洋保护和低碳行动等主题开展活动，推动并倡导公众参与环境保护和应对气候变化，支持环保社会组织的探索与实践。这其中包括农村气候变化适应项目、气候变化教育项目、民间气候行动网络等。例如，在 2015—2017 年间，中国民促会开展了“中国农村气候变化适应”项目，探索将气候变化适应引入生态农业试点和基层农村建设中，并分别在山东省蒙阴县和内蒙古自治区赤峰市建设引水灌溉系统，组织了 14 期气候灾害适应和应对培训、9 期环保健康卫生及垃圾处理培训和 9 期可持续生活知识培训，帮助农民提高环保意识，提升适应气候变化的能力。又如，中国民促会在全国范围内组织绿色出行与低碳行动：2006 年在北京组织“绿色出行 健走金秋”活动；2008 年联合 20 个城市的社会组织举行“绿色出行 联合行动”等活动，以此引领绿色、低碳的生活方式并使之成为一种“新时尚”。

第四，在社会组织发展与支持方面，中国民促会积极发挥和利用国内外民间网络与资源，为会员单位提供服务，帮助其进行能力建设，并推动社会和企业跨界合作与建设。例如，中国民促会经常为相关的社会组织开展培训，围绕社会组织的基础知识、行业信息、内部治理、规范管理、法律法规、秘书长领导力等方面进行教学培训，帮助提升基层社会组织人员的专业能力。自2007年至今，中国民促会已经通过培训、辅导、研讨会、圆桌会议、工作坊、国内考察、国际交流等方式，帮助基层的社会组织实现能力提升并达到“走出去”的目的。

除了上述四个方面的工作之外，中国民促会还发挥了“智囊”“桥梁”“平台”的作用。这三个作用集中体现在中国民促会在公益研究与倡导和中外交流与国际合作两方面的工作。一方面，中国民促会充分利用和发挥自身的专业优势，扮演“智囊”角色，与国际、国内的学术研究机构合作，开展了与社会组织相关的课题研究。这部分研究包括“民间组织在国际人才交流中的作用与发展趋势”“中外学会管理体制的比较研究”“中国社会组织评估机制调研”等，为国内在社会组织方面的研究贡献了重要的力量。另一方面，中国民促会充当国内外非政府组织和社会组织的“桥梁”，以及中国社会组织“走出去”的“平台”，以为会员服务为主体，主动创造交流机会，从把国外非政府组织的经验“引进来”以培育国内社会组织，到支持国内社会组织与国外社会组织进行人员交流、跨区域合作或举行多边会议等，带领国内社会组织“走出去”，并不断推动社企的沟通合作，为国内社会组织和公益事业的发展贡献力量。

## 二、中国国际民间组织合作促进会的组织结构

中国民促会的最高权力机构是会员代表大会，会员代表大会由来自国内的会员组成。设理事会、常务理事会、监事会，理事会和常务

理事会执行会员代表大会决议，负责中国民促会的日常运营事务和重大事项的讨论和决策。会员代表大会职权包括：制定和修改章程；决定民促会的工作目标和发展规划等重大事项；制定和修改理事、常务理事、负责人产生办法，报党建工作机构备案；选举和罢免理事、监事；制定和修改会费标准；审议理事会的工作报告和财务报告；审议监事会的工作报告；决定名称变更事宜；决定终止事宜；决定其他重大事宜。

常务理事会在理事会闭会期间，行使理事会部分职权，包括：执行会员代表大会的决议；筹备召开会员代表大会，负责换届选举工作；决定会员的吸收和除名；决定设立、变更和终止分支机构、代表机构、办事机构和其他所属机构；决定副秘书长、各所属机构主要负责人；领导本会各所属机构开展工作；审议年度工作报告和工作计划；审议年度财务预算、决算；制定信息公开办法、财务管理制度、分支机构和代表机构管理办法等重要的管理制度；决定本会负责人和工作人员的考核及薪酬管理办法；审议住所变更事项。

秘书处为执行机构，执行理事会决议，负责机构日常营运和维护。在中国民促会与原业务主管单位商务部脱钩前，中国民促会秘书处共设职能部门六个，分别为：研究部、培训部、项目管理部、国际部、公共关系部、财务部。2020 年 8 月，中国民促会完成了与原业务主管单位商务部的脱钩。根据当时的业务情况，经理事会审议通过，将部门设置调整为四个，分别为：社会项目部、环境项目部、公共关系部、财务部。项目部门主要以议题进行区分，环境项目部主要负责气候变化、环境与生物多样性保护、社企合作领域的项目，社会项目部主要负责农村与社区发展、社会组织“走出去”、性别平等、教育领域的项目。目前，中国民促会新的五年战略规划已制定，未来可能会做出部门设置调整，以适应机构“国际化枢纽”和“‘走出去’平台”的新战略定位。此外，中国民促会还设有中国民促会绿色出行专项基金、中国民促会施永青农村发展专项基金、中国民促会家长与教师合作管理委员会三个分支机构。分支机构主要涉及专门性项目的资金筹措与捐赠工作，同时也配合项目执行。中国民促会的组织结构如图 3-2 所示。

中国民促会拥有广泛的国际和国内合作网络。截至 2022 年年底，中国民促会共有国内团体会员和个人会员 175 个。截至 2021 年，中国民促会与 198 个国外非政府组织和国际多双边机构建立了合作关系，其中已与 23 个国家或地区的 109 个国外非政府组织或国际多双边机构开展了公益项目合作，项目遍及全国 31 个省（区、市），活动覆盖乡村与社区发展、性别平等、气候变化与环境保护、卫生与健康、社会组织发展与支持，以及公益研究与倡导等领域，受益人数达 966 万。[①] 在国内，中国民促会与来自北京、安徽、甘肃、广西、贵州、广东、河南、海南、黑龙江、湖北、吉林、江西、辽宁、内蒙古等 27 个省（区、市）的 125 家会员单位形成广泛的合作网络，包括北京市思诚社区公益基金会、北京博能志愿公益基金会、中国文物保护基金会等。中国民促会在国际上的合作伙伴包括欧盟委员会、联合国妇女署、乐施会、绿色和平、亚洲基金会、能源基金会、野生救援、世界动物保护协会、美国环保协会、德国伯尔基金会等。在项目管理方面，中国民促会在项目活动以及活动承办上优先考虑会员单位，在资源有限的情况下尽量拓宽会员服务内容，多数会员也积极参加中国民促会举办的活动。通过广泛的国内外合作网络，中国民促会及其会员单位通力合作完成项目执行，以此达到赋能社会组织和促进基层公益慈善发展的目的。

① 《中国国际民间组织合作促进会 2021 年度报告》，http://www.cango.org/npdf/CANGO-2021.pdf。

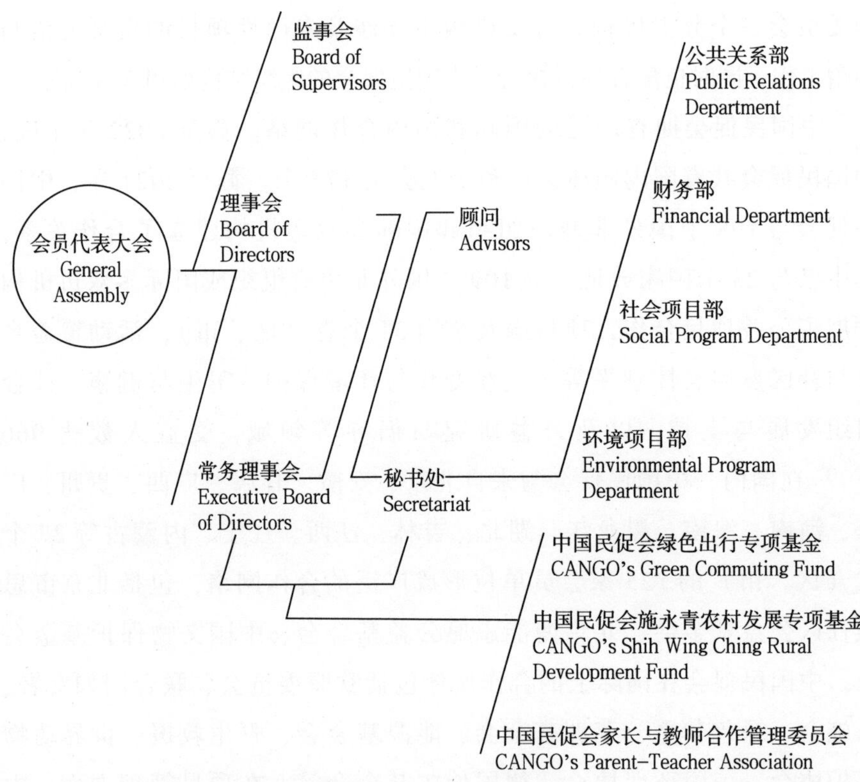


资料来源：中国民促会官网。

图 3-2　中国民促会组织结构图

## 第四节　中国国际民间组织合作促进会参与全球气候治理的实践

虽然中国民促会的工作领域涉及乡村发展、教育、性别平等、环保、国际交流等各个方面，但近年来该机构在气候治理和环境保护等方面的工作日渐突出，故本节将全球气候治理作为切入点，分析中国民促会如何参与全球气候治理。

在气候变化与环境保护领域，中国民促会的实践是逐步深入的。

从目前公开的组织年报来看，从 2000 年起，中国民促会已经认识到环境保护工作的重要性，意识到“中国面临着协调环境与发展的挑战……特别是民间组织有责任、有义务发动公众，做好公众环保”[①]。虽如此，在 2007 年之前，中国民促会对环境保护项目的关注和投入却并不是所有项目中的重点，而是随着年份的变化发生改变。例如，在 2000 年中国民促会所有项目中，环境保护项目花费了 115.7 万元人民币，占当年中国民促会所有项目总支出的 14.7%；[②] 而在 2003 年，中国民促会仅开展了 2 个环境保护项目，预算支出占所有项目总支出的 8%。如图 3-3 所示，从 2004 年至 2006 年，中国民促会组织或者参与的环境保护项目分别为 3 个、3 个和 2 个；自 2007 年起，中国民促会每年组织或者参与的环境保护项目大多数都在 4 个及以上，其中 2015 年达到了 10 个，即使在 2020 年年初新冠肺炎疫情暴发之后，也依然保持在 7 的高数值，2021 年为 10 个。可见，环境保护已经日渐成为中国民促会开展工作十分重要的一个领域。在 2007 年之前，中国民促会所参与的环境保护项目主要是植树防沙、资源节约等项目，多与国外的非政府组织进行合作；而在 2007 年之后，中国民促会的环境保护项目则更加多样化，包括污染物控制、民间社会与环境治理、气候变化网络、绿色出行、气候变化教育等，且合作机构也更加多样化，包括德国粮惠世界、绿色和平、中外对话、乐施会、福特基金会等机构，从气候变化教育、生物多样性保护、气候变化行动等不同的角度提升了中国社会组织在全球气候治理中的参与度。

① 《中国国际民间组织合作促进会 2000 年度报告》，http://www.cango.org/npdf/CANGO-2000.pdf。

② 同①。

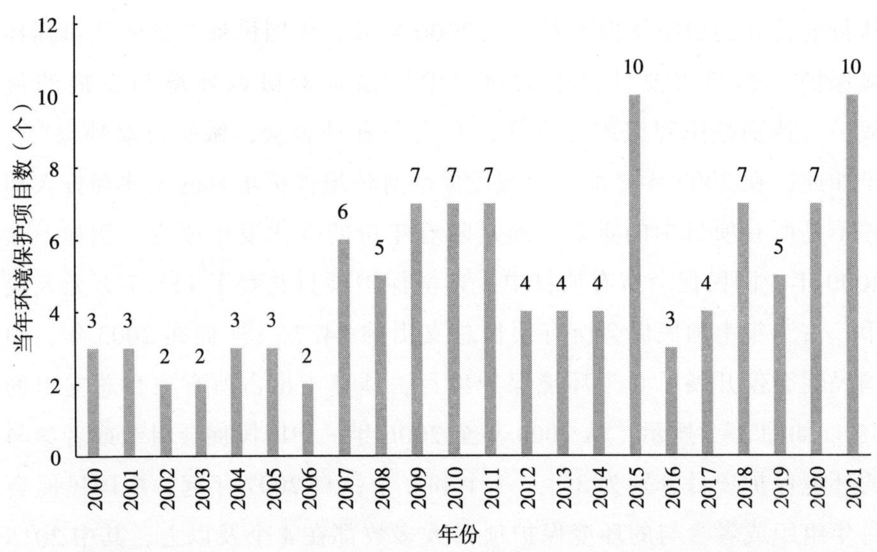


资料来源：作者根据2000年至2021年《中国国际民间组织合作促进会年度报告》整理统计绘制而成。

**图3-3　2000—2021年中国民促会历年环境保护项目数量统计**

从具体的项目内容来看，如表3-2所示，自2000年至今，中国民促会历年参与的环境保护和气候治理项目既具备延续性又具开拓性。最初，鉴于中国社会对于环境保护的认识仍处于较为初级的阶段，环保意识和对全球气候变化的认识尚未深入人心，故而中国民促会对于环境保护项目的关注主要源于扶贫与发展工作中发现的环境与生态问题，集中在植树造林、治沙、废弃物处理与利用等具体且可操作的内容上。而随着党的十八大之后，中国对以气候变化为重点的环境和生态问题的日渐重视，以及国家相关生态保护理论和政策的提出与实施，中国民促会在环境保护项目上的投入也日渐增加，且参与深度和广度都有所提升。虽然诸如河北丰宁治沙项目持续了十余年，但在2007年之后，中国民促会将应对气候变化作为环境保护项目的重点，并且致力于推动民间社会与环境治理、气候变化网络和能源能力建设、中国民间气候变化行动网络、气候变化教育等相结合，从意识上和能力建设等方面促进环境保护和气候治理协同增效。同时，中国民促会相关项目执行的地域范围也在不断扩展，从最初以河北、北京、上海等为试点逐渐推广至全国，亦标志着中国民促会在环境保护和气候治理领域内的实践正在不断深入。

表 3-2　2000—2021 年中国民促会历年环境保护项目一览表

| 年份 | 项目 | 援助机构 |
| --- | --- | --- |
| 2000 年 | “2000 年地球日——中国行动” | 有关部门 |
| | 可再生能源与农业可持续发展研讨会 | 世界自然基金会 |
| | 河北丰宁治沙项目 | 天津阳光塑料有限公司、日本德山株式会社 |
| 2001 年 | 西藏珠穆朗玛峰自然环境保护区传统手工艺品开发项目 | 联合国开发计划署、芬兰政府 |
| | 河北丰宁治沙项目 | 日本德山株式会社、日本经团联自然保护基金、天津阳光塑料有限公司、天津费加罗电子有限公司 |
| 2002 年 | 关于碳排放的系列研讨会 | |
| | 河北丰宁治沙项目 | 日本经团联自然保护基金 |
| 2003 年 | 河北丰宁治沙项目 | 日本经团联自然保护基金、天津阳光塑料有限公司、天津费加罗电子有限公司 |
| | 中日废弃物处理与利用研讨会 | 日本国际协力银行 |
| 2004 年 | 河北丰宁治沙项目 | 日本经团联自然保护基金、天津阳光塑料有限公司、天津费加罗电子有限公司 |
| | 排污权交易试点项目 | 美国环保协会 |
| | 26 度空调节能行动 | 德国伯尔基金会 |

续表

| 年份 | 项目 | 援助机构 |
|---|---|---|
| 2005年 | 河北丰宁治沙项目 | 日本经团联自然保护基金、天津阳光塑料有限公司、天津费加罗电子有限公司 |
| | 26度空调节能行动 | 美国环保协会、美国霍尼韦尔公司 |
| | 环境执法 | 美国环保协会 |
| 2006年 | 河北丰宁治沙项目 | 天津阳光塑料有限公司、天津费加罗电子有限公司 |
| | 中国民间社会与环境治理项目 | 英国环境、食品与农村事务部、英国皇家国际事务研究所 |
| 2007年 | 河北丰宁治沙项目 | 天津费加罗电子有限公司、日本松井户会 |
| | 中国民间社会与环境治理 | 英国环境、食品与农村事务部、英国皇家国际事务研究所 |
| | 气候变化网络和能源能力建设 | 德国伯尔基金会 |
| | 农业温室气体减排交易 | 美国环保协会 |
| | 火电厂多种污染物控制 | 美国环保协会 |
| | 火电厂二氧化碳排污权交易 | 美国环保协会 |
| 2008年 | 河北丰宁治沙项目 | 天津费加罗电子有限公司、日本松井户会 |
| | 中国民间社会与环境治理 | 英国环境、食品与农村事务部、英国皇家国际事务研究所 |
| | 气候变化网络和能源能力建设 | 德国伯尔基金会 |
| | 1000家庭碳减排项目 | 美国环保协会 |
| | 循环经济与绿色供应链企业论坛 | 美国环保协会 |

续表

| 年份 | 项目 | 援助机构 |
| --- | --- | --- |
| 2009 年 | 河北丰宁治沙项目 | 天津费加罗电子有限公司 |
| | 中国民间气候变化行动网络 | 德国环境部、德国伯尔基金会 |
| | 水未来论坛 | 美国培普丹大学 |
| | 绿色出行网络 | 美国环保协会 |
| | 北京市中小学环境教育 | 亚洲基金会 |
| | 社会政策倡导能力建设 | 美国洛克菲勒兄弟基金会 |
| | 绿色出行基金 | 上海天平汽车保险有限公司、美国环保协会 |
| 2010 年 | 河北丰宁治沙项目 | 天津费加罗电子有限公司 |
| | 中国民间气候变化行动网络 | 德国环境部、德国伯尔基金会 |
| | 2010 年水未来论坛 | 美国培普丹大学 |
| | 绿色出行网络 | 美国环保协会 |
| | 社会政策倡导能力建设 | 美国洛克菲勒兄弟基金会 |
| | 绿色出行基金 | 美国环保协会 |
| | 2010 年中华环保民间组织可持续发展年会 | 德国伯尔基金会 |
| 2011 年 | 河北丰宁治沙项目 | 天津费加罗电子有限公司 |
| | 中国民间气候变化行动网络 | 德国环境部、德国伯尔基金会、能源基金会（美国）北京办事处、世界自然基金会、菲律宾环境关注中心 |
| | 2011 年水未来论坛 | 美国培普丹大学 |
| | 绿色出行网络 | 美国环保协会 |
| | 社会政策倡导能力建设 | 美国洛克菲勒兄弟基金会 |
| | 绿色出行基金 | 美国环保协会 |
| | 2011 年中华环保民间组织可持续发展年会 | 德国伯尔基金会 |

续表

| 年份 | 项目 | 援助机构 |
| --- | --- | --- |
| 2012年 | 河北丰宁治沙项目 | 天津费加罗电子有限公司 |
| | 中国民间气候变化行动网络 | 德国环境部、德国伯尔基金会、能源基金会（美国）北京办事处、法国大使馆、北京市企业家环保基金会、日本全球环境战略研究所、德国国际合作机构 |
| | 绿色出行基金 | 美国环保协会 |
| | 中学生气候变化教育项目 | 德国粮惠世界 |
| 2013年 | 河北丰宁治沙项目 | 天津费加罗电子有限公司 |
| | 中国民间气候变化行动网络 | 德国环境部、德国伯尔基金会、能源基金会（美国）北京办事处、北京市企业家环保基金会、德国国际合作机构、德国墨卡托基金会 |
| | 绿色出行基金 | 美国环保协会 |
| | 中学生气候变化教育项目 | 德国粮惠世界 |
| 2014年 | 河北丰宁治沙项目 | 天津费加罗电子有限公司 |
| | 中国民间气候变化行动网络 | 德国环境部，德国伯尔基金会，德国墨卡托基金会，德国观察、国际气候行动网络 |
| | 绿色出行基金 | 美国环保协会 |
| | 中学生气候变化教育项目 | 德国粮惠世界 |
| 2015年 | 绿色出行基金 | 美国环保协会 |
| | 中国民间气候变化行动网络 | 德国环境部、德国伯尔基金会 |
| | 中欧民间组织互换项目 | 德国墨卡托基金会 |
| | 中国气候变化教育项目 | 德国粮惠世界 |
| | 农业低碳扶贫项目 | 美国罗伯森基金会 |
| | 地方二氧化碳排放权交易项目 | 英国儿童投资基金会 |
| | 电力行业温室气体减排及环境能源模型项目 | 英国儿童投资基金会 |

续表

| 年份 | 项目 | 援助机构 |
| --- | --- | --- |
| | 环境执法项目 | 美国罗伯森基金会 |
| | 绿色供应链项目 | 美国橡树基金会 |
| | 绿色出行及酷中国项目 | 美国罗伯森基金会 |
| 2016 年 | 中国民间气候变化行动网络 | 德国伯尔基金会 |
| | 中欧民间组织互换项目 | 德国墨卡托基金会 |
| | 中国气候变化教育项目 | 德国粮惠世界 |
| 2017 年 | 中国民间气候变化行动网络 | 德国伯尔基金会 |
| | 中欧民间组织互换项目 | 德国墨卡托基金会 |
| | 中国气候变化教育项目 | 德国粮惠世界 |
| | 2017 低碳中国行项目 | 中国国家信息中心 |
| 2018 年 | 中国民间气候变化行动网络 | 德国伯尔基金会、深圳市大道应对气候变化促进中心、美国环保协会 |
| | 中欧民间组织互换项目 | 德国墨卡托基金会、德国罗伯特·博世基金会 |
| | 中国气候变化教育项目 | 德国粮惠世界 |
| | 2017 低碳中国行项目 | 中国国家信息中心 |
| | 南极海洋保护 | 绿色和平 |
| | 南极海洋保护地铁广告发布项目 | 绿色和平 |
| | 东南亚海洋可持续治理 | 美国环保协会 |
| 2019 年 | 中国气候变化教育（三期） | 德国粮惠世界 |
| | 全球海洋生物多样性保护 | 绿色和平东亚分部 |
| | 中国民间气候变化行动网络 | 德国伯尔基金会 |
| | 中欧民间组织互换项目 | 德国墨卡托基金会、罗伯特·博世基金会 |
| | 碳市场和能源转型 | 德国粮惠世界 |

续表

| 年份 | 项目 | 援助机构 |
| --- | --- | --- |
| 2020年 | 中国气候变化教育（三期） | 德国粮惠世界 |
| | 促进《巴黎协定》下气候承诺和能源转型政策的区域性合作项目 | 德国粮惠世界 |
| | 中国民间气候变化故事传播项目 | |
| | 气候变化和生态保护传播能力建设项目 | |
| | 生物多样性保护项目 | 绿色和平 |
| | 中国民间气候变化行动网络 | 德国伯尔基金会 |
| | 气候变化对中国城市影响及风险评估项目 | |
| 2021年 | 中国气候变化教育（三期） | 德国粮惠世界 |
| | 碳达峰及碳中和目标下加速推进气候行动策略研究 | 绿色和平 |
| | 中国气候变化教育（三期） | 德国粮惠世界 |
| | 后疫情时代气候和生态保护传播能力建设 | 中外对话 |
| | 中国与东南亚五国环境与气候传播研究 | 能源基金会（美国）北京办事处 |
| | “地球一援”减塑主题宣传教育 | 野生救援（美国）北京代表处 |
| | 促进《巴黎协定》下地区伙伴关系 | 德国粮惠世界 |
| | 青年参与农村应对气候变化行动 | 乐施会（香港）北京办事处 |
| | 可持续农业与气候变化行动 | 社区伙伴（香港）北京代表处 |
| | 探索碳中和目标下中国社会组织发展路径及中外非政府组织（NGO）策略传播交流 | 能源基金会（美国）北京办事处 |

资料来源：2000年至2021年《中国国际民间组织合作促进会年度报告》。

诚如上文所述，非政府行为体在全球气候治理中的重要性在日渐增强，其参与度也在不断加深。2014 年利马会议推动了“利马巴黎行动议程”的达成，表达了对次国家和非国家行为体进行的个体或集体气候行动的支持，并建立了非国家行为体气候行动区域平台，提出了一万多项气候变化承诺。[①] 可以说，在此之后，非国家行为体日渐走入全球气候治理的核心框架中，并开始探索如何与国家行为体继续合作，推动全球气候变化治理的进程。于宏源教授在《非国家行为体在全球治理中权力的变化：以环境气候领域国际非政府组织为分析中心》一文指出，非政府组织在全球气候治理领域主要通过宣传全球气候变化意识、提供全球气候治理信息、监督全球气候保护行动这三个方面来发挥作用。[②] 在此基础上，作者根据中国社会组织的实践，特别是中国民促会参与全球气候治理相关案例的综合研究，提炼出中国民促会参与全球气候治理实践的三个维度，即增强气候治理意识、搭建合作交流平台和赋能中国社会组织，并将分别论述中国民促会在这三个方面的气候治理实践。

## 一、增强气候治理意识

在参与全球气候治理的过程中，提高气候治理意识是十分重要的一个环节。在中国政府对气候变化问题日渐重视并积极采取一系列措施推动应对气候变化的大背景之下，提高公众的气候治理意识和参与意识对于持续、高效地推进气候治理是至关重要的。因此，为了增强民众对于全球气候治理的意识，中国民促会通过发布年报、组织活动、开展气候教育、推广农村基层气候变化适应项目等方式来宣传参与全球气候治理的重要性，同时利用自身的平台作用积极推动该领域在企业内部的影响力。

---

① 李昕蕾：《国际非政府组织与全球气候治理》，载《国际展望》，2018 年第 5 期，第 141 页。

② 于宏源：《非国家行为体在全球治理中权力的变化：以环境气候领域国际非政府组织为分析中心》，载《国际论坛》，2018 年第 2 期，第 3—5 页。

第一，中国民促会每年都会发布本组织年报以宣传推广自己在一年内的相关工作，这部分的宣传工作为那些对气候变化问题感兴趣以及长期关注气候变化问题的人群提供了获取相关信息的重要渠道。中国民促会官网上保存了自2000年至今的年报，内容连贯完整，极具传播与研究价值。以2020年为例，年报中的国际交流与合作、项目介绍、审计报告、业务活动表、会员名单等部分信息完整，为了解该组织在不同领域的工作提供了帮助。在环境保护与气候变化部分，年报总结了相关重要活动，例如中国民间气候变化故事传播项目通过对部分受到气候变化影响的地区（如大理、腾冲、玉树、成都等）实地调研，完成《青海玉树牧民与雪豹的故事》《云南大理农民的农业新思路》《成都垃圾处理气候变化缓减之路》《互联网的低碳实践》《西南边境自然保护战》等故事的策划、编写和出版，讲述了中国不同地区在适应及减缓气候变化方面作出的努力。中国社会组织“走出去”是一个融入国际社会的过程，需要了解和学习相关国际规则和话语体系，通过与国际社会的互动，讲好中国故事，提升自身能力，促进自我发展。[①]

第二，中国民促会配合国际社会的气候谈判推出相关的宣传工作，以“热点”为气候变化问题聚焦，在特定时间、范围内引起民众对该问题的关注。例如，2021年10月31日，第二十六届联合国气候大会开幕前夕，中国民促会、野生救援、中国绿色碳汇基金会联合网易《梦幻书院》推出“寻找绿色能量‘秘籍’”绿色出行宣传项目，鼓励公众选择绿色低碳的出行方式，助力实现“双碳”目标。《寻找绿色能量“秘籍”》海报和条漫采用了在青年人群中颇具影响力的在线动漫《梦幻书院》中的IP形象。借由三位动漫人物从梦幻仙境来到现代城市的一段经历，将轻松有趣的故事情节与世界资源研究所（WRI）发布的权威数据相结合，号召青年人通过选择步行、自行车、公交、

① 《中国国际民间组织合作促进会2020年度报告》，http://www.cango.org/npdf/CANGO-2020.pdf。

地铁等绿色低碳的出行方式，尽可能构建 15 分钟步行可达的生活圈，用优先购买或使用电动化的出行工具等方式来减少交通领域的碳排放。①

第三，中国民促会在各个城市组织线上和线下活动，以实践宣传和推广“绿色出行”和“低碳行动”理念。绿色出行是中国民促会持续多年的线下项目。2006 年，中国民促会首次在北京开展“绿色出行 健走金秋”倡导活动，2007 年，中国民促会联合全国 20 个城市的社会组织举行“绿色出行 联合行动”活动，倡导公众减少私家车使用，多采用乘坐公共交通工具、骑车和步行等节约能源、减少污染、有益健康的绿色出行方式，并在此后开展了包括绿色健走、绿色骑行、绿色公交和绿色出游等活动，为改善城市交通状况、提高空气质量、减少温室气体排放作出贡献。2008 年，为配合北京奥运会，绿色出行项目组与清华大学交通研究所合作开展“绿色出行碳减排网上计算器”倡导活动，参与活动者达 81 670 人，共减排二氧化碳 8895.06 吨。2009 年，绿色出行项目组发起“绿色出行达人”评选活动，在上海启动“世博绿色出行”系列巡展，途经 16 座城市，广泛传播“低碳世博，绿色出行”的理念。2010 年，中国民促会以江苏省为试点构建“绿色出行网络江苏链”，在苏南、苏中、苏北地区陆续开展倡导活动。同年，“酷中国-全民低碳行动计划”在全国五省十市启动巡展，获得国务院副总理刘延东的高度评价。迄今为止“酷中国”项目连续四次被写入《中国应对气候变化的政策与行动》白皮书。2011 年，中国民促会在上海、南京、厦门、济南、合肥、西安和丽江七个城市开展“绿色出行指数调查”活动。2013 年，中国民促会在华沙气候大会“中国角”主办“低碳中国行”主题边会。2015 年，中国民促会开展“低碳榜样评选”“低碳对话”等系列主题活动。2017—2019 年，中国民促会开展“低碳中国院士专家行”活动，组织专家、院士赴全国 19

① 《2021 地球一援“寻找绿色能量‘秘籍’” 倡导绿色出行项目》，http://www.thjj.org/sf_0ACBA7BC29304639A3CD8B7D68987DC2_227_D3521F8F997.html。

个省市进行不同领域的专题宣讲、讨论、专家问诊、实地调研与拍摄；编制《低碳案例汇编》；制作《低碳中国行》纪录片和《低碳中国行》图册集。①

第四，中国民促会积极开展气候教育课程的设计和实施，旨在提高中国青少年群体的环保意识和参与气候治理意愿，从而为中国气候治理的代际传承奠定基础。在这里必须提及中国民促会的中国气候变化教育项目。该项目是中国民促会致力于增强中国民众，特别是青少年群体的环境保护和气候变化治理意识的“拳头项目”。该项目自2012年开始启动，迄今为止已经开展三期，每期的周期为三年，通过教材开发、教师培训及后续小额资助、气候变化教育沙龙、创意竞赛、国际交流等系列活动，推动气候变化教育走进课堂。目前，该项目已覆盖全国32个试点城市，开展的活动包括：为中小学教师培训气候变化相关的知识与教学方法，组织气候变化创意竞赛，征集600余份海报、微电影、小剧目、图片、废旧物品手工制作等作品，支持教师和社会组织代表赴韩国首尔、光州交流访问，编写《中国气候变化教育故事集》《气候变化教育活动指导手册》，引进韩国气候变化教育游戏，出版《气候变化教育读本》，等等。② 该项目由德国粮惠世界（前德国基督教发展服务社）资助。第一期项目从2012年9月1日开始，至2015年8月31日结束，覆盖广东、辽宁、湖北、陕西、云南五省，以及北京、上海、天津、重庆、深圳、厦门、杭州、南昌、贵阳、保定十市，主要涉及中学教师关于气候变化教育的培训、教材整理与编纂及教学培训等。2012年，上述五省十市近千名中学教师得到培训，近百家学校开展相关气候变化教育活动；③ 2013年，围绕气候变化教材开发开展活动，中国民促会组织调研团队分别赴佳木斯、石家庄、

① 《绿色出行与低碳行动》，http://www.cango.org/plus/view.php?aid=212。

② 《气候变化教育》，http://www.cango.org/plus/view.php?aid=214。

③ 《中国国际民间组织合作促进会2012年度报告》，http://www.cango.org/npdf/CANGO-2012.pdf。

西宁、襄阳、丽江、深圳六个城市进行气候变化影响及适应调研，并将调研过程制作成视频短片，成为试点学校教师开展气候变化教育的案例素材，并获得成功；2014 年，中国民促会不断修改完善气候变化教育教材，在试点地区开展教师培训及启动全国学校气候变化创意竞赛。总结来看，第一期项目开发了气候变化教育教材，利用该教材开展了 15 期教师培训，来自 449 所学校的 810 名教师接受了培训。自 2015 年上学期起，黑龙江红兴隆农场清河中学在初中一年级开设了气候变化教育课程，并配合教材内容开展了相关活动。该项目还发起了全国学校气候变化创意竞赛，全国 32 所试点学校参加了竞赛。

2016 年至 2019 年，中国气候变化教育第二期项目主要通过公开招募的方式，选出了九个试点城市，继续进行气候变化教育的培训与教学。二期项目在一期项目的基础上进行了扩展和延伸，通过教材开发、电子课件制作、教师培训、气候变化教育竞赛等方式继续推动气候变化教育进入课堂，同时还组织政策对话、国际交流和媒体工作坊等活动。第三期项目于 2019 年 5 月启动，通过举办线上跨区域交流、教师培训、气候变化教育沙龙等活动进一步加强在该领域的教育与宣传。2021 年，由中国民促会主编的《青少年应对气候变化实践手册》出版，这是在“双碳”大背景下针对青少年开展低碳教育的又一重要成果，也突出了用中国智慧应对气候变化的努力和决心。

针对中国广大农村环境保护意识薄弱、应对气候变化能力不足等弱点，中国民促会于 2015 年至 2017 年开展了“中国农村气候变化适应”项目，探索将气候变化适应引入生态农业试点村建设之中，分别在山东省蒙阴县和内蒙古赤峰市建设引水灌溉系统，组织 14 期气候灾害适应及应对培训、10 期种养殖技术培训、9 期环保健康卫生及垃圾处理培训，以及 9 期可持续生活知识培训，惠及 1400 余位农牧民。在这个过程中，中国民促会协助项目村合作社发动村民集资，配套新建 6 座大棚、1 座沼气池；建成 22 处卫生厕所，资助 500 套灾害预防装备包、100 个环保垃圾桶；项目村农产品产量提高 10%，人均年收入增加15%。此外，中国民促会还组织3次志愿者垃圾清理活动，举办2期志愿者培训班；编辑印刷成果推广手册，举办32次项目宣传推广研讨会；资助160余位农牧民跨地区参观学习先进的农牧业技术；作为民间探索气候变化适应的试点举措，在联合国马拉喀什气候大会上进行展示介绍。①

第五，中国民促会积极同政府组织、科研机构、媒体机构、其他非政府组织，以及研究环境问题的专家学者开展合作，推动关于气候变化的风险评估项目，增强中国在气候变化宣传方面的科学性和专业性，使公众对于气候变化问题严重性的认知更加全面、准确，从而推动全社会形成参与全球气候治理的共识。2020年，中国民促会组织了“气候变化对中国城市影响及风险评估”项目，通过开展系列公众宣传和互动活动，以研究分析、案例分享和故事讲解相结合的方式全面传播气候变化对城市的影响，提升公众和城市管理者对气候变化风险的认知。此外，中国民促会还在线下与绿色和平合作举办了“打开极端天气的黑匣子——气候变化风险与公众认知传播工作坊”活动。该活动邀请来自国家气候中心、清华大学、北京大学、中国社会科学院、中国农科院等科研机构和高校的专家学者，中国天气网、澎湃新闻、字节跳动等新媒体传播从业者，以及社会组织代表30余人，共同探讨全球气候风险及其对城市发展和居民健康造成的影响和应对方案，以及如何通过传播提升公众对气候风险与健康议题的科学认知和行动响应。② 秘书长王香奕在致辞中表示：“从2018年起，中国民促会已经与绿色和平在海洋、气候变化和生物多样性等多个议题上开展合作。在本次活动短暂而紧凑的一天时间里，我们将通过专家对话、圆桌讨论、案例分享和模拟演练等形式，从自然科学、城市管理、公共健康、大众传播、环境公益等多个角度，探讨气候变化带来的城市风险，以及

① 《农村气候变化适应》，http://www.cango.org/plus/view.php?aid=219。

② 《中国国际民间组织合作促进会2020年度报告》，http://www.cango.org/npdf/CANGO-2020.pdf。

如何通过传播，提升公众认知和行动的话题。”①

从 2018 年 4 月开始，中国民促会与绿色和平合作开展南极海洋保护项目，该活动旨在推广南极海洋保护、倡导建立海洋保护区、保护南极海洋生态系统和生物多样性，并借此主题向公众普及海洋保护知识。

2020 年 12 月 31 日，中国民促会与绿色和平发布最新合作报告《展望“十四五”，引领高质量经济复苏——搭建绿色与包容发展的政策框架》。该报告在绿色与包容政策框架下，对新冠肺炎疫情以来中国各行各业的复苏政策进行梳理和分析，为中国在“十四五”及更长一段时期实现绿色转型和高质量发展提供建议与参考。报告总结出中国经济复苏三大特征：绿色发展政策延续性好；“绿色”覆盖投资、消费等多个领域；财政、货币政策配合兼顾时效。然而，对照绿色与包容发展的政策框架和国际经验，中国的总体复苏政策仍有提升空间。目前复苏政策已经在绿色发展的基础上加入公共健康、韧性提升的包容性考虑，聚焦减贫、公共卫生以及教育领域，加大对于经济困难群体的救济与帮扶。但是，政策中对包容性内涵的理解较为单一，促进性别平等、关怀弱势群体、追求公平正义等国际复苏主流理念在政策讨论中还不充分。②

2021 年 7 月，河南省遭遇极端强降雨灾害侵袭，省内多个城市发生严重内涝、个别水库溃坝、部分铁路停运、一些航班取消。在此背景下，中国民促会与绿色和平、华风气象传媒集团共同发布《与“洪”共存——中国主要城市区域气候变化风险评估及未来情景预测》报告，报告中指出：1961—2019 年，京津冀、长三角和广东省的高温和暴雨危险性等级均呈现上升趋势，特别是 2000 年后增加速率超过历

① 《讲述气候危机的新范式——民促会、绿色和平举办“气候传播工作坊”顺利落幕》，https://www.sohu.com/a/426272828_157504。

② 《中国国际民间组织合作促进会 2018 年度报告》，http://www.cango.org/npdf/CANGO-2018.pdf。

史平均水平。与此同时，城市面临的气候灾害风险不仅取决于像极端暴雨这类气象学上的危险性因素，城市相对于灾害的暴露度和脆弱性两类因素同样起到决定性作用。后两者与人口密度，脆弱人口分布，地区在应对灾害中的意识、资金、能力和资源储备，城市基础设施水平，甚至医疗卫生水平等反映城市社会、经济、生态条件的指标密切相关。①

需要指出的是，中国民促会的一系列宣传活动不仅有利于促进中国公众增强环保意识和气候治理意识，也反映了中国近年来对气候变化问题的重视及为全球气候治理所作出的努力和贡献，对于中国在国际社会中讲好中国故事、增强我国“正能量”的国际传播和树立中国负责任大国形象都起到了促进作用。例如，中国民促会策划了“中国民间气候变化行动故事传播”项目，通过对部分受到气候变化影响的地区（如大理、腾冲、玉树、成都等）实地调研，完成《青海玉树牧民与雪豹的故事》《云南大理农民的农业新思路》《成都垃圾处理气候变化缓减之路》《互联网的低碳实践》《西南边境自然保护战》等故事的策划、编写和出版，记录了中国不同地区在适应及减缓气候变化方面所作出的努力。② 这些故事将热点问题与热点地区相结合，能更有效地让世界了解中国。

## 二、搭建合作交流平台

在中国的社会组织中，中国民促会筹措资源的能力较强，国内与国际影响力都比较突出，积极为社会各界搭建合作交流平台，在政府与其他社会组织、行业协会与企业、社会组织之间，通过不同的方式发挥着桥梁作用。具体来看，中国民促会的桥梁作用主要体现在国内

---

① 《绿色和平：与“洪”共存 | 面对极端降水，城市何去何从？》，https://baijiahao.baidu.com/s?id=1705978914078043496&wfr=spider&for=pc。

② 《中国国际民间组织合作促进会 2020 年度报告》，http://www.cango.org/npdf/CANGO-2020.pdf。

和国际两个层面。从国内层面来看，中国民促会凭借自身的资源筹措能力，将政府同社会组织、行业协会与企业，以及不同社会组织联结在一起；从国际层面来看，中国民促会作为一个组织和交流平台，促进了国内的环境类组织与国际社会之间的交流与合作，这不仅有助于中国吸纳国际社会的气候治理经验，还有利于国际社会听到中国关于气候治理的声音。

### （一）国内交流与合作层面

首先，作为连接政府与其他社会组织之间的桥梁，中国民促会在促进双方加强重要议题领域的信息共享与合作研究等方面发挥了重要作用。中国民促会举办或承办专题研讨会，邀请相关政府部门、科研院所和社会组织共同参与，促进各方合作交流，帮助社会组织找寻减排新思路新途径，并结合社会组织经验为政府提供政策建议。

例如，在上海世博会的筹办过程中，中国民促会协调各方力量承办系列活动，加强各界联系。上海世博会是第一个正式提出“低碳世博”理念的世博会，中国在筹办过程中也在全力实践这一理念。① 为了配合这项工作，2009 年至 2011 年，上海市环境保护局、上海世博会事务协调局和美国环保协会共同主办，中国民促会绿色出行基金承办了世博绿色出行系列活动。活动邀请到了社会各界的专家、学者，政府官员，企业代表和民间环保者，共同分享和推广节能减排的环保理念。

2020 年，中国民促会组织了“气候变化和生态保护传播能力建设”项目，联合相关政府部门、专业研究机构、高校、社会组织和媒体等利益相关方，推动国内外在应对气候变化和保护生物多样性方面的合作与交流。同年 7 月，在线上举办了“中国海洋生物多样性保护与渔业可持续研讨会”，邀请到来自环保类社会组织、科研院所、媒体

① 《低碳世博》,https://www.gov.cn/jrzg/2010-03/10/content_1552680.htm。

等利益相关方的70多位代表参会，呼吁全社会关注海洋生物多样性的保护并且支持该领域内从制度到管理和技术多层面的创新。[①] 2021年11月9—30日，由生态环境部宣传教育中心、中国民促会和绿色和平共同主办的“万物生长·悦在其中”生物多样性艺术展在北京举办。本次展览以云南生物多样性为主题，汇集了摄影、纪录片、漫画、装置艺术等展览形式，向参展人员普及生物多样性知识，方便市民近距离感受云南当地的物种之美。此次活动正值联合国《生物多样性公约》第十五次缔约方大会（COP15）第一阶段会议在云南昆明举办之际，“生物多样性”成为全民热议的话题。大会主办地云南是中国生物多样性最丰富的地区之一，有着从高山寒带到热带谷地完整的生态系统，保存着许多珍稀、古老的生物类群，是具有全球意义的生物多样性关键地区，也成为展示生物多样性魅力的最佳窗口。通过举办或承办专题论坛，邀请行业协会、企业及行业专家共同参与，达成共识，并进一步促成成果转化。[②]

其次，作为行业协会与企业之间的沟通桥梁，中国民促会现已将数十家行业协会纳入其会员名单。[③] 2021年9月，在中国国际服务贸易交易会举办期间，中国民促会和中国绿色碳汇基金会、商道纵横联合主办了“双碳目标下的社会组织与企业合作论坛”。该论坛参与者来自政府部门、学术机构、企业、行业协会、国内外社会组织和媒体等社会各界，为行业协会和企业充分交流搭建了平台。论坛围绕“双碳”目标下的社会组织与企业合作推动碳中和目标实现的主题，探讨社会组织与企业如何形成合力开展“双碳”目标下的行动，并通过征集形成了《双碳目标下的社会组织与企业合作案例集》。论坛使得行业协会能够发挥其独特的优势，在引导各行各业走向低碳发展的道路上为企

---

① 《中国国际民间组织合作促进会2020年度报告》，http://www.cango.org/npdf/CANGO-2020.pdf。

② 《艺术|“万物生长·悦在其中”：以艺术展览近距离感受自然之美》，https://baijiahao.baidu.com/s?id=1716389624627308005&wfr=spider&for=pc。

③ 摘自对中国民促会秘书长王香奕的访谈实录。

业提供更多支持，比如组织培训、搭建平台、建立标准规范、梳理技术清单等。①

再次，作为不同社会组织之间的沟通桥梁，中国民促会主要将中国民间气候变化行动网络作为最关键的抓手，利用平台优势发挥宣传引导作用，增强企业、其他社会组织及民众对于气候变化问题的意识。中国民间气候变化行动网络于 2007 年发起成立，旨在加强中国社会组织在气候变化领域的能力建设、国际交流和协同合作。截至 2020 年年底，该网络共有 39 家成员机构，分布在全国 17 个城市。过去 13 年中，中国民促会共支持 22 家社会组织的 104 名代表参加联合国气候变化大会，通过举办边会、新闻发布会、双边非政府组织和社会组织交流会，及向联合国秘书处递交立场书等形式，向国际社会分享中国社会组织参与应对气候变化的实践经验和政策建议。国内研究方面，中国民促会编写了《气候变化领域 NGO 工作策略研究》《低碳生活手册》《低碳城市案例手册》等图书。联合行动方面，中国民促会自 2014 年开始支持网络成员开展低碳日活动，活动主题涉及垃圾分类、高校节能、低碳乡村等。此外，中国民间气候变化行动网络每年组织年会，为网络成员交流经验、探讨合作提供平台。② 与中国民促会合作的会员单位中，以环境保护为主要议题的有 22 家③，此外，中国民促会还积极筹划与企业的深度合作，并有意尝试引入评估、监督机制，进一步提高该组织的影响力。④ 值得一提的是，早在 2012 年，在德国伯尔基金会和欧盟的共同资助下，中国民促会全力支持并协助出版了《NGO 企业沟通手册》。该书汇集了 37 个详实的案例，有助于提升国内公众对于社会组织与企业之间的关系，以及企业社会责任的认识，至今仍有很好的借鉴意义。此外，中国民促会正在探索与企业合作的

① 《中国国际民间组织合作促进会 2020 年度报告》，http://www. cango. org/npdf/CANGO-2020. pdf。

② 《民间气候行动网路》，http://www. cango. org/plus/view. php? aid=215。

③ 作者根据中国民促会官网信息整理而成。

④ 摘自对中国民促会秘书长王香奕的访谈实录。

新模式，通过在企业内部开展讲座向企业员工宣传气候治理相关内容，号召企业自主设定和落实气候治理方面的目标。这一行动已经在安利公司进行了试点，从企业方面的反馈看，也产生了预期的效果。这一新模式能够顺利运行，是因为中国民促会应企业方提出的请求，发挥了自身在相关领域的优势，予以满足和配合，虽然难度较大，但中国民促会在此过程中发挥了社会组织具有的不可替代的作用。[①] 2020 年，中国民间气候变化行动网络迎来七家新成员——绿水守护者、北京富群服务中心、绿色创新发展中心、西安空气侠、上海闵行区江川绿色光年环保服务中心、山西科城环保产业协同创新研究院、新疆山水环境保护与可持续发展中心。新机构的加入丰富了中国民间气候变化行动网络成员的地区分布和议题领域，为网络注入了新的活力。[②]

近年来，中国民促会还积极筹措各路资源，与十余家公益基金会、慈善联合会建立广泛联系，不断拓展业务的覆盖范围，实现强强联合。其中，与施永青基金的合作具有一定的代表性。2018 年 1 月 20 日，甘肃省社区科普研究会、甘肃永青农牧业发展有限责任公司联合主办的“农村教育与乡村振兴论坛”在兰州举行。本次论坛由中国民促会施永青农发基金资助举办，据基金顾问雷仰苳女士介绍，该基金自 2009 年以来在甘肃省、青海省、陕西省、四川省的 11 个县区，投入资金累计超过人民币 1.02 亿元，用于建桥修路、水利、农业合作组织、能力建设、文化、环保、医疗等工作，取得了良好的成效。[③] 自 2018 年起，在中国民促会施永青农发基金和施永青基金（香港）代表处的支持下，青草塬生态社区 18 个农户开始发展生态农业，对农耕地进行土壤改良。不使用化学合成的肥料、化学农药、生长调节剂、畜禽饲料添加剂，禁止使用杀虫剂和除草剂。通过选种良种和自留种作物，利用生

---

① 摘自对中国民促会秘书长王香奕的访谈实录。

② 《中国国际民间组织合作促进会 2020 年度报告》，http://www.cango.org/npdf/CANGO-2020.pdf。

③ 《甘肃兰州：“农村教育与乡村振兴”论坛成功举办》，https://baijiahao.baidu.com/s?id=1590252468932088039&wfr=spider&for=pc。

物堆肥、绿肥和施用有机肥培肥土壤，利用自制土农药、生物农药和物理方法进行病虫害防治，采用合理轮作、间作、倒茬等传统农耕技术，优化种植养殖结构，逐步建立和恢复农业生态系统的生物多样性和良性循环，以促进社区内形成以生物堆肥为纽带、种植养殖相结合的生态农业模式，促进农业的可持续发展。[①] 2019 年，由中国民促会施永青农发基金支持的“关怀行动 · 安心长者”服务项目于四川省顺利开展。此次活动的共同合作方主要有成都市新都区小童大义社会工作服务中心及金堂县馨园公益服务中心。[②] 2021 年 9 月，中国民促会施永青基金在新冠肺炎疫情的大背景下，开展了“胞波情谊，守望相助”项目，助力中缅边境疫情防控，取得了良好的效果。

### （二）国际交流与合作层面

在国际交流层面，中国民促会通过协调国内社会组织积极参与国际会议、谈判或同国际非政府组织的合作，促进中国与国际社会在环境保护和气候治理层面的深入交流与合作，不仅向外界展示了中国在气候治理领域的决心与成就，也有利于加强国际与国内社会在治理经验方面的相互学习与借鉴。

例如，作为全球气候治理领域的先行者，中国民促会与环境资助者网络（CEGA）一直保持密切合作，特别是在非政府组织参与全球气候治理领域共享了很多值得借鉴的经验。2021 年，中国民促会正式以合作伙伴身份加入环境资助者网络，进一步扩大双方合作，在该领域形成强强联合的良好效果。环境资助者网络于 2018 年 1 月 29 日启动，是中国环境资助者交流合作的平台，由阿拉善 SEE 基金会、北京巧女公益基金会、红树林基金会、老牛基金会、千禾社区基金会、桃花源

① 《施永青基金动态 | 乡村振兴生态社区建设初现成效》，https://www.sohu.com/a/392147360_752039。

② 《施永青基金助力新动态 | 四川关怀行动 · 安心长者服务顺利开展！》，https://www.sohu.com/a/342903421_752039。

生态保护基金会、万科公益基金会、中国绿色碳汇基金会、中华环境保护基金会、自然之友基金会十家基金会联合发起创立。环境资助者网络宗旨是运用战略慈善理念，促进环境领域资助者的合作与发展，引领未来环境领域的资助方向，实现环境领域慈善资金社会效益最大化。[①] 自2018年启动以来，该网络在环境保护与资源有效利用方面发挥越来越重要的作用，连续三年对外发布年度报告，向国内外环保公益从业者分享中国环境公益的最新实践。2021年9月27日，《2020环境资助者网络（CEGA）报告》于昆明《生物多样性公约》缔约方大会第十五次会议（COP15）-NGO平行论坛发布。相比前两次报告，该报告不仅总结了国内主要环境资助者的实践，还扩大了对受资助对象环境公益组织发展的关注，让读者更加了解环境公益领域的资源分配现状和发展态势，并特别设置了新冠专题和气候变化专题，梳理了疫情挑战下环境资助者和环境公益组织携手合作的优秀案例，使得报告逐渐成为社会各界洞察中国环境公益发展的重要工具。[②]

此外，中国民促会通过支持和协调中国社会组织参与二十国集团民间社会会议（C20）来为政府提供政策建议。C20由二十国集团非政府组织代表组成，是非政府组织向二十国集团决策者提供政策建议的重要渠道之一。2015年起，中国民促会开始支持中国社会组织参与C20。[③] 2016年1月，中国民促会在北京举办“新兴国际倡导平台及议题工作组主题工作坊”。此后中国民促会还编写了《民间社会参与G20手册》，并建立了松散的社会组织国际倡导网络，以组织协调中国社会组织通过C20平台与政府对话。截至2021年，中国民促会已陆续支持社会组织参与了中国青岛C20、德国汉堡C20、阿根廷布宜诺斯艾利斯C20、日本东京C20、沙特阿拉伯C20和意大利C20。其中在2016年

① 《中国环境资助者网络启动仪式在京举行》，https://baijiahao.baidu.com/s?id=1591009996528429383&wfr=spider&for=pc。

② 《2020环境资助者网络（CEGA）报告发布》，https://yrd.huanqiu.com/article/44wIXb78Am2。

③ 摘自对中国民促会秘书长王香奕的访谈实录。

中国青岛 C20 上，中国社会组织共有四条关于气候变化的政策建议被纳入 C20 公报。

2018—2021 年间，中国民促会与磐之石环境与能源研究中心一道，在德国粮惠世界的资助下将能源与气候变化的讨论具体落实到相关项目，执行能源转型与碳定价项目。该项目的目标是建立广泛的区域性合作平台，通过专家组的有效参与，促进能源转型与碳定价相关议题的技术和政策交流，进而对区域能源与气候变化政策的理性制定提供有价值的参考和建议。磐之石环境与能源研究中心与韩国能源与气候政策研究所（ECPI）、蒙古可再生能源工业协会（MRIA）签署了合作备忘录以促进双方合作与交流，并与韩国能源与气候政策研究所合作完成《中日韩三国碳定价》政策简报。①

2019 年 11 月 22 日，中国民促会主办了“马德里气候大会（COP25）行前研讨会”，主要面向国内社会组织介绍气候大会期间的传播热点和传播机遇。活动邀请了来自清华大学、自然资源保护协会、磐之石环境与能源研究中心等机构的专家分享其研究成果，进一步提升社会组织讲好中国民间故事的能力。同时，中国民促会相关项目团队在西班牙马德里举办的联合国气候变化大会（COP25）上进行项目传播分享。②

总体而言，中国民促会发挥其国际交流与合作、资源整合、行业引领的平台优势，始终与国际社会组织、多双边机构保持着良好的合作关系，积极参与国际和国内社会组织合作事务。在“引进来”方面，筹集国际资金，借鉴国际经验，培育国内社会组织成长，促进公益事业发展；在“走出去”方面，支持国内社会组织从最初的单双边交流、人员互换、跨区域合作，逐渐发展到参加国际会议、举办边会，发出中国声音，讲好中国故事。中国民促会在探索和支持国内社会组织走

---

① 《中国国际民间组织合作促进会 2019 年度报告》，http://www.cango.org/npdf/CANGO-2019.pdf。

② 同①。

出国门的同时，积极倡导和开展社会组织国际化战略研究，以多种形式为推动国内社会组织参与国际合作和全球治理事务上升到国家战略层面建言献策。①

## 三、赋能中国社会组织

中国民促会与中国各类社会组织广泛交流，帮助其开展活动、参与重要国际会议与全球治理进程、获取联合国经社理事会咨商地位，增强其能力建设。

第一，作为具有代表性的中国社会组织，中国民促会具有《联合国气候变化框架公约》观察员资格，是主要利益相关方之一。在参与联合国气候变化大会相关工作的过程中，中国民促会首先通过一系列的交流活动实现了自我赋能。首先，中国民促会可以利用联合国气候变化大会的平台与其他国家的社会组织、专家学者、政府代表团、媒体等进行经验交流，从而增强自身在气候变化领域内的专业度。其次，通过参与缔约方的谈判，中国民促会能够第一时间掌握气候变化谈判进展，继而为在国内开展活动提供政策参考。最后，中国民促会作为独立第三方向国际社会展示中国政府及民间应对气候变化的行动，能够让国际社会更客观、全面地了解中国在气候变化领域的工作。② 2007年，中国民促会与国内外十多家环保类社会组织共同发起了中国民间气候变化行动网络，开始支持中国社会组织在气候变化领域的能力建设、国际交流和联合行动。至2020年新冠肺炎疫情暴发之前，中国民促会共支持22家社会组织的104名代表参加联合国气候变化大会，通过组织边会、双边社会组织交流会、联合国新闻发布会，以及向联合国秘书处提交立场书等形式，向国际社会分享中国社会组织参与应对气候变化的实践经验和政策建议。图3-4展示了中国民促会2007—2019年支持中国社会组织代表参加联合国气候变化大会的情况。

---

① 《中外交流与国际合作》，http://www.cango.org/plus/list.php?tid=131。

② 根据中国民促会秘书长王香奕的演讲内容整理而成。

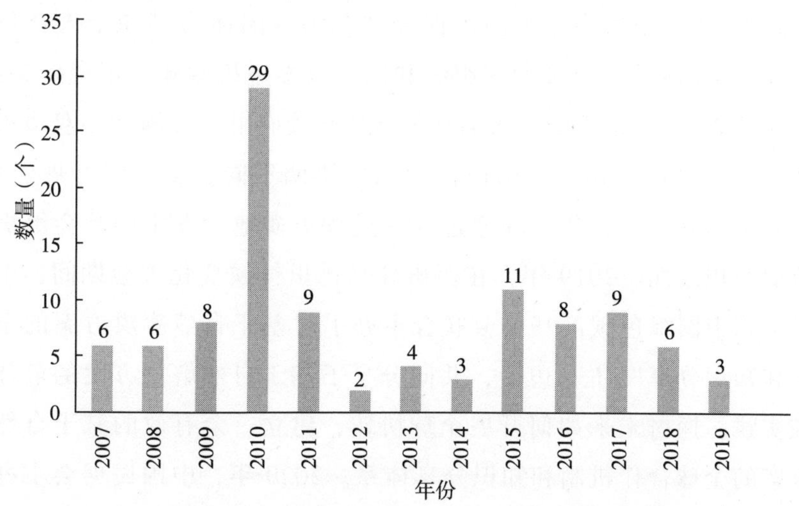


**图 3-4　中国民促会支持中国社会组织代表参加联合国气候变化大会统计**

总结来看，中国民促会在自身参与及帮助其他社会组织参与联合国气候变化大会的过程中，开拓进取、稳扎稳打。2010 年，时任中国气候谈判代表团团长解振华与中外非政府组织代表进行深入交流，开启了政府代表团与非政府组织代表的对话机制；2012 年，中国民促会首次在多哈气候变化大会“中国角”举办“应对气候变化，非政府组织在行动”边会；2015 年，在巴黎气候变化大会上，中国民促会代表向《联合国气候变化框架公约》秘书处递交立场书；2018 年，在卡托维兹气候变化大会上，中国民促会首次举办新闻发布会，发布中日韩煤炭研究报告；2021 年，在格拉斯哥气候变化大会上，中国民促会在中国企业馆发布寄语：“应对气候危机唯有合作，中国民间力量愿为不同利益相关方搭建沟通平台，推动各方积极对话，共同行动。”这些亦官亦民的行动，都实实在在提高了中国社会组织参与气候变化谈判的影响力，利用联合国广泛的网络，增强了中国社会组织与国际社会的联络和交流，加强了中国社会组织与政府代表团的互动，为社会组织参与落实《巴黎协定》及“双碳”目标奠定了良好的基础。

第二，中国民促会帮助国内社会组织开展活动且积极与其开展合作。截至2022年年底，中国民促会共有国内团体会员和个人会员共175个，与198个国外非政府组织和国际双多边机构建立了合作关系，其中已与23个国家或地区的109个国外非政府组织和国际多双边机构开展了公益项目合作。中国民促会积极协调不同社会组织开展经验、知识的交流分享与合作，并通过这一过程更多地激发中国社会组织参与活动的积极性。2019年，在西班牙马德里气候变化大会期间，中国民促会和中国绿色碳汇基金会联合主办了“基于自然解决方案的全球协作和知识分享”主题边会，共同分享了基于自然解决方案的最佳案例和实践，探讨未来如何开展全球协作，建立一个有效的基于自然解决方案的全球合作机制和知识分享体系。2020年，中国民促会主办并开展了线上“气候变化教育跨区域经验交流工作坊”，社会组织与教育机构深入交流在气候变化领域的教育经验。

第三，中国民促会积极促进可持续国际合作，助力中国社会组织走出中国、走向世界。一方面，开展社会组织“走出去”项目，借助自身网络建设和会员服务的经验与能力，推动中国社会组织通过国际倡导网络在国际多边倡导平台上发声建言，发挥民间优势与积极作用。① 另一方面，对过往项目开展评估，梳理中国社会组织参与国际交流和国际倡导的经验与不足。2020—2022年，中国民促会连续三年线上参加金砖国家民间社会论坛；支持会员单位线上参与沙特阿拉伯二十国集团民间社会会议，并协调气候和性别议题领域的国内网络伙伴与合作机构，撰写气候变化和性别议题相关政策建议，提交给大会秘书处用于国际宣传与交流。

2018年，中国民促会在京举办“推动社会组织走出去能力建设工作坊”。各方与会代表分享了社会组织参与国际交流的经验，就社会组织“走出去”的机遇与挑战等问题进行了颇富成效的讨论。其间，各

---

① 《中国国际民间组织合作促进会2020年度报告》，http://www.cango.org/npdf/CANGO-2020.pdf。

社会组织共同探讨交流中国社会组织参与国际倡导的发展方向和路径，总结参与活动时遇到的困难和经验，从而服务中国共建“一带一路”与开展南南合作。与会代表还就如何推动落实二十国集团民间社会会议（C20）、全球国家民间社会组织论坛（Civil BRICS）、亚洲基础设施投资银行（AIIB）、《联合国气候变化框架公约》缔约方大会（UNFCCC COPs）、金砖国家新开发银行（NDB）年会、《生物多样性公约》第十四次缔约方大会（CBD COP14）等国际平台相关政策进行了分享，深入探讨如何助力中国深度参与全球环境治理。

2018 年 11 月，包括中国民促会在内的由 32 家成员机构组成的民间气候行动网络发表致卡托维兹气候变化大会立场书，该立场书建议建立更加标准化、多元化、国际化，以及具有灵活性、互通性的碳市场机制，倡导政府、企业、公众广泛灵活地参与应对气候变化的具体行动。卡托维兹气候变化大会期间，世界各地非政府组织举办和参与了各类气候变化相关议题交流会，积极为全球气候治理建言献策。2018 年 12 月 5 日下午，卡托维兹气候变化大会“中国角”举行了“全球气候治理与非政府组织贡献”边会。①

2021 年，第十二届东亚民间社会论坛由中国民促会和北京师范大学人文和社会科学高等研究院联合主办，邀请中日韩相关领域的专家参加。论坛主要议程包括：（1）主旨演讲。中日韩三国社会工作行业发展的制度框架与促进政策。（2）国别分享。社会工作在各领域的介入方式、工作机制和介入效果。（3）圆桌论坛。各国社会工作职业化、专业化、规范化发展的道路与挑战；社会工作机构组织有效运行的案例经验分享。中日韩三国非政府组织都希望此种形式的论坛可以成为亚洲各个国家和地区非政府组织之间、非政府组织和政府组织之间、公民与公民之间的沟通与合作机制。② 此前的 2018 年，中国民促会联

① 栾彩霞:《非政府组织(NGOs)与气候变化治理》,载《世界环境》,2019 年第 1 期,第 60 页。

② 《2021 东亚民间社会论坛》,http://econf. hust. edu. cn/meeting/detail/5308。

合江南大学等机构共同组织的“2018 东亚民间社会论坛”在江南大学召开，论坛主题为“社区建设与志愿服务”。首届东亚民间社会论坛于 2009 年在东京启航，中国民促会是中方发起单位。十余年来，论坛在中日韩三国轮流举办，就防灾减灾、社会组织能力建设、企业社会责任、社区建设与志愿服务、社会组织在老龄化社会中的作用等议题展开前瞻性探讨，展现民间社会的活力，加强区域民间交流，促进民心相通，为社会组织有效参与全球治理贡献智慧。

第四，中国民促会还结合自身经历和实践，帮助其他社会组织参与国际会议、获取联合国经社理事会咨商地位。中国民促会先后于 2007 年、2011 年和 2020 年获得联合国经社理事会非政府组织特别咨商地位、《联合国气候变化框架公约》观察员资格和联合国《生物多样性公约》观察员资格，在与国际政府组织的合作方面已经积累了一定经验。根据自身经验，中国民促会协助其他社会组织登记注册、申请观察员资格、参与对外开放的谈判与会议、撰写分析文章，并参与联合国大会边会、“中国角”边会、联合国大会新闻发布会、展区展览、国际气候行动网络每日例会等等，了解最新谈判进展。这其中的一个成功案例是 2010 年，中国民促会帮助社会组织参加联合国气候大会和相关谈判会议，包括波恩、天津的气候谈判会议和坎昆的气候变化大会，并先后在天津和杭州协调组织 60 余家国内的环保类社会组织，提出应对气候变化的民间行动计划。① 这一行动得到了国内外业界人士的赞赏，也得到中国政府主管气候变化工作的专业部门的认同和支持。

## 第五节 中国国际民间组织合作促进会参与全球气候治理的成就与挑战

经过多年的努力，中国民促会在推动中国及中国社会组织参与全

① 根据“中国社会组织参与全球气候治理——中国民促会案例分享”讲座内容整理。

球气候治理中已经取得了较为可观的成就，增强了中国民众的环境保护和参与气候变化治理的意识，推动了中国民间环境保护组织的自我能力建设和国际交流，促进了中国与国际社会在气候变化和环境治理中的合作，让国际社会看见了中国在全球气候治理方面的努力，听见了中国社会组织参与全球气候治理的故事，增进了中外交往，提升了中国在国际社会的形象。但同时，中国民促会目前还面临着不少挑战，包括人才队伍不够壮大、缺乏持续性的资金支持等，都需要在未来的工作中继续探索解决之道。

## 一、中国民促会参与全球气候治理取得的成就

中国民促会参与全球气候治理的重要成就主要表现在两个方面：参与全球气候治理能力的自我提升和对其他环境类社会组织的赋能。

一方面，在参与全球气候治理的过程中，中国民促会经历了逐渐深化、拓展的过程，从最初侧重于防沙治沙等“治标性”项目逐渐发展为“从意识上推动环境保护”的“治本性”项目。事实上，中国民促会真正意义上开始参与全球气候治理应该是在2007年前后。发展之初，中国民促会更加侧重于扶贫减贫、性别平等民生发展类的项目执行。鉴于在扶贫减贫工作中发现环境和气候变化已经成为某些地域、群体致贫的原因之一，并且在脱贫过程中也可能引发一些生态问题，中国民促会开始设立专门的环境和气候变化议题项目。此后，中国民促会在环境保护领域内的项目从持续了十余年的河北丰宁治沙项目逐渐扩展到组织绿色出行网络、组建民间气候变化行动网络、开展气候变化教育等项目。在具体项目的实施过程中，中国民促会也从北京、上海等试点城市出发，逐渐推广到丽江、西宁、襄阳等中西部和内陆的城市，旨在全面增强中国民众的环保和气候变化意识，助力中国气候变化治理相关政策的推行。在项目的实施过程中，中国民促会也建立起一套项目管理机制。中国民促会项目管理实行第一责任人制，一般由一名项目经理牵头负责，根据每个项目的议题、活动规模、资金

体量等，组建项目团队。个别较为重要或复杂的项目，也会由部门主任牵头负责。同时，中国民促会还下设一些专门的基金来支持相关的项目。这些基金主要负责项目的筹资和捐赠事务，同时也配合项目的具体执行与实施。例如，为了促进绿色出行项目的实施，在国家民政部批准下，中国民促会于2009年设立了中国民促会绿色出行基金。自2010年以来，中国民促会绿色出行基金结合大型活动推广绿色出行，比如上海世博会、广州亚运会、西安世园会等。2010年4月22日，全球首款低碳交通卡——“世博绿色出行低碳交通卡”正式发行，此卡是公众和企业参与“绿色出行，低碳世博”实现“双碳”目标的绝佳平台，且极具收藏和纪念意义。随后，中国民促会绿色出行基金共发行了五款绿色出行低碳公交卡，此卡不仅具备普通交通卡的功能，而且每张卡内含有一吨碳指标，即购买一张低碳交通卡就能通过绿色出行减少一吨二氧化碳的排放。

多年来，中国民促会已经在环境保护和气候变化治理领域开发出具有标识性和重要影响力的“拳头产品”，包括民间气候变化行动网络、绿色出行、气候变化教育项目等。其中，气候变化教育项目是中国民促会在增强青年一代环保意识方面比较成功的项目之一，从思想上为中国参与全球气候治理奠定了基础。中国气候变化教育项目于2012年启动，中国民促会负责项目设计和总体协调，招募地方社会组织，并通过地方社会组织联系试点学校开展项目。同时设有顾问委员会，包括政府部门、科研院所、国际组织、社会组织、企业和媒体的代表，为项目提供人才支持和智力支撑。项目以三年为一个周期，目前已经进入第四个周期。项目通过教材开发、教师培训、气候变化教育沙龙、气候变化教育竞赛、国际交流等活动来将气候变化教育进课堂，旨在通过将气候变化内容纳入中小学课程，提高教师和学生对气候变化问题的认识，进而推动教师和学生日常行为的改变，并带动家庭和社区共同参与应对气候变化。中国民促会于2018年5月组织来自陕西、黑龙江、江苏的五名教师和社会组织代表赴韩国首尔、光州进行交流访问，参访了首尔成大谷村、韩国环境教育中心等机构，代表团在光州举办的气候变化教育教材讨论会和中日韩气候和环境教育工作坊上分享了在学校课堂开展气候变化教育的实践经验，加深了国际社会关于气候变化教育工作的交流。中国民促会编纂的中国气候变化教育相关教材，使来自 24 个城市的中小学校超过 1200 名教师和 100 000 名学生直接或间接受益，不仅普及了气候变化的相关知识，也使学校师生深刻体会到气候变化与人类活动的密切关系，尤其给年轻一代播撒下了环境保护和主动参与气候变化治理的种子。

另一方面，中国民促会建立起庞大的会员网络，逐渐完善与会员之间的信息共享机制、拓展沟通渠道，同时利用自身在全球气候治理中的经验与“朋友圈”，赋能其他社会组织，丰富其在气候变化等环保领域的专业性知识，并提供机会使之参与相关领域的国际交流，继而增强中国社会组织参与全球气候治理的“合力”。在项目管理方面，中国民促会在项目活动以及活动承办上优先考虑会员单位，尽量丰富会员服务内容，各会员单位也积极参加中国民促会举办的各项活动。项目执行范围若覆盖全国多地，中国民促会通常在当地寻找合作伙伴负责落地执行，一般为当地的社会组织，通过这种合作执行的方式，达到赋能社会组织和促进基层公益慈善发展的目的。通过民间气候变化行动网络项目下的各种研讨会和国内外交流活动，其他环保类社会组织在气候变化领域的理论、政策及公众工作方面的知识和能力得到了较大提升，并有机会参与国际社会组织对气候变化问题的讨论，加深了它们对政策的理解与对决策的参与，推动信息共享和联合行动，提高了社会组织的协同合作能力。此外，由德国墨卡托基金会资助、中国民促会和欧洲气候行动网络合作实施的中欧社会组织交流项目，帮助推动了中国社会组织在社会和环境正义以及气候变化与低碳发展方面同国外组织的交流。例如，2015 年，磐之石环境与能源研究中心和“改变”伙伴关系，绿色创新发展中心和伍伯塔尔气候、环境与能源研究所，北京环友科学技术研究中心和绿植地球基金会，中国青年应对气候变化行动网络和德国地球青年之友，绿色浙江和意大利环保组织Legambiente入选结对交流项目，开展了为期4—8周的工作交流，还分别在杭州和布鲁塞尔组织了项目启动会和中期交流会。项目参与机构代表还赴法国巴黎参加了联合国巴黎气候变化大会，其间参与了中欧民间组织圆桌会。这一系列项目和活动为提升其他社会组织参与全球气候治理能力发挥了重要作用，亦向国际社会彰显了中国社会组织的力量，以及中国作为一个负责任大国积极参与全球气候治理的决心。

## 二、中国民促会参与全球气候治理面临的挑战

在看到中国民促会成就的同时，也不能够忽视其在全球气候治理能力方面的欠缺与不足，以及其在全球气候治理领域面临的众多挑战。

首先，专业性人才队伍不够壮大、缺乏持续性资金支持。中国民促会的人员组成结构如表3-3所示。从年龄上来看，人才队伍比较年轻化；从性别比例上来看，女性偏多；从教育背景上来看，工作人员的学历多在本科以上，其中四人具备留学经历；从专业上来看，工作人员的专业范围广泛，包括英语、环境、财务、教育、体育、人力资源、商务管理、国际法、国际政治、营养学等，其中英语专业的人数较多。综合来看，与中国民促会所承担的业务体量相比，该机构工作人员的数量并不充足，而随着组织及其会员网络的不断扩大，及其工作项目范围的持续拓宽，可能会有工作人力不足的情况出现，继而不利于工作的顺利推进。同时，鉴于中国民促会下设乡村发展、性别平等、气候变化、社会组织支持等方面的项目，有必要招募更多既熟悉外语又熟悉环境、生态、组织学、经济学等的复合型和国际化人才，从而更好地推动中国民促会在各个工作领域内的对外交流与合作，并且保证自身的专业化程度。中国民促会的收入来源主要包括捐赠收入、会费收入及其所提供的服务收入。这种收入结构决定了其资金的不稳定性，对于中国民促会各项工作的可持续发展造成一定的压力。

**表 3-3　中国民促会人员组成情况**

| 人员结构 | 管理层 | 2 人 |
|---|---|---|
| | 中层管理人员 | 4 人 |
| | 非管理人员 | 9 人 |
| 平均年龄 | 36.9 岁 | |
| 男女比例 | 1∶4 | |
| 学历情况 | 硕士 | 6 人 |
| | 本科 | 8 人 |
| | 专科 | 1 人 |
| | 留学背景 | 4 人 |
| 专业统计 | 英语相关专业 | 5 人 |
| | 环境相关专业 | 2 人 |
| | 人力资源管理专业 | 2 人 |
| | 其他专业：财务相关专业、体育教育、金融学、行政管理、法学、国际法及比较法、营业与食品卫生学、动物科学、食品科学、欧洲研究、国际商务<br>（硕士专业与本科不同的记录为 2 个专业，双学士学位 1 人） | |

资料来源：中国民促会。

其次，虽然中国民促会在国内外有广泛的合作网络，但与国外非政府组织的合作与互动还不够频繁和深入。回顾近些年中国民促会的工作项目，可以看出，国外非政府组织在中国民促会参与全球气候治理的过程中发挥了十分重要的作用。从植树治沙项目、绿色出行项目到后来的气候变化教育项目等，中国民促会基本都得到了来自德国、美国等国家的国外非政府组织或基金会的资助和支持。但是，从合作形式来看，中国民促会主要是通过邀请国外非政府组织前来举办论坛讲座，或者选派一些国内社会组织前往其他国家进行交流和访问的方式进行合作。这种形式的合作更多是在认知层面和知识层面加深对气候变化治理、环境保护等方面的了解，时间较短且缺乏实践。在许多情况下，中国社会组织在其中的主动性较弱，对于提升中国环境类社会组织的核心能力作用较为有限。

最后，服务中国增强全球气候治理话语权的能力有待提升。不管是绿色出行还是气候变化教育项目，都为环保意识的宣传、传播发挥了重要作用，从而为国家实施相关气候变化治理政策提供民意基础。然而，在全球气候治理方面，中国社会组织除了可以起到知识传播、信息提供的作用之外，还可以起到一定的监督作用甚至可以参与相关政策与规则的制定。中国社会组织在参与全球气候治理的过程中，可以利用其相对中立的地位，在气候治理实践中发挥对政府及企业的监督作用，并积极参与国内和国际上的规则谈判，利用自身在环境和气候变化方面的专业性为全球气候治理的规则制定贡献一份力量。

# 第四章　北京平澜公益基金会参与全球灾害治理[①]

灾害的发生往往使人民的生命财产安全受到巨大威胁，而在许多自然或者人为灾害的面前，只凭借国家的应对力量往往是不够的，需要来自四面八方的资金、技术和专业人员的支持、帮助。全球灾害治理需要广泛的国际人道主义救援。人道主义救援是指某一国家或地区因为自然或人为灾害的袭击，遭受重大人员伤亡和经济损失的人道危机，各国政府、国际组织、国际社会给予受灾国家或地区人道的、义务的、无条件的人力、物资或物流上的支援，通过拯救生命、减少不幸发生，最终达到维护人类尊严目的的行为。[②] 在全球灾害治理中，进行国际人道主义救援的主体有国家、政府间国际组织、从事救援或公益事业的非政府组织和社会组织、法人与自然人等。人道主义救援是公益性质的集体或个体行动，以挽救生命、减缓灾情和维护尊严为目的，以联合国可持续发展目标“在全世界消除一切形式的贫困”为行

① 本章要特别感谢北京平澜公益基金会对本研究的大力支持，理事长王珂就北京平澜公益基金会参与全球灾害治理的议题作专题讲座，为本研究提供了坚实基础；感谢北京平澜公益基金会研究小组北外学院李讯、骆涵、唐竹心、朱钰宸关于中国社会组织跨国救援模式的基础研究；感谢北外学院武亦文老师协助整理本章初稿。本章文稿已由理事长王珂审阅，错漏之处由作者负责。

② 石楚敬：《国际人道主义救援——国际政治的重要议题》，载《新远见》，2007 年第 7 期，第 70—82 页。

动准则，对于保障基本人权有重要的意义。中国作为一个地质条件复杂、自然灾害频繁的国家，一方面积累了较多的救灾减灾的经验，另一方面通过参与全球灾害治理，也可以获得更多的专业知识、建立更广泛的国际人道主义援助网络，提升中国的国际地位和国家软实力。本章将以北京平澜公益基金会为例，讲述和分析中国社会组织参与全球灾害治理的实践。

## 第一节　全球灾害治理与联合国可持续发展目标

增强各国应对各种自然和人为灾害的能力，是实现经济社会可持续发展的一个重要基础。气候变化、大规模难民迁徙等一系列重大的跨国性问题，在全球引发了各种各样的自然和社会灾难。例如：受气候变化的影响，一些国家出现大量气候难民，其中不少难民死于海上偷渡，但相关国家却互相推诿。只有通过增强各国应对各种自然和人为灾害的能力，才能有效实现联合国可持续发展目标。在这一过程中，社会组织发挥着非常重要的作用。

### 一、全球灾害治理的发展历史与演变

人类在灾害面前的力量有限。对于先民而言，灾害的发生是上天对人类的惩罚，人类无法控制灾害是否到来，也无法把控灾害持续的时间和严重程度，因而对自然心存敬畏。随着经济的发展和科技水平的提高，人类对大自然的了解与认识不断加深，希望预测灾害、管控灾害的意愿不断增强；越来越多的精力、金钱被投入相关研究，参与灾害治理的力量更为多样化，各种灾害治理体系得以完善。冷战结束至今，国际体系出现一种新的演变趋势，即灾害、意外、传染病、难民等非传统安全威胁的议题急剧增多，造成资源损失、秩序紊乱、伦理颠覆，对人类的生存、发展与和平产生了深层次影响。[①] 随着国际社

① 汤伟：《试析当前国际自然灾害治理》，载《现代国际关系》，2013 年第 6 期，第 21—28 页。

会全球治理意识的提高，越来越多的国家重新定义灾害，并意识到“天灾”与“人祸”的影响不受地域限制，因而灾害的治理不能只依靠受灾国，只有周边国家、国际组织，以及有专业知识与经验的社会组织共同参与，才能在最短时间控制灾情、抢救生命、减少灾害的后续影响。

当前全球灾害的发生呈现出以下几个特点。第一，发生次数更加频繁，灾害风险总量持续增加。第二，发生规模出现极端化，灾害破坏性更为强烈。第三，灾害发生的可能性难以预测，低概率灾害时有发生。第四，发生后果衍生级联化，灾害效应成倍放大。① 这些现实因素要求灾害治理跨越地域限制，整合国际力量。在这样的趋势下，灾害治理制度与理念均发生了重要的变化。

从灾害治理的制度看，参与灾害治理的力量更为多样化。在古代，灾害发生时，往往都是受灾国的中央政府与地方政府相配合，通过财政拨款、基础设施建设和难民安置的方法进行灾害治理。以中国为例，在宋朝时期，政府设置的安抚使、廉访使等差遣职位，一定程度上成为中央朝廷与地方政府的重要衔接和彼此联动救灾的有力枢纽。② 在现代，一国遭遇灾害时邻国往往会参与帮助，随着国际人道主义救援力量壮大，各类国际组织也会积极参与。以2008年中国汶川地震为例，党中央、国务院在第一时间启动应急管理措施，四川省政府按照部署参与救灾工作；韩国、日本等邻国纷纷派出救援力量，意大利等部分欧洲国家也在第一时间提供帮助，救援现场还时常能看到国际红十字会等国际组织的身影。这些均体现出现代灾害治理的全球性。

从灾害治理的理念看，从最初的灾后救助，发展到预测灾害和治理灾害相结合，再到现在的“预防—救助—加固”，体现了人类对灾害

---

① 李雪梅：《近十年来发达国家自然灾害治理新趋向及鉴戒》，载《福建师范大学学报》（哲学社会科学版），2022年第4期，第43—51、170页。

② 张涛：《中国古代灾害治理的历史经验》，载《理论学刊》，2022年第5期，第123—134页。

“防”“治”结合的逻辑。在科技发展水平有限的年代，人类只能在灾害发生后采取措施补救，并将灾难的发生归因为上天的惩罚，并不具备“预防”的意识。随着社会发展，科技进步与预防灾害意识觉醒，地动仪等具有科技含量的设备应运而生，人类开始主动探索自然规律，这标志着人与自然的关系发展进入新的阶段。然而受科技所限，当时的人类只能提前很短时间监测到灾害发生的大致方位，准确性有限。进入现代社会后，预防灾害、快速高效救灾、风险评估与硬件设施建设成为新的灾害治理思路。灾害发生时的短期目标是实施救援，抢救生命财产。待救援结束后总结经验，注重加强抵御灾害的能力建设。此外，加强基础设施建设也是现代社会防灾的重要手段。以英国为例，该国常年受暴风雨、洪水和风暴潮影响，为了更好应对水灾风险，英国建立了完整的防洪工程体系。[①] 首先，注重建设常规化的工程防洪措施，在全国大小河流建设堤防并根据实际情况采取临时性加固措施。其次，注重建设软性防洪工程措施，通过软性工程建设增加湿地、沼泽地的蓄水能力，降低洪水对常规工程的冲击。再次，注重对水库的安全管理，加强水库安全排查，落实全面监督机制，实行安全评估。可以看出，加强基础设施的建设是为了从源头减弱不可避免的灾害对人类可能产生的影响。

最重要的是，灾害防治已上升到国家政治与国家安全的高度。在人类命运共同体理念的指引下，中国政府和社会组织开展了各类预防气候灾害的重要活动。中国国际民间组织合作促进会在中国云南、青海等地通过科学实验、地方调研、社区示范等方式实行减排和产业结构调整，体现了中国“防”的理念。

全球灾害治理的历史与演变反映了人与自然关系的改变。人类从最初的被动接受，到预测治理相结合，再到现在的预防治理双管齐下，灾害治理的效率得到提高。如今全球灾害治理在联合国理念和相关组

① 张雅丽：《美国、日本和英国水灾风险管理的经验借鉴》，载《世界农业》，2017 年第 8 期，第 83—88 页。

织的框架下得到了进一步的发展，更加注重可持续发展。

## 二、全球灾害治理与联合国可持续发展目标的相关性

全球灾害治理与联合国可持续发展目标息息相关。如前文所述的17项大目标中，有三项涉及全球灾害治理和国际人道主义救援的目标和任务。

目标1：无贫穷，消除贫困是联合国可持续发展目标的首要任务。该目标框架下的多个小目标重点强调：联合国预计到2030年实现增强贫困人口和弱势群体的抵御灾害能力，降低其遭受极端天气事件和其他经济、社会、环境冲击和灾害的概率和易受影响程度；确保从各种来源，包括通过加强发展合作充分调集资源，为发展中国家特别是最不发达国家提供充足、可预见的措施以执行相关计划和政策，消除一切形式的贫困。[①] 这成为各国政府、政府间国际组织、非政府组织和社会组织的重点工作方向之一，国际社会对于人道主义救援议题的重视程度和投入程度也逐步提升。自然或人为灾害对不同国家和地区居民的影响不同，发展中国家和地区居民更容易成为受害者，这些国家和地区的灾害恢复周期长，需要支援多。灾害不仅会对本国正常运行产生负面影响，也会导致难民危机、灾后疫情等次生问题，影响周边国家和地区。尤其是在全球化的背景下，各国之间经济、政治、文化交流频繁，灾害的连锁反应难以阻挡，正所谓“牵一发而动全身”，因而人道主义救援行动不仅是对灾民的帮助，更是全球治理的重要议题。只有提高所有国家和所有民众抵御灾害的能力，才能真正实现全球意义上的减贫和可持续发展。因此国际社会对于全球灾害治理路径的探索、经验的总结和分享工作也在持续进行。

目标9：产业、创新和基础设施，也提到需要建造具备抵御灾害能力的基础设施，促进具有包容性的可持续工业化，推动创新。该目标

---

① 《中国落实2030年可持续发展议程国别方案》，http://www.gov.cn/xinwen/2016-10/13/5118514/files/4e6d1fe6be1942c5b7c116e317d5b6a9.pdf。

尤其强调发展优质、可靠、可持续和有抵御灾害能力的基础设施，包括区域和跨境基础设施，以支持经济发展和提升人类福祉，重点是人人可负担得起并公平利用上述基础设施。同时向非洲国家、最不发达国家、内陆发展中国家和小岛屿发展中国家提供更多的财政、技术和技能支持，以促进其开发有抵御灾害能力的可持续基础设施。① 该项目标是减贫目标的补充，重点关注抵御灾害的能力和灾后设施的修建，减少未来灾害的负面影响。

目标10：减少不平等，强调鼓励最需要帮助的国家，特别是最不发达国家、非洲国家、小岛屿发展中国家和内陆发展中国家，向其提供相应的国家计划和方案，以及官方发展援助和资金，包括外国直接投资。中国承诺敦促发达国家履行官方发展援助承诺，向发展中国家提供更多的资金、技术和能力建设等方面的支持。丰富对外援助模式，为其他发展中国家提供更多人力资源、发展规划、经济政策等方面咨询培训。②

中国对外援助与全球灾害治理的理念是从解决问题和预防问题两个角度出发。然而，不论是抢险救灾还是防灾能力建设，都是实现可持续发展的基本保证，是从根本上提升全球灾害治理效能的必由之路。因此，基于增强国家可持续发展能力的全球灾害治理工作任重道远、意义重大。

联合国系统是全球灾害治理和国际人道主义援助的基本框架，提供人道主义援助是联合国的职能之一。联合国在实施人道主义援助方面发挥着协调、组织和引导作用。③ 联合国开发计划署（UNDP）、联合国难民署（UNHCR）、世界卫生组织（WHO）等国际人道主义组织（IHO）在多起大规模严重自然灾害救援事件（如2004年印度洋海啸、

① 《中国落实2030年可持续发展议程国别方案》，http://www.gov.cn/xinwen/2016-10/13/5118514/files/4e6d1fe6be1942c5b7c116e317d5b6a9.pdf。

② 同①。

③ 李志明：《国际人道主义援助的经验与框架》，载《中国减灾》，2016年第7期，第56—59页。

2008 年中国汶川地震、2015 年尼泊尔地震）中发挥着重要作用。联合国人道主义事务办公室（OCHA）是主要负责机构。1993—2019 年，由联合国主导、联合国灾害评估与协调队（United Nations Disaster Assessment and Coordination Team）执行的全球灾害治理任务共有 300 次。[①] 在联合国人道主义响应机制中，主要负责人是联合国紧急救助协调员（ERC），一般由联合国副秘书长担任，其响应主体是联合国机构间常设委员会（IASC）中的几个成员机构，包括联合国开发计划署、联合国儿童基金会（UNICEF）和联合国人道主义事务协调办公室等。其中，联合国人道主义事务协调办公室直接受联合国紧急救助协调员管理，主要负责人道主义响应行动的整体协调、联合评估、信息管理和其他支持工作。而其他机构则领导全球组群系统（Global Cluster）来具体开展相关的人道主义援助工作，共包含卫生、教育和后勤等 11 个方面。此外，联合国机构间常设委员会的八个常设受邀机构也在人道主义事务中扮演着重要角色。[②] 在受灾国，联合国会安排专门的协调员负责整体对接工作，同时建立一个囊括联合国机构、非政府组织和社会组织的专业团队，称为人道主义国家工作队（HCT）。[③] 可以看出，人道主义救援是多行为主体、多方面、多环节、多维度的行动，需要提供救援的力量与接受救援的国家、地区和人民相互配合，充分利用各类专业人员、物资等载体实现救灾目的。而各类国际组织在其中发挥着桥梁的作用，是连接救援力量和受灾群体的纽带。

## 三、非政府组织参与全球灾害治理的路径与优势

除了全球层面设立的相关机制，由于地理条件和国家能力的不同，欧洲、亚洲、非洲和美洲分别发展了不同类型和特点的人道主义救援

① “UNDAC Missions in 2019”，https://www.unocha.org/sites/unocha/files/2019_UNDAC_deployments.pdf.

② 李立：《自然灾害国际救援响应机制与发展趋势研究》，载《灾害学》，2020 年第 4 期，第 174—179、191 页。

③ 同②。

组织,[①] 政府间组织和非政府组织协同合作，共同完善全球灾害治理机制。欧洲借助欧盟一体化的趋势形成了较为成熟的组织，并能够向外部提供援助。例如：在欧洲，成立了专门应对战争灾害、自然灾害和其他灾难性事故的欧盟委员会民防机构（Commission Civil Protection Unit），同时成立了欧洲人道主义办公室（ECHO），这些组织在欧洲疯牛病和禽流感治理上发挥了引导作用。在亚洲，亚洲减震中心（ADRC）与各国救援机构合作，收集提供防灾信息，推动防灾调查与合作，提高防灾意识。亚洲备灾中心（ADPC）推动安全社区建设，加强可持续发展，旨在减少自然灾害对亚太国家和地区的冲击，工作重点为气候风险管理、社区与城市灾害风险管理，通过项目实施、人员训练和信息管理为目标地区提供各种保障手段。在美洲，相关组织主要负责应对自然灾害造成的影响。美洲国家组织成立了单独的美洲委员会以处理灾害管理各方面的问题；加勒比沿海国家灾害紧急救援处和中美洲自然灾害预防协调中心等机构在飓风、火灾和地震等灾害发生时迅速协调救援物资，提供基本服务设施，帮助灾区应对各类险情。在非洲，此类组织发展还处于起步阶段，其成熟度尚未满足人道主义救援的需求。一些政府间组织（例如非洲联盟）将减灾救援列入工作议程，但是险情发生时主要还是依靠外部力量。

除此之外，诸多非政府组织和社会组织也越来越意识到民间救援的作用并投身于该事业中，以红十字会与红新月会国际联合会（IFRC）为代表的国际志愿救援组织，领导和组织了数次大规模紧急救援和危机预警，发挥着重要作用，产生着持续影响。随着经济的发展和人们意识的提高，国际人道主义援助行动中出现了越来越多国家间、地区性社会组织和志愿者团队的身影。

国际非政府组织与社会组织参与全球灾害治理和国际人道主义救

① 游志斌:《当代国际救灾体系比较研究》,中共中央党校博士论文,2006 年 5 月,第 195 页。

援的基本路径主要有以下四种。第一，国际非政府组织的成员与该国政府进行合作，得到授权，将政府的援助项目快速高效地落实在受灾地。非政府组织凭借自身在人道主义救援方面的经验，可以最大限度保证救援工作的时效性。例如 2004 年印度洋海啸救援，澳大利亚红十字会等组织将澳大利亚发展署的援助款项分发到印度尼西亚、泰国等地，用于安置灾民和灾后重建工作。[①] 第二，与政府间组织紧密合作，在官方框架内提高资源调配效率，并加强与其他国家官方和民间的各种交流。2010 年海地地震期间，联合国成立救援协调办公室，各国非政府组织和社会组织在海地通过这一机制协调救援人员、物资的调配。虽然中国与海地并未建立外交关系，但包括中国国际救援队和医疗防疫救护队在内的国际救援人员仍在第一时间赶赴现场，与联合国救援力量配合，迅速开展救援工作。[②] 第三，依靠位于受灾国的分支机构或本土非政府组织和社会组织进行救援，有利于快速熟悉当地环境。2008 年中国汶川地震后，意大利红十字会及医学会派遣了 14 名急救专家前往四川绵阳，与中国红十字会和其他社会救援组织合作，快速了解受灾当地情况，开展救援合作。[③] 第四，非政府组织和社会组织与当地政府展开合作，获得当地政策上的支持。2005 年美国卡特里娜飓风灾害救援期间，美国联邦政府和地方政府的应急部门都设置了与非政府组织联系沟通的渠道和窗口。联邦应急管理局划分了 12 个区域，每个区域设有一名专职联系人。在地区层面则有联合现场办公室为非政府组织提供沟通平台，极大程度提高了救援效率。[④]

与政府间国际组织相比，非政府组织行政手续简洁，往往能更快

---

① 徐莹:《国际非政府组织参与人道主义救援的基本路径》,载《今日中国论坛》,2007 年第 7 期,第 78—80 页。

② 李靖、吴敏:《国际救援,中国军人铁肩担当——中国国际救援队、中国医疗防疫救护队海地救援纪实》,载《解放军画报》, 2010 年第 5 期,第 10—25 页。

③ 《从汶川到罗马,中意人民守望相助》,https://baijiahao. baidu. com/s? id = 1662230203242597406&wfr = spider&for = pc。

④ 林闽钢、战建华:《灾害救助中的政府与 NGO 互动模式研究》,载《上海行政学院学报》,2011 年第 12 期,第 15—23 页。

抵达受灾地区，以最快速度调配志愿工作人员。非政府组织和社会组织在救灾实践中更具有专业性和持续性，他们在灾情发现初期便能进入现场，拯救生命，发放食物药品，处理遇难者后事，为生还者提供临时住所、紧急医疗处理和心理干预。在整体救援行动上，非政府组织和社会组织作为重要的行为体与各国政府、政府间国际组织配合，保证人道主义救援体系的完善度和效率。

总而言之，非政府组织和社会组织参与全球灾害治理和人道主义救援行动，对于实现联合国可持续发展目标具有重要作用，它们能有效配合政府间国际组织与国家政府，提供专业意见和实际行动，维护人权，帮助受灾地和人民尽快恢复生产生活。自然与人为灾害带来的影响不受国界、民族、语言和宗教的限制，虽然直接受灾群体首当其冲，但诸如难民危机、灾后疫情等后续问题会迅速传播，给受灾国周边造成严重影响，甚至波及整个地区和全球，因此更加需要全人类共同面对灾害带来的挑战。从可持续发展角度来说，只有治理好受灾地，为人民提供可持续发展的基本设施和服务，才能实现良性循环。非政府组织和社会组织与官方力量一起，将人道主义援助与可持续发展需要统筹协调起来，减少未来对人道主义援助的需求，这也是官方与民间力量相结合，共同保障人权、实现其他可持续发展目标的基础。

## 第二节　中国在全球灾害治理中的实践与成就

习近平总书记在党的二十大报告中指出：“国家安全是民族复兴的根基，社会稳定是国家强盛的前提。必须坚定不移贯彻总体国家安全观，把维护国家安全贯穿党和国家工作各方面全过程，确保国家安全和社会稳定。”[①] 报告特别强调以促进国际安全为依托，统筹外部安全和内部安全、统筹自身安全和共同安全。党中央从中国灾害事故多发

① 习近平：《高举中国特色社会主义伟大旗帜 为全面建设社会主义现代化国家而团结奋斗——在中国共产党第二十次全国代表大会上的报告》，载《求是》，2022 年第 21 期。

频发现状着手，部署推进国家应急管理体系和能力现代化，提出提高防灾减灾救灾和急难险重突发公共事件的处置保障能力，从而完善国家应急管理体系、推进国家安全体系和能力现代化。积极参与全球灾害治理工作，不仅是出于承担人道主义的义务，更是构建人类命运共同体的关键环节。在经济全球化深入发展和地球村中各国命运紧密相连的背景下，一个地方的灾害也常常会波及到世界的其他地方。在灾害面前，世界各国应增强命运共同体意识，同舟共济。中国从自身做起，一方面严格履行联合国框架下的相关责任，另一方面积极帮助其他有需要的国家克服困难。

## 一、联合国可持续发展目标框架下的中方举措

中国始终维护联合国的权威，支持联合国的工作。联合国可持续发展目标也是中国实现内部发展和改革的指导框架。中国坚持和平发展原则、合作共赢原则、全面协调原则、包容开放原则、自主自愿原则和“共同但有区别的责任”原则，并针对 17 项可持续发展目标和分目标分别制定中方落实举措。①

中国是世界上最大的发展中国家，始终坚持发展是第一要务。中国高度重视《联合国 2030 年可持续发展议程》的落实。2016 年 3 月，第十二届全国人民代表大会第四次会议审议通过了“十三五”规划纲要，将《联合国 2030 年可持续发展议程》与中国国家中长期发展规划进行了有机结合，目前各项落实工作已经全面展开。中国在减贫领域成就尤其显著。过去 40 年来，按照世界银行每人每天 1.9 美元的全球绝对贫困标准，中国贫困人口减少了近 8 亿，占同期全球减贫人数 75%以上，为全球减贫事业作出了重大贡献。② 在落实“增强穷人和弱

① 《中国落实 2030 年可持续发展议程国别方案》，http://www.gov.cn/xinwen/2016-10/13/5118514/files/4e6d1fe6be1942c5b7c116e317d5b6a9.pdf。

② 中华人民共和国财政部、国务院发展研究中心、世界银行：《中国减贫四十年：驱动力量、借鉴意义和未来政策方向》，北京：中国发展出版社，2022 年 3 月。

势群体的抵御灾害能力，降低其遭受极端天气事件和其他经济、社会、环境冲击和灾害的概率和易受影响程度”目标上，中国坚持以防为主、防抗救相结合，全面提高抵御气象、水旱、地震、地质、海洋等自然灾害综合防范能力。①

为了落实目标 9，中国提出加快完善安全高效、智能绿色、互联互通的现代基础设施网络。2018 年 10 月以来，中国各级政府累计投入超过 4000 亿元，推动重点生态功能区生态修复、地震易发区房屋设施加固、防汛抗旱水利提升、地质灾害综合治理和避险移民搬迁等九项灾害防治重点工程，同时加强社区防灾减灾能力建设。建立灾害信息员队伍，基本实现全国每个城乡社区有一名灾害信息员的目标。2013 年以来，累计有 790 万户 2568 万贫困人口告别破旧的泥草房、土坯房等危房，住上了安全住房。同时，支持 1075 万户农村低保户、分散供养特困人员、困难残疾人等家庭改造危房，② 抵御极端天气和自然灾害能力大幅增强。③ 此外，在南南合作框架下，加大对其他发展中国家的技术支持和援助力度，帮助其加强可持续基础设施建设，提高抵御灾害等相关能力，④ 最终达到目标 10 提出的缩小国家间差距。可以看出，不论是在国内还是在全球范围，基础设施建设都是中国致力于可持续发展的工作重点，加大对其他国家基础设施建设的支持力度、丰富对外援助形式，也成为中国对外援助工作的主要考量。

从对外投资与对外援助角度看，中国在新冠肺炎疫情背景下仍然取得了较大成就。以 2021 年数据为例，中国对外投资合作和对外援助

---

① 《中国落实 2030 年可持续发展议程国别方案》，http://www.gov.cn/xinwen/2016-10/13/5118514/files/4e6d1fe6be1942c5b7c116e317d5b6a9.pdf。

② 《人类减贫的中国实践》白皮书，https://baijiahao.baidu.com/s?id=1696264579283307369&wfr=spider&for=pc1。

③ 《中国落实 2030 年可持续发展议程国别自愿陈述报告》，https://www.fmprc.gov.cn/web/ziliao_674904/zt_674979/dnzt_674981/qtzt/2030kcxfzyc_686343/zw/202107/P020210912807817369012.pdf。

④ 《人类减贫的中国实践》白皮书，https://baijiahao.baidu.com/s?id=1696264579283307369&wfr=spider&for=pc1。

执行平稳发展。全年对外直接投资 9366.9 亿元，增长 2.2%，结构更加优化。全年累计实施各类援助项目 1000 余个，高效开展对 107 个国家和 4 个国际组织的疫苗援助。①

中国在自身脱贫、防疫等重任的压力下仍然坚持履行大国责任，不间断向其他发展中国家和“一带一路”沿线国家提供经济援助，加大对机关企业投资的政策扶持力度。习近平强调：“我们要大力推动建设全球发展伙伴关系，促进各国共同繁荣。独木不成林。……必须在谋求本国发展的同时促进各国共同发展。……我们要共同参与国际发展议程的制定，充分利用人类积累的生产力和物质资源，完成联合国千年发展目标，缩小南北发展差距，促进全球发展更加平衡。”② 国家减灾中心在学习党的二十大精神时，明确提出：“要坚持学以致用，深入领会完善风险监测预警体系、国家应急管理体系、推动公共安全治理模式向事前预防转型、提高防灾减灾救灾和重大突发公共事件处置保障能力的重要意义，结合减灾中心业务工作实际加快推进‘两中心一库’建设。”③

## 二、中国参与全球灾害治理的实践与成效

中国参与全球灾害治理的形式多样。从基础设施建设减少灾害影响，到发生灾害快速进入现场抢险救灾，都能看到中国政府和民间力量的身影。从联合国层面来说，中国参与人道主义救援体系的角色也逐渐发生转变，从最初的受益者发展为参与者并成为整个体系的参与者与建设者。④ 作为受益者，中国获得了联合国人道主义物资、能力和

---

① 《[2021 中国经济年报] 2021 年我国对外投资合作和对外援助执行平稳发展》，https://m.gmw.cn/baijia/2022-01/25/35471873.html。

② 习近平：《习近平谈治国理政》(第一卷)，北京：外文出版社，2018 年版，第 324 页。

③ 《国家减灾中心掀起学习宣传贯彻党的二十大精神热潮》，https://www.mem.gov.cn/dj/jcdt_1/202211/t20221108_426149.shtml。

④ 程子龙：《中国与联合国人道主义援助体系：受益者、参与者与建设者》，载《人权》，2021 年第 3 期，第 92—109 页。

应援方面的支持；作为参与者，中国参与联合国人道主义事务，经历了融入、快速发展和全面发展三个阶段，目前中国在联合国人道主义援助体系中的参与更趋常态化；作为建设者，中国在能力提升、机制完善和理念引领三个方面积极推动联合国人道主义救援体系的建设，助力国际人道主义事业的发展行稳致远。良性互动的中国-联合国人道主义伙伴关系为国际人道主义秩序的稳定提供坚实保障。从民间层面看，随着人民生活水平的提高和民间力量的发展，社会组织在全球灾害治理中发挥着愈发重要的作用，尤其是在四川汶川地震、青海玉树地震、河南水灾等国内大型抢险救灾事件中贡献突出。2008 年也因为汶川地震慈善捐款金额首次破千亿元被誉为中国慈善事业的“公益元年”。

从官方角度看，机制层面也有所突破。2018 年中华人民共和国应急管理部成立，负责组织编制国家应急总体预案和规划，指导各地区各部门应对突发事件工作，推动应急预案体系建设和预案演练。建立灾情报告系统并统一发布灾情，统筹应急力量建设和物资储备并在救灾时统一调度，组织灾害救助体系建设，指导安全生产类、自然灾害类应急救援，承担国家应对特别重大灾害指挥部工作。指导火灾、水旱灾害、地质灾害等防治。负责安全生产综合监督管理和工矿商贸行业安全生产监督管理等。① 应急管理部积极与联合国框架内机构、地区性国际组织、其他国家和国内区域应急管理中心开展行动。2022 年 5 月 25 日，第七届全球减灾平台大会在印度尼西亚巴厘岛以线上线下相结合的方式开幕，主题是“从风险到韧性：疫情影响下的全球可持续发展”。中方表示将努力落实《联合国 2030 年可持续发展议程》、气候变化《巴黎协定》和《2015—2030 年仙台减轻灾害风险框架》，通过共建“一带一路”自然灾害防治和应急管理国际合作机制，与联合国有关倡议和战略对接，不断促进防灾减灾国际合作走深走实。② 2022

① 《中华人民共和国应急管理部主要职责》，https://www.mem.gov.cn/jg/。

② 《中方在第七届全球减灾平台大会上作官方陈述》，https://www.mem.gov.cn/xw/bndt/202205/t20220525_414311.shtml。

年10月11日，由应急管理部牵头组建的中国政府专家组启程赴巴基斯坦开展灾害评估和防洪减灾指导工作，两国表示会进一步深化在灾害管理特别是预警系统及防灾能力建设等领域的合作。[①] 2022年10月20日，第二届中国－东盟灾害管理部长级会议通过视频方式举行，与会各方就进一步落实《中国－东盟灾害管理工作计划（2021—2025）》达成共识，并发布中国－东盟应急管理合作基地新闻公报，重申双方致力于共建基地。[②] 2022年11月6日至8日，应急管理部党委委员、副部长徐加爱赴广东调研国家东南区域应急救援中心建设工作，重申加强国家区域应急力量建设的重要性，认真落实党的二十大提出的重大战略任务。[③] 这些活动都体现了中国政府层面对于防灾减灾和灾害后续治理的关注，与其他国家、国际组织的各项交流均体现了中国构建人类命运共同体的基本理念。

与此同时，中国社会组织也在逐步探索参与全球灾害治理的合适路径，逐渐完善体系。目前已经经历了原生态（1950—1977年）、次生态（1978—2000年）、衍生态（2001—2012年）与新生态（2013—2020年）四个发展阶段。[④] 原生态阶段的主要特征是社会组织数量少、发展程度低、涉及领域窄。主要援助对象集中在亚非拉地区。社会组织参与人道主义救援呈现出“半官半民”性质，是官方外交框架内的民间行为，服务于国家总体外交。到了次生态阶段，社会组织的数量有所增加，全球意识有所加强，但是活动领域仍然不够明确。人道主义救援的概念在这一阶段得到明晰。1995年11月，中华慈善总会第一次会员代表大会提出“中国的慈善事业必须面向世界，面向未来，

① 《中国政府专家组启程赴巴基斯坦开展灾害评估和防洪减灾指导工作》，https://www.mem.gov.cn/xw/bndt/202210/t20221011_423795.shtml。

② 《第二届中国－东盟灾害管理部长级会议举行》，https://www.mem.gov.cn/xw/bndt/202210/t20221021_424344.shtml。

③ 《徐加爱调研国家东南区域应急救援中心建设》，https://www.mem.gov.cn/xw/bndt/202211/t20221108_426156.shtml。

④ 颜克高：《中国社会组织参与对外援助70年：经验、问题与展望》，载《国外社会科学》，2021年第1期，第31—43、157页。

向正规化、组织化、社会化目标发展”的指导思想。社会组织的自主性明显增强。

到了衍生态阶段，参与对外援助的社会组织数量大幅增加，开始从视野国际化走向项目国际化，主动性和进取性不断增强，专业能力获得长足进步，活动领域与项目有所聚焦，致力于自然灾害救助、人道主义援助、社会民生与人类可持续发展议题。2004 年东南亚海啸救灾时期，民间力量首次大规模参与了对外人道主义援助；2005 年印度洋海啸援助行动中，中华慈善总会开创了全国性社会援外募捐和社会组织对外救援的先例；2009 年 12 月，中国民间组织国际交流促进会、中国计划生育协会、北京市民间组织国际交流协会、北京市慈善协会等社会组织，与津巴布韦新希望基金会、医务志愿者协会合作，在津巴布韦首都哈拉雷共同开展艾滋病预防的宣传培训活动。可以看出，这一阶段社会组织关注的领域明显有了变化，全球治理意识觉醒。[①] 值得一提的是，到 2010 年，中国有 34 家社会组织取得联合国经社理事会咨商地位，越来越多的中国社会组织被世界认可。

到了新生态阶段，援助内容从物资援助、灾害救助、生产性项目建设向经验分享、民生发展、人力资源开发合作、技术输出、志愿服务等方向快速延展。2020 年 3 月，中国民间组织国际交流促进会发起“丝路一家亲”民间抗疫共同行动，推动国内民间力量通过物资捐赠、经验分享、志愿人员派遣等方式向有需要的国家提供力所能及的帮助。2022 年 6 月，阿富汗遭遇 20 多年来最严重地震。中国政府第一时间向阿富汗提供 5000 万元人民币的援助资金和救援物资。中国红十字会等社会组织也通过包机形式向阿富汗运送帐篷、折叠床和家庭包等抗震救灾物资，并向阿富汗红新月会提供救援款。北京平澜公益基金会派遣有丰富经验的六人救援小组，携带十余吨的救灾帐篷、防疫消杀及净水设备和救援装备赶赴阿富汗，与阿富汗红新月会及阿富汗事故处

---

① 颜克高：《中国社会组织参与对外援助 70 年：经验、问题与展望》，载《国外社会科学》，2021 年第 1 期，第 31—43、157 页。

理和消防部门合作，协助开展受灾民众安置、卫生消杀、安全饮水等工作，并向阿富汗分享地震建筑坍塌救援、洪水灾害救援、应急医疗救护、山岳绳索救援、灾后防疫等经验，有效提升了当地应急救援力量应对灾害的能力，其他在阿富汗的中国企业、机构、个人等也用各种方式向阿富汗提供力所能及的帮助。①

可以看出，中国参与全球灾害治理的意识和行动都在升温，与此同时，越来越多的中国社会组织投身于该项事业。本章将选取北京平澜公益基金会作为案例，分析中国社会组织参与人道主义救援的路径、经验和挑战，为日后更多中国社会组织走出国门提供借鉴。

## 第三节　北京平澜公益基金会概况

近年来，中国社会组织在实践中积累了宝贵经验，并积极拓展国际合作平台，取得了一定成就。但因其“人、财、物”三个基本要素获取路径仍未完全畅通，极易出现可调配资源不足的情况。这对于要“走出去”参与全球治理的社会组织影响更大，也为其发展带来了一定阻碍。本节将以北京平澜公益基金会参与全球灾害治理的实践为例，深入分析社会组织在该领域的成就与挑战。

### 一、北京平澜公益基金会的发展历程

北京平澜公益基金会是参与全球治理的民办型社会组织的典型代表之一。该组织成立于 2018 年 4 月，由活跃在公益慈善、应急救援、公共外交等领域的爱心人士发起设立，以积极应对国内外人道危机、环境危机等突发事件，并长期关注救灾救援、难民救助、排雷、气候变化等全球重大议题。2020 年在北京市民政局组织的市级社会组织等级评估中，北京平澜公益基金会被评为 4A 级社会组织。2022 年 7 月，

① 《民间力量传递跨越国界的大爱》，https://baijiahao.baidu.com/s?id=1669519681196016372&wfr=spider&for=pc。

北京平澜公益基金会获得联合国经社理事会特别咨商地位。该机构自成立以来，先后开展了山东寿光水灾救援、广东“山竹”台风灾害救援、宜宾地震救援、“利奇马”台风救援、南方水灾救援及泰国13名洞穴失踪少年搜救、非洲“伊代”飓风救援、朝鲜医疗援助、斯里兰卡暴恐人道援助、伊朗水灾救援、阿富汗地震救灾、巴基斯坦水灾等国内外人道援助行动。北京平澜公益基金会在柬埔寨、黎巴嫩、津巴布韦、日内瓦、坦桑尼亚设立办公室，开展柬埔寨排雷行动、叙利亚难民人道援助、非洲反盗猎工作等。同时推动建立吉布提国际备灾库，联合中国人民对外友好协会召开“中美非民间组织在非洲开展人道援助工作座谈会”等行业会议。①

## 二、北京平澜公益基金会的资金来源与组织结构

一般来讲，中国社会组织的资金来源主要有四部分：会员会费、提供产品、政府财政资助以及社会捐款。②

依据2004年国务院颁布实施的《基金会管理条例》，基金会“是指利用自然人、法人或者其他组织捐赠的财产，以从事公益事业为目的，按照本条例的规定成立的非营利性法人”③。而国内的基金会按照其募捐方式又分为两种，公募基金会和非公募基金会，这两种基金会之间存在着根本性区别，前者属于公共筹款型（Fund-Raising Oriented）的基金会，主要依靠从社会募集的资金从事公益性的资助活动；后者属于独立基金型（Endowment）的基金会，主要依靠自有资金的运作增值以及发起人个人或者其亲友的捐助资金从事公益性活动。④

北京平澜公益基金会是一家典型的非公募性质的公益基金会，根

① 《机构介绍》，http://www.peaceland.org.cn/introduction/。

② 《分析称中国社会组织发展面临资金不足等难题》，https://www.chinanews.com/gn/2012/04-25/3843928.shtml? _t_t_t=0.7780037845950574。

③ 《基金会管理条例》(2018版)，http://www.outaiguoji.com/page37.html?article_id=293。

④ 柯薇：《非公募基金会项目运作中的社会资本分析》，载《现代营销》(下旬刊)，2021年第1期，第36—37页。

据其 2021 年度财报，年度收入总计 58 918 826. 83 元，其中捐赠收入 58 908 508. 57 元，政府补助收入 0 元。[①] 捐赠收入通过挂靠三家具有公募资格的基金会（中国红十字基金会、中国社会福利基金会、中华社会救助基金会）获得。

北京平澜公益基金会主要依靠与公募基金会的合作来募集资金。北京平澜公益基金会前期于公益筹款平台发起项目，并提交具有公募资格的基金会认领，例如中华社会救助基金会或中国社会福利基金会等国家级重点公募基金会。在这些基金会认领项目后，项目通过平台审核于公益平台上线开始募捐，根据项目情况，北京平澜公益基金会选择多个公益平台同时发布，例如腾讯公益、新浪公益、支付宝公益等等。上线之后，北京平澜公益基金会需要进一步跟进项目，和相关平台进行对接，增加项目宣传度与曝光量，吸引更广泛企业与个人参与募捐。具体流程如图 4-1。

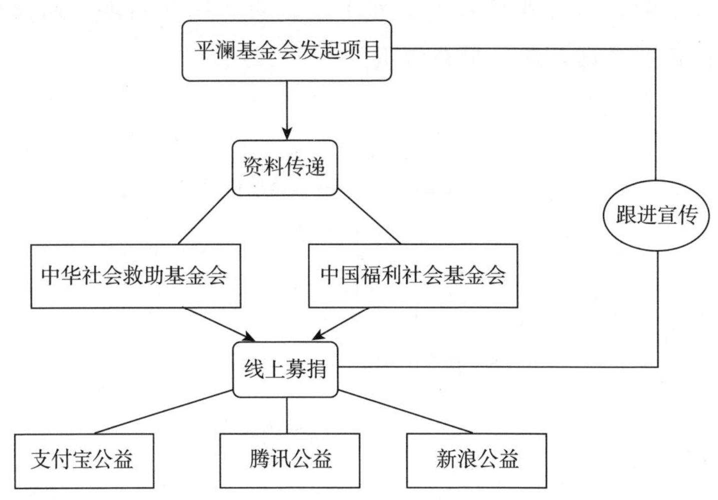


资料来源：根据北京平澜公益基金会理事长王珂访谈内容整理。

**图 4-1　北京平澜公益基金会运作模式**

① 《北京平澜公益基金会（2021 年）年报》，http://www. peaceland. org. cn/information_article/27。

如图 4-2 所示，北京平澜公益基金会设一位理事长、一位副理事长和三位理事，一位秘书长（由一名理事兼任），一位监事长和两位监事。除此之外其专职工作人员分为两类，一类为专业救援人员，需要具备相关技能，主要负责救灾救援活动。考虑到救援活动的专业性和特殊性，北京平澜公益基金会在人员招募上重点考虑退伍军人、排雷专家、户外运动爱好者等具有相关专业技能的人员。他们需要具备户外救援的基本素质，一旦遇到突发灾难随时可以携带装备“上前线”，这是北京平澜公益基金会在人员设置上的一个独到之处。另一类人员为项目人员，包括行政人员，以及外派“项目官”。目前根据全球战略部署，北京平澜公益基金会在香港开设了东亚办公室，在柬埔寨开设了东南亚办公室，在黎巴嫩开设了中东办公室，在坦桑尼亚开设了非洲办公室，2021 年 5 月还开设了欧洲日内瓦办公室。这些外派人员都为阶段性全职，对专业性有一定要求，长期居住在当地，以便更快捷地向总部传递全球各地的最新资讯。①

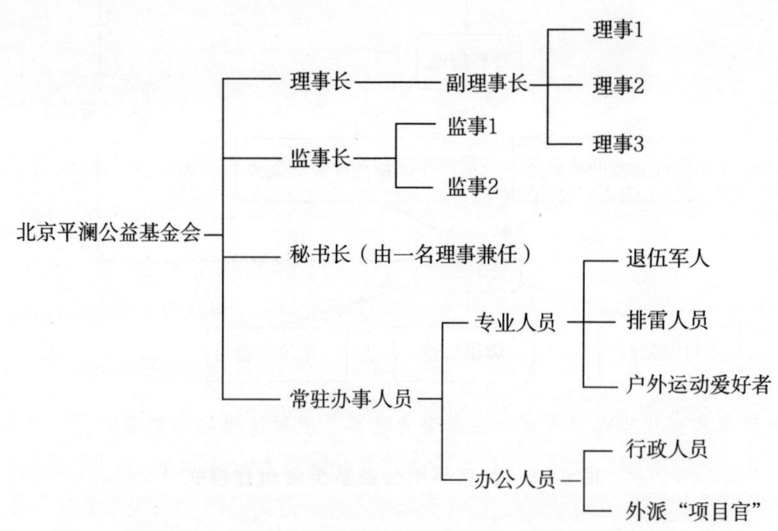


① 根据北京平澜公益基金会理事长王珂访谈内容整理。

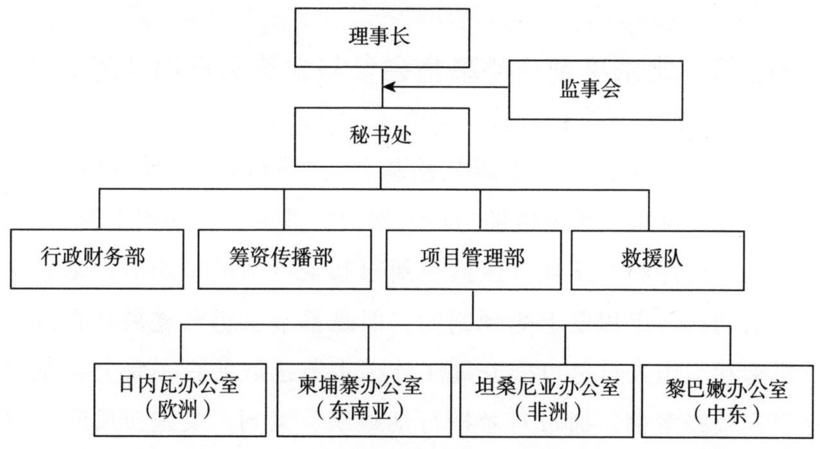


资料来源：根据北京平澜公益基金会理事长王珂访谈内容整理。

**图 4-2　北京平澜公益基金会人员构成**

理事的选择也融入了服务基金会发展的基本考量，其中最重要的考量是“多元性”和“包容性”。例如，在媒体界邀请了微博原首席执行官陈彤，很好地将北京平澜公益基金会与媒体界联系在了一起；在政界和学术界邀请了李连生大使和周鑫宇教授，他们很好地代表了外交实践和公共外交学术研究的高度；在文艺界，邀请了音乐人老狼（王阳）和演员肖央，一方面可以利用名人效应更好地提高基金会的影响力，另一方面也可以进一步丰富成员结构。①

北京平澜公益基金会在项目执行过程中，形成了独具特色的运作模式，即“外派联络员-当地华人/中国留学生-当地人”联合运营的项目组织模式。这一模式充分利用当地的华人华侨资源，因地制宜招募项目志愿者，将资金更多地向保障其外派项目官的日常生活及安全上倾斜。这一模式最大限度地节约了基金会人员及机构运作的成本，同时很好地服务了基金会的全球战略布局。

① 根据北京平澜公益基金会理事长王珂访谈内容整理。

## 第四节　北京平澜公益基金会参与全球灾害治理的实践

如图 4-3 所示，北京平澜公益基金会的行动主要涉及四个领域：救援与赈灾、排雷、难民援助与环境保护。基金会行动范围遍布全球，有一定的延续性和系统性。虽然在新冠肺炎疫情的影响下，基金会海外救援活动在一定程度上受到制约，但是基金会仍然凭借其在海外的分支机构和工作人员尽可能开展工作。本节选取北京平澜公益基金会多个经典救援案例，通过对救援行动组织、策划、实施、风险管理和总结反思来具体研究基金会在参与全球灾害治理中的理念和实践。[①]

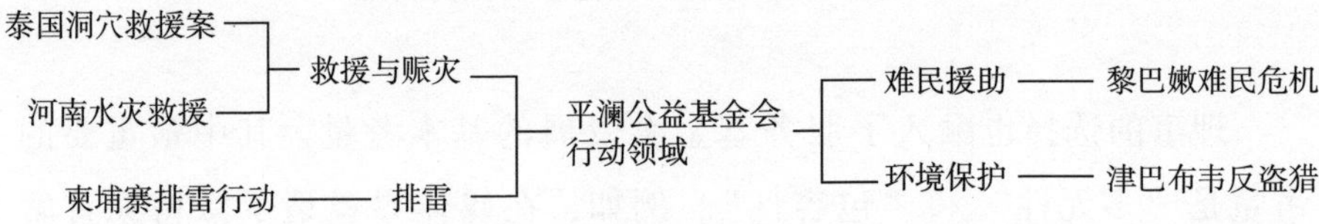


资料来源：根据北京平澜公益基金会理事长王珂访谈内容和官方网站信息整理。

图 4-3　北京平澜公益基金会工作领域

### 一、参与救援与赈灾

救援与赈灾是北京平澜公益基金会最重要的行动领域。在国际社会上多起严重自然灾害和人为事故救援中均能看到北京平澜公益基金会的身影。本节以泰国足球队洞穴救援事件和河南水灾赈灾事件为例，系统分析北京平澜公益基金会在国内外大型救援赈灾行动中如何规划救援行动并付诸实践。

① 所有案例描述均根据北京平澜公益基金会官方网站相关报道和理事长王珂访谈内容整理。

1. 泰国足球队洞穴救援事件①

2018 年 6 月 23 日，泰国一支青少年足球队结束训练后，进入泰国北部清莱府的一处洞穴，球员和教练集体失踪。2018 年 6 月 29 日，中国驻泰国大使馆表示，应泰方邀请，六位中国洞穴救援专家携带着专业设备于 29 日晚到达清莱现场。北京平澜公益基金会作为重要力量与其他 100 多支救援队和泰方救援力量密切配合，全力投入搜救行动。2018 年 7 月 2 日晚 10 点 30 分左右，失联的泰国足球队在一溶洞被发现。

如图 4-4 所示，北京平澜公益基金会在此次救援事件中的工作流程主要分为以下几步：接收并判断灾情（制定救援计划）；乘坐交通工具赶往救援地点；联系当地使馆后得到其接待；在当地华侨机场受到迎接；相关部门安排其前往救援地；与当地政府对接；参与救援；与他国救援团队组成一个联合体。

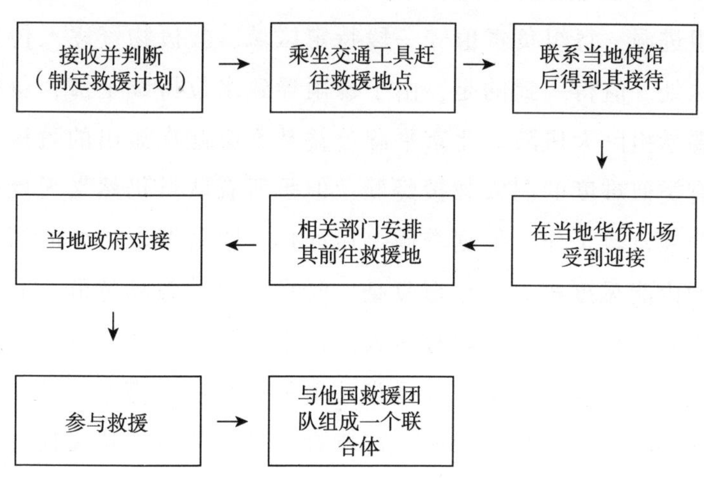


资料来源：北京平澜公益基金会研究小组成员李讯、骆涵、唐竹心、朱钰宸根据理事长王珂访谈内容整理。

**图 4-4　北京平澜公益基金会参与泰国足球队事件救援流程**

① 《泰国洞穴救援纪实》，http://www.peaceland.org.cn/article/17。

李硕先生是北京平澜公益基金会的专业搜救队队员之一，参加过2008年汶川地震救援、2013年雅安地震救援、菲律宾风灾救援等救援活动。在得知险情后，北京平澜公益基金会第一时间联系李硕，他于2018年6月29日当晚出发。

事发时，由于当地正值雨季，多日连绵大雨使水位不断上涨，淹没了洞口和通道，其时13名少年已经被困山洞六天。北京平澜公益救援队员一行六人到达现场后立刻到泰国军方指挥部报到，并与泰国政府、美国空军伞降搜救队、澳大利亚特警救援队和其他国家救援人员一起分析现场情况，制定救援方案。首先需要解决被困人员缺氧问题。洞穴现实条件恶劣，水位高、水流大、路程长，营救专家每次所能携带的氧气瓶数量有限，大部分氧气在运输过程中补给了营救人员，真正可以被送到被困人员手中的氧气瓶数量极少。且营救专家往返一次需要耗时九小时，体力消耗巨大，营救效率很受影响。

多国专家经过数次讨论制定了全新的方案：所有国际救援队的潜水员分组进洞，每组负责值守一段特定区域，救援物资逐人传递运输至洞穴深处。值得一提的是，由于暴雨导致水位持续上涨，救援人员自身需要承担巨大风险。北京平澜公益基金会此次派出的救援队伍之前并没有类似难度的洞穴救援经验，但是所有队员仍然义无反顾地进入洞穴开展营救工作。根据李硕事后回忆，四名潜水员分成两组进入洞穴。洞内能见度极差，地形复杂，时宽时窄，忽高忽低。洞道内有大量绳索和管线，严重影响救援人员前进。救援人员背着沉重的救援设备，既要逆向顶住水流，又要设法避开障碍物，潜水、游泳、攀爬的行动交替进行，向内部前进。待所有人员就位后，救援物资和其他装备源源不断运送进来。在此期间有救援人员被水下石头撞伤，有人体力透支，但是大家始终坚持在自己的岗位上，艰难完成了第一天任务。

随着救援行动的继续，越来越多的难点和问题暴露出来。洞穴深处有一处“小山”，高数十米，长几百米，周围路况异常艰险，山路高低起伏，地面湿滑泥泞，救援物资通过这个路段的效率极低，大批装备都滞留在这里。得知北京平澜公益基金会救援队员有应用绳索技术的特长，泰方想请基金会的救援专家们在洞内搭建绳索系统以便运输装备。收到请求后，北京平澜公益基金会的救援专家立刻投入行动，携带绳索技术装备再次潜入洞穴。经过一整天的努力，五条溜索系统搭建完成，确保物资可以顺利通过。

随着救援行动稳步推进，救援队需要解决的另一个问题显露了出来：如何在洪水没有消退的情况下将不会游泳的人员全部安全带出。经过多国专家反复研究，指挥部最终确定了为期三天的救援计划：麻醉受困人员，将其和呼吸气瓶一起固定在担架上，再由救援人员运出。北京平澜公益基金会的救援队员发挥自身绳索专业特长，不断地进洞完善路绳系统和溜索系统。然而恶劣环境中连续多日高强度、高压力的工作，使救援人员的身体也逐渐出现了问题，但是为了不影响整体进度，每位队员咬牙坚持，带病上岗，始终与大部队保持步调一致，为救援工作出谋划策。

在各国救援人员的通力协作下，新营救计划实施的第一天，四名队员被成功救出；第二天又有四名队员被成功救出；第三天最后五名队员也被成功救出。由于承担着给所有人员提供绳索保障的任务，北京平澜公益基金会救援队伍在最后才撤出洞穴。这项前所未有、看似不可能完成的任务终于完成，13 个孩子在被困 18 天后全部成功获救，创造了世界洞穴潜水救援史上的奇迹。

在救援期间，北京平澜公益基金会的队员也感受到了泰国各界的服务和帮助。由于其中一名中国志愿者是素食主义者，泰国志愿者误以为所有参与营救的中国队员都是素食者，他们准备了大量精致的素食送给了包括北京平澜公益基金会队员在内的所有中国人。泰国当地报纸报道了中国队员询问是否有素食的新闻，因此大批附近的百姓在家制作了素食送给所有能见到的中国队员。误会被解释清楚后，泰国志愿者和当地居民按照北京平澜公益基金会队员的饮食习惯提供了相应的餐食，队员们深受感动。救援结束后，北京平澜公益基金会也收到了泰国王室的感谢，在最后送别的时候泰国民众甚至制作了大熊猫拯救13只小野猪的巨幅漫画。北京平澜公益基金会的队员用自己无私无畏、大义凛然、大爱无疆的精神感动了所有人，泰国各界也在用自己的方式向参与营救的中国队员表示感谢。这次营救事件也让我们看到民心相通的力量。人道主义精神不分国界、民族或语言，中国人用自己的实际行动诠释“构建人类命运共同体”的真正内涵。

2. 河南水灾救援行动①

北京平澜公益基金会不仅积极投身海外的人道主义救援行动，也在国内救援、赈灾中贡献自己的力量。2021年7月，河南中北部遭遇极端强降水，导致河南省部分区域遭受特大洪涝灾害。灾害发生后，北京平澜公益基金会第一时间启动应急响应，派遣救援队赶赴灾区一线。理事长王珂在7月20号看到暴雨相关信息，长期参与救援救灾形成的经验让他意识到要集合救援力量参与救援，他马上召集人员分配任务，7月21日一早便组织车队出发，前往河南救灾。

北京平澜公益基金会救援队从北京出发，沿路和天津、山西的伙伴队伍汇合，共携带八艘橡皮艇，几经辗转运送到待救援村落后，立即准备水域救援装备，安装船用发动机，加注燃油。队员在村委会支了一架约三米高的现场灯，连上发电机，把整个院子都照得透亮。车队还从北京带来潜水装备、潜水气瓶，以备下水搜救。一台车里还带了三条搜救犬。设备准备好后队员开始实施营救方案。被困在这场大暴雨中的村民基本无法走出毁损的山路，且居住分散。等待救援的村民以老年人居多，他们很难自救，这加大了救援的难度与危险。在官方救援力量有限的情况下，职业的公益救援队伍更适合完成这项任务。救援人员首先面临的问题是传送救援设备。山路崎岖，队员花费了一个多小时才将橡皮艇运送到救援点。由于洪水猛烈，岸上的锚点始终

① 《一支民间救援队在河南农村的24小时》，http://www.peaceland.org.cn/article/7。

无法固定，队员们又花费较大的精力安装营救设施。有些地方无法使用橡皮艇，只能完全依靠人力。队员们在队长王珂的带领下四处寻找被困人员，运送伤员。连夜的洪水冲垮了山路，队员在泥石流中摸索出路。几经波折，救援队终于将一名行动不便的伤者运送出来。

安忍，25 岁，北京人，是这次加入北京平澜公益基金会到河南参与救援的队员之一。安忍长期义务做水下救援工作，凭借自己多年的救援经验，根据河面的浪花判断水下都是石头，水位应当不深。为了尽快搭建绳索系统进行救援，安忍在救生衣上拴上绳子，拿起一根长棍，开始涉水过河。到达河中央后，他收起身上的橘黄色抛绳包，转身抛向对岸，对面等待的村民接住绳子。通过大家的通力配合，一根百米长的绳索很快被传递过去，固定在了岸边一块巨石上。绳索固定好后，安忍跳进水里，在猛烈的洪水中奋力游到了河对面。北京平澜公益基金会的救援人员拽出一条绳子，熟练地挽了一个扣子，在船上系成牢固的绳结。绳子另一头由在场的男性拉着，万一锚点出现问题，这根备份的绳子也能拽住橡皮艇。救援队员说，该锚点坚固，八个成年男性都拽不开，安全性有了保障。这次，橡皮艇重新出发，靠着人力牵引，载着一大包救生衣成功渡河。

队员在救援过程中时常面临很大的风险。首先是长期无休的救援可能导致体力透支。刘文志是维和部队的退伍士兵，现在是北京平澜公益基金会的全职队员。他话很少，动作麻利，第一天在大暴雨里驾驶了 15 个小时，夜里又进山抬伤员，连续工作两日没有休息。其次是人在洪水中行进随时可能撞到看不见的石头甚至被洪水冲走。最后是失温，因为长期浸泡在水里，队员体温下降很快，体温调节失衡，这种危险是温水煮青蛙式的，队员可能因为集中精力救援而意识不到。好在北京平澜公益基金会救援经验丰富，采取了轮岗制。每次涉水作业大家都会隔一段时间轮换岗位，保证每个人在观察岗位、营救岗位和替补岗位都轮换一遍。所有成员严格遵守救援机制，在不同位置设置固定的人员数量，环环相扣，各司其职，配合默契，防止意外发生。

王珂理事长作为救援队队长发挥统筹协调作用，在不同微信群收集、比对、分析救援信息，选取最需要支援的受灾点。他总结了一些经验，比如受灾地救援力量不能太饱和（第一天下午先遣小队去了巩义的米河镇，遇到其他救援队折返，北京平澜公益基金会才沿路走到了荥阳刘河镇）；比如不用长时间驻扎，最急迫的救援一旦结束，就可以转战下一个地方；再比如要根据救援队员擅长的领域分配工作，以便发挥更高效的作用。由于网络信息纷繁复杂，王珂队长需要审时度势，细心甄别，从而作出最科学合理的判断和指示。

救援任务接近尾声时，救援队得到消息，下游还有五位村民未脱困，需要救援。虽然救援队与此处救援点只相隔几千米，但是整个河水、山崖的情况都是未知的，要重新评估才能行动。正如王珂所说，民间救援队就像水一样，自发地流动，哪里有需要就去哪里，灵活机动性更高。救援过程中王珂队长时不时会看到网上的留言，也能够及时辟谣。

2021 年 7 月 20 日，河南省特大暴雨致多地发生洪涝灾害。北京平澜公益基金会联合中华社会救助基金会启动灾害响应，派遣救援队赶赴一线开展生命救援、物资援助、防疫净水工作。截至 8 月 20 日，救援行动累计投入专业救援人员 119 人、志愿者 1000 余人次、救援车辆 42 台、救援艇 18 条，分别于郑州（巩义、荥阳、新密、登封）、新乡（卫辉）、周口、许昌、安阳、鹤壁市所辖的 72 个乡镇区、5 所学校、3 所医院和养老院开展救援救灾工作，转移受困民众 3000 余人；消杀面积 196.07 万平方米、防疫培训 15 个乡镇 439 人、安装净水设备 50 套，覆盖 25.61 万人；发放生活包 71 810 个、粮油 66 950 份、饮用水 50 460 件、方便面 30 100 箱、火腿肠 26 050 箱、八宝粥 100 件、卫生用品 4 箱，以及弥雾机 1070 台、发电机 180 台、净水机 50 台、污水泵 46 台等救灾物资，惠及 12.48 万户、44.83 万人。

北京平澜公益基金会是此次水灾救援民间力量的代表之一，一同参与救援行动的同类型社会组织还有深圳公益救援队、蓝天系统的骨干队伍、厦门曙光救援队、武汉长江救援队、河南省应急救援队、郑州红十字救援队等。这些队伍都拥有标准化的专业能力、专业训练和专业装备。作为救援经验最丰富的社会组织之一，北京平澜公益基金会人员配备完整，管理流程完善，政府关系相对成熟。这次救灾行动让公众意识到民间救援力量的重要性。

## 二、参与排雷行动①

北京平澜公益基金会参与的第二类工作是排雷。排雷是联合国维和行动的重要工作内容。排雷行动首先需要排除未爆炸地雷，最大程度降低地雷爆炸带来的风险，保证民众的安全；其次要开展高效的工作以保护民众、避免危险，帮助受害者自给自足、成为社区的积极成员，为稳定和可持续发展创造机会。② 排雷对维护普通民众的生命和财产安全具有非常重要的意义。地雷和战争遗留爆炸物不仅每年造成数以千计的伤亡，给雷区人道主义救援增加障碍，还会影响周边地区人民群众正常的生产生活，阻碍经济发展与社会稳定，不利于战后重建。很多雷区本身是用于种植作物的土地、居民日常生活区、寺庙景区等，由于存在引爆地雷的风险而被长期空置，造成极大的浪费。最重要的是，未引爆的地雷是长久隐患，历史遗留问题却需要现代人承担后果，这与联合国可持续发展目标严重背道而驰，因此排雷行动深受联合国重视。为了保证排雷行动的有序进行，1997 年，联合国成立地雷行动处，负责领导、协调和实施旨在减轻爆炸性弹药威胁的项目和方案。

全球目前仍有超过一亿枚地雷被埋在战争时期的雷区，而其中10%的地雷埋布在柬埔寨，这使柬埔寨成为地雷和战争遗留爆炸物最多的国家。柬埔寨国内大多数的地雷和战争遗留爆炸物是 1978 年越柬战争和此后长达 12 年的柬埔寨内战遗留下来的。1993 年起，柬埔寨在包括中国在内的国际社会帮助下，清理了近六亿个地雷和战争遗留

① 《排雷行动》，http://www. peaceland. org. cn/what-we-do/landmine。

② 联合国维和行动官方网站，https://peacekeeping. un. org/zh/mine-action。

爆炸物，但全国仍有1700平方千米的土地疑似留有地雷和炮弹残骸。[1] 地雷问题给数百万柬埔寨人的生活带来了无时不刻的威胁，许多土地也因此浪费。尽管排雷任务迫切，但这项工作的危险性和成本之高致使排雷工作不断拖延。在战争时期，埋下一颗地雷只需七美元，但有效期却可达数十年甚至几百年。而如今清除一枚地雷需要花费3000美元至5000美元，有时还会伤及无辜的民众和排雷人员的性命。《2020地雷监测报告》数据显示，2019年柬埔寨至少有79人因地雷和战争遗留爆炸物伤亡，包括两名排雷人员。[2] 为了加快全球排雷进度，近年来中国向柬埔寨派出了许多专家，开展相关培训，提供排雷设备，帮助柬埔寨开展排雷工作。北京平澜公益基金会每年都会参加由联合国地雷行动处在日内瓦举办的世界排雷大会，并从中国社会组织的角度分享在柬埔寨的排雷经验，是迄今为止唯一在联合国官方排雷会议上发声的中国社会组织。

2019年5月19日，北京平澜公益基金会代表与柬埔寨地雷行动与救助受害者机构（CMAA）、柬埔寨民间组织社会联盟论坛官员，以及暹粒省女王宫县官员、村民代表，在暹粒省女王宫县达崩特莫村举行了中国援柬扫雷行动启动仪式。此次行动是在2019年3月4日，中国北京平澜公益基金会和柬埔寨地雷行动与救助受害者机构签订的关于援柬扫雷谅解备忘录框架下展开的。此次排雷的地区是暹粒省女王宫县枯联乡，该乡共有247户家庭，1106人，其中517名为女性，大多数村民在家务农。

排雷工作分两个阶段进行。第一阶段于2019年5月19日启动，持续到2019年11月，发现地雷及战争爆炸性残留物17个，向达崩特莫村移交了6.4公顷排除雷患的土地。第二阶段从2020年1月持续到2020年11月17日，发现地雷及战争爆炸性残留物145个，移交排除

① 《致我们共同的地球》(第二集)《柬埔寨：排雷专家》，http://society.yunnan.cn/system/2020/09/08/030950734.shtml。

② “UNMAS Annual Report 2020”，https://www.sgpjbg.com/baogao/33916.html.

雷患土地面积63.6公顷。两次排雷行动一共排除未引爆危险物162个，清理土地70公顷，极大提升了达崩特莫村人民生产生活的安全性和稳定性。

参与排雷行动的专家之一肖遥，是一名退伍军人。2019年夏天退伍前夕，北京平澜公益基金会联系并询问他是否愿意赴柬埔寨做排雷相关工作。肖遥服役期间曾有处理爆炸物的经验，便答应了基金会的请求，和基金会其他成员组成排雷专业队伍前往柬埔寨开展工作。

2019年7月下旬，肖遥抵达暹粒市，排雷的目的地是暹粒往北大约40千米的一个小县城。这里生活条件艰苦，没有干净的水源。当地人饮用水的主要来源是井水、水坑和水池，面临各种寄生虫和健康风险。但凭借多年的服役经验和较强的生存能力，肖遥很快适应了当地的生活。在日常生活中他经常遇到残障人士，他们绝大多数都是地雷的受害者，数量不少。这些现实场景坚定了肖遥在当地完成排雷工作的决心。在当地配合肖遥一行人的都是正规柬埔寨陆军，他们基本具备排雷知识，有丰富的维和经验。肖遥的扫雷工作于2019年8月正式开始。

肖遥在二十多人的扫雷队伍中负责协调、监督和管理，具体操作由当地专业扫雷队完成。排雷首先需要把土地上的植被、杂草全部清除，然后用金属探测器探测土地，把地下所有的金属信号都反馈给扫雷人员。然而土地中埋藏大量的金属垃圾，遇到探测器时仍会发出警报提醒，一定程度上干扰了扫雷人员的工作。当遇到地雷时，扫雷人员需要仔细避开地雷，清理掉周边的土。大部分地雷只需要小心拿出来进行拆解，若不能拆解就拿到安全地点销毁。有些地雷是诡雷，安装有反拆除装置，加重了扫雷人员的工作负担和风险。扫雷的过程中还会发现未爆炸的迫击炮弹，年代久远，作业人员仍然需要按照专业流程取出、销毁。根据肖遥的回忆，一支扫雷队拿着六七个扫雷器，一个星期大概能排1200平方米，工作进度较为缓慢。

扫雷工作有严格的工作流程和规章制度。首先，扫雷需要有专业的知识和严谨的态度。专业人员在日常作业时需要严格要求自己，还需要时刻提醒进入危险区域的非专业人士。雷区时常有媒体界工作人员进行拍摄工作，有时一些记者由于专注工作会忘记身处雷区，甚至四处奔跑。扫雷专家需要时刻提醒，以防危险事件发生。其次，柬埔寨扫雷使用的探测器设备较老，只能探测到地下 15 厘米的距离，这就要求底部的扫描盘必须非常紧密地贴在地面上，否则探测的深度就会不足。另外，由于经常检查到金属垃圾，有时作业人员会放松警戒。当觉得信号的来源可能是一个金属垃圾，就随手放置一边，准备接着往前走。这种情况下肖遥会提醒排雷工先把垃圾拿走，再在原地探测一下，因为有信号可能来源于金属垃圾下面被掩盖的地雷和未爆炸物。这份工作要求作业人员时刻保持高度的警惕性和责任感，时刻遵守系统的规范，在保证自身安全的前提下扫除一切地雷的风险和隐患，因此对排雷工作的系统性总结显得尤为必要。

肖遥等人的作业区域前方有一片丘陵和丛林，在通往丛林的路上布满了地雷。肖遥每次经过这些小路，都会记录已发现地雷或炸弹的地理坐标，然后在卫星地图上标出，这样可以从宏观上推断出地雷位置的规律。与此同时，北京平澜公益基金会参与排雷的专业人员还承担了柬埔寨当地的防雷教育。由于地雷受害者大部分是青少年，防雷教育的主要群体便锁定在这群人中。一开始的防雷教育集中在讲解地雷的种类、原理、型号、分级和急救措施上。但事实上，这些都是村民不需要知道的东西，孩子们和村民只需要有躲避地雷的意识、看到地雷向专业人员报告、远离地雷等常识即可。他们需要的是培养意识（awareness raising），而不是识别地雷种类这类专业知识。这些经验都是肖遥等人在实际工作中一点点摸索出来的。

为了加强排雷教育，肖遥提出了举办地雷展，把疑似有爆炸物的地方分成了五个雷区，每一个区域扫雷完成的时候举行一个土地归还仪式，并将挖到的爆炸物放到桌子上展示给当地老百姓看，让他们直观地知道危险已经解除。然后排雷队员们会手拉手在地里面排成一条线趟走一遍，用自己的脚来证明这个区域已经安全，可以投入使用。

然而一开始这项活动受到了柬埔寨排雷局官员的反对，他们担心仍然存在未发现的风险。但是肖遥坚持这么做，因为只有自己能放心地走，才能让老百姓相信这里的风险真的已经排除，才能彻底打消他们的顾虑。事实证明这类活动很有意义，强化了民众对地雷的警惕意识，也深化了当地居民对排雷人员的信任。

肖遥一行人还参与了地雷区重建活动。在归还清理干净的土地后，当地村民立刻开始播种。肖遥与当地的孩子一同插水稻，虽然语言不通，但是通过肢体语言，两人在风景优美的稻田里劳作了一下午，一同欣赏美丽的夕阳。对于排雷人员来说，只有看到土地归还人民用于生产生活，自己的使命才算真正完成。

北京平澜公益基金会是参与柬埔寨排雷行动民间力量的典型代表，正是像肖遥、北京平澜公益基金会这样的中国专家和社会组织的存在，让身处危险区域的老百姓看到中国人在做什么，付出了什么。民间交流在很大程度上可以作为官方外交的有益补充，更能让受援国和世界有些国家摒弃偏见、心无芥蒂地看到中国人的善良，以及中国作为负责任大国承担的国际责任和义务，这也是柬埔寨排雷行动带给中国社会组织最宝贵的经验和财富。

### 三、参与援助难民①

援助难民是全球灾害治理和人道主义援助的另一个重要组成部分，也是北京平澜公益基金会的工作领域之一。中东部分国家常年面临战乱、冲突，无数人流离失所，逃亡至周边国家。2011 年叙利亚危机爆发后，先后有 100 多万叙利亚人为躲避战火前往邻国黎巴嫩避难，其中大部分难民居住在靠近两国边境的贝卡谷地的难民营中。

黎巴嫩是收容叙利亚难民的主要国家之一。根据联合国难民署的数据，黎巴嫩境内有登记在册的叙利亚难民 865 530 人，但实际的难

---

① 《难民援助》，http://www.peaceland.org.cn/what-we-do/refugee。

民人数估计高达150万人。在这些难民中，约90%的人生活在极端贫困之中，长期无法享有获得饮用水、食物、药品和住所的基本人权。难民儿童还面临着营养不良的问题，同时缺乏受教育的机会，更容易沦为童工，或成为性暴力的受害者。此外，黎巴嫩本国经济也濒临崩溃。经济危机和新冠肺炎疫情使超过一半的黎巴嫩人陷入了贫困。2019年起，黎巴嫩的食品价格在两年内飙升了400%。黎巴嫩民众和难民之间的关系也因资源紧缺而不断恶化。2022年8月18日，黎巴嫩总统奥恩在接待来访的加拿大代表团时，严肃表示将要有序遣返黎巴嫩国内的叙利亚难民。① 在这样的背景下，联合国和各类非政府组织、社会组织成为了援助难民的主要力量。北京平澜公益基金会与共同未来②在贝鲁特成立了办公室，在一线为巴勒斯坦和叙利亚难民开展人道主义援助行动。

北京平澜公益基金会在贝鲁特的人道主义救援行动主要分为以下几个方面。首先，为妇女儿童等弱势群体提供有针对性的帮助。根据联合国儿童基金会2015年的数据，叙利亚和伊拉克有大约1400万儿童饱受磨难，560多万叙利亚儿童仍旧面临着最严峻的生存危机。由于战争和其他一些因素，其中有多达200万儿童生活在人道主义援助几乎无法送达的地方。大约260万叙利亚儿童目前仍处于失学状态。近200万叙利亚儿童以难民身份生活在黎巴嫩、土耳其、约旦及其他国家。③ 接纳难民的社区本身就很脆弱，其教育和卫生服务等资源已经十分紧缺。为了能够提供更有效和便利的人道主义救援服务，北京平

---

① 《总人口的四分之一是叙利亚难民，黎巴嫩找出4大理由遣返他们》，https://baijiahao.baidu.com/s?id=1745922850769860231&wfr=spider&for=pc。

② 共同未来是中国第一家获得公募资格、致力于帮扶难民儿童及青少年的国际志愿者服务项目。目前，项目在北京万国麒麟教育咨询有限公司与国际法促进中心（CIIL）的共同指导下开展工作。经过在国内近三年时间的前期准备与运营，2019年7月，共同未来与平澜基金会在黎巴嫩贝鲁特共同开设了办公室。项目以此为基点，切实推动难民儿童与青少年帮扶的项目与工作。

③ 联合国儿童基金会官方网站，https://www.unicef.cn/press-releases/unicef-appeals-39-billion-emergency-assistance-41-million-children-affected-conflict。

澜公益基金会为难民家庭建立了一个现金资助项目，防止儿童沦为童工或早婚。从 2020 年 8 月到 2021 年 4 月，北京平澜公益基金会与精心挑选的 20 个家庭签订了协议，每个家庭每月资助 40 美元，完全用于儿童的健康和教育，帮助低收入环境中的弱势儿童或青年安全地长大成人。针对妇女群体，北京平澜公益基金会开展妇女赋能项目，传授技能，帮助其提升自信，对抗恶劣环境。该项目为她们提供了缝纫课程，帮助她们建立电子商务渠道以便在中国销售她们的缝纫产品，以此来提高难民妇女的职业技能及收入水平。为了提升销量，北京平澜公益基金会还提供了有针对性的中文课程，让她们学会用中文介绍自己和自己的产品。这些课程主要在贝鲁特难民营进行，到目前为止约有 40 名受益人参加了该项目，并初步实现了经济独立。

其次，北京平澜公益基金会帮助难民青年更好融入当地社会，有针对性地为青少年提供语言课程学习。由于语言和文化不同，叙利亚难民很难在收容国找到稳定合适的工作。从 2020 年 6 月到 2021 年 3 月，北京平澜公益基金会联合灯塔和平倡议（Lighthouse Peace Initiative，LPI）和艾萨玛工作室（Alsama Studio），为 11—18 岁和 15—29 岁的年轻人开展了英文教学活动，共有超过 70 名学生参与了语言学习课程。在语言课程之外，每期项目还配有各种各样的研讨活动，对 AI 和自我提升等话题进行专题探讨，同时有线上志愿者和学生进行一对一的对话练习，帮助学生学习一些工作场合中的实用技能。

2020 年贝鲁特特大爆炸事件中依然能看到北京平澜公益基金会的身影。当地时间 8 月 4 日，黎巴嫩贝鲁特港发生了历史上最大的非核爆炸事件，该市一半以上的地区都遭到了破坏。北京平澜公益基金会位于贝鲁特港口附近的办公室也受到了冲击，但是工作人员立刻投入救援行动，派出协调员，迅速抵达现场，进行需求评估，紧急采购食品物资运往首都，并派遣志愿者对房屋进行维修。北京平澜公益基金会共筹集了约 94 500 元人民币，与当地志愿者一起修复了 81 所房屋，使 453 人受益。25 岁的马裕铭是黎巴嫩的黎波里大学阿语系大三的中国留学生，也是北京平澜公益基金会在贝鲁特的志愿者之一，他亲身经历了大爆炸事故并积极参与救援。8 月 5 日上午，王珂联系到马裕铭，请他想办法筹集、分发些食物和水，解决灾民食物匮乏的问题。

第一批物资要求速度快。理事长王珂自掏腰包提供了第一次物资援助费，之后在黎巴嫩的华人华侨也很踊跃参与线上线下募捐。马裕铭一行将收到的物资分类整理，做成物资包，里面有水、食物和口罩等防护用品。爆炸发生后黎巴嫩军方和救援人员迅速接管救援工作，但是黎巴嫩的官方制度严格，不接受公益组织的食物，只能通过官方捐赠。马裕铭通过走访本地朋友、询问受灾居民的主要街区了解情况，根据情况分发物资。由于马裕铭对当地并不熟悉，他与另一位中国同学从自己居住的城市开车前往贝鲁特。两位同学找了四位 20 多岁的阿拉伯志愿者，他们是北京平澜公益基金会曾援助过的叙利亚难民。听闻要为贝鲁特居民发放物资，四人特意驱车三小时从 130 千米以外的黎叙边境赶来协助。他们主要在两个地点分发物资。第一个是距离爆炸中心两千米以内的某个贫民区，那里的居民生活本就捉襟见肘，爆炸事件使之雪上加霜。贫民区建筑密集，冲击波席卷了外围楼房，后方受波及不大，但这也对贫民区的灾民造成了心理和生理的双重阴影。和黎巴嫩居民交流后，马裕铭一行决定将贫民区作为第一个物资分发点，在那里发放了 200 多份物资。另外一个物资分发点是距爆炸中心仅一千米的市中心，贝鲁特的历史广场，很多无家可归的人聚集在那里，在那里他们一共发放了 200 份左右的物资。广场上还有很多黎巴嫩本地志愿者，这些本地志愿者都是黎巴嫩的大学生，他们自发组织起来清扫民房，清扫公路上的玻璃渣，救援废墟下的灾民。马裕铭等人也给他们发放了近 200 份物资。发放物资的时候，他们会在车上贴上北京平澜公益基金会和中国国旗等标识。因为灾民看到物资就会过来求助，所以他们在分发物资的时候尽可能找一些当地人努力维护秩序，整体上没有出现哄抢状况。

两名中国北京平澜公益基金会志愿者和四位叙利亚志愿者晚上挤

在基金会本地办公室休息，马裕铭将床让给叙利亚志愿者，自己和另一名中国同学睡在床垫上。从 8 月 5 日晚上到 8 月 7 日，志愿者们连轴工作了两天一夜。根据马裕铭回忆，北京平澜公益基金会很可能是救援初期阶段唯一一批自发参与救援的的外国志愿组织。当地百姓看到带有中国标志的志愿者和物资时十分激动。中国社会组织和民间力量在危急时刻发挥了重要的作用。值得欣慰的是，北京平澜公益基金会曾经帮助过的叙利亚难民也在此次救援事件中贡献了重要力量。北京平澜公益基金会的人道主义救援模式体现了“授人以鱼不如授人以渔”的思想，传递了团结互助的理念。马裕铭本人也在此次救援中受益匪浅。黎巴嫩人民常年面临内乱、经济危机等困境，练就了强大的内心，即使面对财物尽毁、人员伤亡的大爆炸事件，仍然安慰自己，甚至开导营救的志愿者，告诉他们活着就好。这次行动让马裕铭对自己所参与的志愿活动有了更深的认同感，也体现了北京平澜公益基金会在人道主义救援行动中的信念。

## 四、新冠肺炎疫情背景下北京平澜公益基金会参与全球治理的新路径①

受新冠肺炎疫情影响，北京平澜公益基金会海外人道主义救援行动在一定程度上受到制约。基金会与其他国际组织、社会组织合作的同时，积极参与国际关于抗疫行动的会议和线上活动，将自身经验传递给更多需要的群体，并在最大范围内保证线下救援行动的进行。

北京平澜公益基金会在海外设有多个办事处，有当地的工作人员和志愿者。他们在新冠肺炎疫情的影响下仍然竭尽所能为有需要的人提供帮助，尤其是在外部救援力量无法到达的情况下，这些当地的力量尤显珍贵。以黎巴嫩爆炸事件为例，在新冠肺炎疫情隔离政策和有限的医疗支持下，难民们面临着愈发严峻的挑战。北京平澜公益基金

① 本部分内容根据中国社会组织动态发布的北京平澜公益基金会相关报道整理而成，https://baijiahao.baidu.com/s?id=1673342017305506782&wfr=spider&for=pc。

会与贝鲁特办事处为新冠肺炎疫情预防项目筹得款项约三万元人民币，用于购买难民防疫包，其中包括面粉、油、盐、肉罐头等日常用品，以及口罩、水醇溶液等个人防护用品。北京平澜公益基金会还向当地叙利亚难民提供累计达 14.33 万元的防疫物资及资金援助，包括向阿尔萨难民儿童及贝卡谷地难民营分别援助善款和生活保障物资，惠及 300 户难民家庭 2000 余人次。在新冠肺炎疫情大背景下，北京平澜公益基金会尤其关注弱势群体，其工作模式也从原来的规模化转变为点式行动，仍然在有灾情需要救援的地方发挥重要的作用。

北京平澜公益基金会还主动利用联合国经社理事会咨商地位的优势，积极召开联合国人道事务边会，将中国优秀的防疫经验与全世界共享。2020 年 2 月 5 日，由联合国人道事务协调厅主办的人道主义社会网络与伙伴关系周（Humanitarian Networks & Partnerships Week, HNPW）在瑞士日内瓦举行。北京平澜公益基金会联合国际志愿机构理事会共同举办主题边会，介绍中国社会组织参与疫情防控工作的模式与经验。①

2020 年 3 月 20 日至 6 月 14 日，在中促会的指导下，北京平澜公益基金会组织开展十一期“中国民间组织参与国际疫情防控在线交流活动”，分别向黎巴嫩、尼泊尔、柬埔寨、肯尼亚、缅甸、埃及、埃塞俄比亚、南非、蒙古国、秘鲁、巴西等国当地的医疗机构、非政府组织、学术机构工作人员分享中国防控疫情经验，近千人参加会议。2022 年 7 月，基金会参与了国际疫情防控情况——“丝路一家亲”民间抗疫共同行动。②

北京平澜公益基金会还按照各国疫情防控需求，提供防疫物资与资金援助。2020 年 2 月 25 日至 3 月 16 日，北京平澜公益基金会向伊

---

① 《北京平澜公益基金会参与国际疫情防控情况——“丝路一家亲”民间抗疫共同行动》，https://www.thepaper.cn/newsDetail_forward_8456747。

② 根据中国社会组织动态发布的北京平澜公益基金会相关报道整理，https://baijiahao.baidu.com/s?id=1673342017305506782&wfr=spider&for=pc。

朗提供四批防疫物资援助，包括1000份新冠病毒核酸检测试剂、2500份新冠病毒快速检测试剂、2吨溴剂、9840支柠檬酸维生素C泡腾片。4月19日，北京平澜公益基金会协助配合津巴布韦完成在国内的物资采购、调运、装机工作，同时向津巴布韦捐赠防疫消杀、防护装备等医疗防疫物资。4月25日，根据吉布提防疫需求，基金会向吉布提捐赠50顶帐篷，用于疫情防控期间民众安置。5月6日，基金会向柬埔寨女王宫县捐赠资金18.21万元，用于柬埔寨女王宫县达崩特莫村防疫期间防疫宣讲、水利设施建设、村民生活物资援助，以缓解疫情对当地民众生计造成的影响。7月17日，北京平澜公益基金会通过津巴布韦驻华大使馆向津巴布韦捐赠第二批防疫物资20台消杀弥雾机，帮助津巴布韦人民抗击疫情。可以看出，北京平澜公益基金会在新冠肺炎疫情期间重点援助的仍然是之前有过大型人道主义救援项目的国家，这保证了救援行动一定的稳定性和延续性。参与方式由直接参与救援转变为物资支援。①

## 第五节　北京平澜公益基金会参与全球灾害治理的成就与挑战

中国社会组织参与全球治理发展迅速，这得益于社会组织本身参与意识的觉醒，以及社会各界的帮助和扶持。在全球灾害治理领域，中国社会组织虽然起步晚，面临各种客观条件的制约，但是在各类救援行动中已然积累了丰富的理论和实践经验。

### 一、北京平澜公益基金会参与全球灾害治理取得的成就

以北京平澜公益基金会为代表的参与全球灾害治理的中国社会组织已经逐步探索出适合自身发展的路径。这类社会组织具备一定的专业能力和快速的行动力，往往能在灾害发生初期先于官方力量进入救

① 根据中国社会组织动态发布的北京平澜公益基金会相关报道整理，https://baijiahao.baidu.com/s?id=1673342017305506782&wfr=spider&for=pc。

援现场。以泰国洞穴救援事件为例，在中国的官方救援队无法第一时间赶到现场的情况下，北京平澜公益基金会作为中国的一股民间力量，为中国民间外交和大国形象作出了贡献，这也成为该组织发展历程上的重要节点。同时他们具有强大的协调能力和合作能力，能够在政府、政府间组织和其他非政府组织、社会组织的协调安排下迅速展开明确的救援行动。通过对以上案例的研究，北京平澜公益基金会可以为其他同类型社会组织提供以下参考经验。

第一，北京平澜公益基金会有丰富的国内救援经验，善于总结并将其应用于国际救援的实践。作为参与国际人道主义救援的社会组织，北京平澜公益基金会已经多次在国内大型赈灾救援事件中积累了丰富的实践经验。北京平澜公益基金会的很多成员参与过2008年汶川地震救援，也在山东寿光水灾救援、广东“山竹”台风灾害救援、宜宾地震救援等事件中贡献力量。对于各类自然灾害的救援事件有快速应变能力，能高效制定救灾方案。2021年的河南暴雨及2022年的泸定地震救援中，北京平澜公益基金会凭借自己多年的实践经验快速投入救援，并且根据灾情的进展灵活调整救援计划。凭借多年的经验，北京平澜公益基金会的救援专家可以预估险情，有针对性地提供救灾服务，并在救援行动结束后及时总结。例如在2021年的河南暴雨救灾后，北京平澜公益基金会提出政府应当在基础建设上作更多调整，比如加强隧道、地铁遇险的抵御能力；完善应急机制，面对可能出现的极端情况，完善预警、应急和决策机制；提出民众也应当具备防灾的相关知识和意识，极端气候变化和随之而来的灾害是全球性问题，与每个人息息相关，个体也应当了解基本常识，学习如何自救，随时做好准备。

第二，北京平澜公益基金会已形成适合自身特点、效率高、行动力强的救援模式，能够充分利用信息技术和各类社交媒体，建立灾害应急响应机制和信息交流圈。对于北京平澜公益基金会这样一家主要从事灾害救援的社会组织来说，能否获得及时有效的信息是其开展所有救援工作的前提和基础。北京平澜公益基金会所有救灾信息的获取主要依赖于两个方式——相对被动的信息接收和自主的灾害预判。一方面，北京平澜公益基金会在长时间的国内外灾害救援过程中，积累了一定的信息渠道与资源，形成了以微信、QQ 等通讯软件为主要阵地的多个快捷高效的信息交流圈。社群内长期有各类信息来源，一旦认为哪些救援信息具有紧迫性就会有人建起讨论组，与业内其他不同的救援主体一起讨论，根据灾害的严重程度判断是否需要派队进行救援。与此同时，北京平澜公益基金会也会长期关注国家有关部门官网上的最新灾害信息，参考国内所给出的灾害评级进行决策。另一方面，北京平澜公益基金会更多地根据经验进行预判，在灾害发生前密切关注有关信息，考虑灾情发生的可能性，而这样一种自发性的预测一定程度上可以发挥更加重要的作用。这是由于北京平澜公益基金会在多次救援实践中汇集了不同地区的民间救援力量，形成了一套相对成熟的工作机制。各方力量共同搭建信息平台，汇集官方的、民间的各种信息，通过分析这些信息来规划救援路线。北京平澜公益基金会的队员也会及时跟进需要救援的地点，确定点位，再将信息共享给其他成员。这种多点散发的信息收集模式可以更全面地覆盖救援的各个角落。

第三，北京平澜公益基金会的预警和评估模式具有较强敏感度，形成了一定的体系。北京平澜公益基金会依据以往丰富的救援经验，依据“舆情形势”与“紧急程度”两项指标初步形成了判断救援必要性的方法。舆情形势涉及能否成功筹款，而紧急程度则与伤亡情况紧密相连。若舆情形势与紧急程度都较高，就必须尽快出动；舆情形势高但紧急程度低则不必出动，因为这说明当地人员足够充足，不需要外来的救援支持；舆情形势低但紧急程度高，也应该出动；舆情形势低紧急程度也低的情况则不需要出动，这一类在实际情况中占比较高。根据该指标体系，可以初步总结出如图 4-5 所示的响应机制。

将舆情形势和紧急程度作为两个评价因素，证明了该组织的非功利性及前瞻性。第一，非功利性体现在其不盲目追求媒体关注或者组织功绩，而是根据灾害的进行和发展态势判断必要性，避免人力、物力和财力的浪费。在访谈中，王珂多次提到北京平澜公益基金会的非功利性，不将扩大自身影响作为首要目标，并反复强调行稳致远。第二，前瞻性体现在即便舆情并未严重到一定程度，北京平澜公益基金会由于其作为社会组织具有高度的自发性与专业性，在救援中决策高效、行动迅速，可以率先深入没有舆情但紧急程度已经很高的险情，凭借其在行动中所具有的前瞻性，及时化解风险，减少损失。

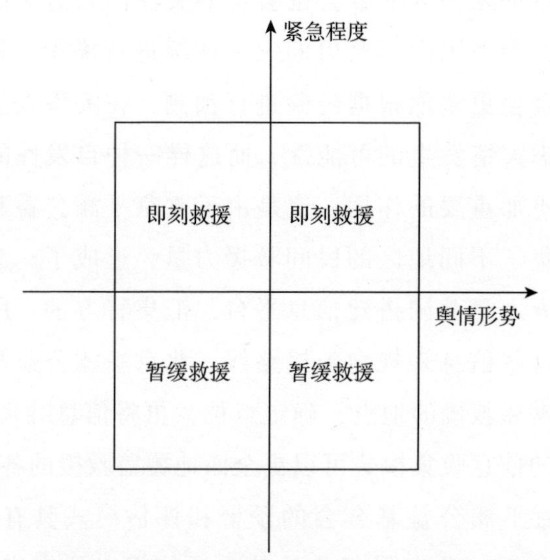


资料来源：根据北京平澜公益基金会理事长王珂访谈内容整理。

**图 4-5　北京平澜公益基金会响应机制**

但是，非功利性并不意味着北京平澜公益基金会没有宣传意识。北京平澜公益基金会强调以实践为导向，希望厚积而薄发，避免出现在没有足够成果的情况下，过多地投入宣传，为其工作开展带来负面影响。事实上，当北京平澜公益基金会在国际救援中取得突破性进展、提升了中国国际形象的同时，自然会引起关注和重视。例如，北京平澜公益基金会参与的 2018 年泰国对失联足球队少年的洞穴救援行动引起外交部注意，外交部发言人陆慷在答记者问中说："你提到有中国民间救援人员自发积极参与到有关搜救行动中去，我想这正印证了中国有句话叫‘一方有难、八方支援’，更说明了‘中泰一家亲’。”① 外交部发言人对完全没有官方背景的社会组织活动作出积极评价，这在以往的中国外交中是较为罕见的。②

第四，作为一支民间力量，北京平澜公益基金会具有高度的灵活性。该组织与官方主要是配合与协作的关系，所以相对于联合国的救援团队或者是各国的国家救援力量，有着较为灵活的审批和决策体系。世界卫生组织灾难事件应急响应标准行动流程为，24 小时内在受灾国建立紧急联络点，48 小时内与受灾地区政府建立初步联系，72 小时内组成临时小组抵达灾区；而北京平澜公益基金会的应急反应时间一般在 48 小时内。以泰国洞穴救援为例，在事件发生的第二天，北京平澜公益基金会组成的小组已经抵达泰国。规模小是其灵活高效救援的一个积极因素。③

另外，北京平澜公益基金会在全球各地有针对性地设立办事处。北京平澜公益基金会选择在贝鲁特、日内瓦等地设立办公室。这些地方或对人道主义救援需求量大，或能与其他国际组织和社会组织形成一定的关系网，有利于扩大北京平澜公益基金会自身的影响力。日内瓦办事处的设立具有重要意义，这里有大量的政府间国际组织和国际非政府组织，信息交流便捷，北京平澜公益基金会更容易与其他组织和机构展开联系与合作。北京平澜公益基金会以人道主义救援为主要宗旨，其日内瓦办事处能够与世界卫生组织、红十字国际委员会等机构实现对接。日内瓦作为一个国际组织集聚城市，能有效连接北京平澜公益基金会和各类国际事务，帮助基金会找到其他有共同目标和资源的组织，更有利于该组织展开工作。

---

① 《2018 年 7 月 3 日外交部发言人陆慷主持例行记者会》，https://www.fmprc.gov.cn/web/wjdt_674879/fyrbt_674889/201807/t20180703_7813650.shtml。

② 周鑫宇、付琳琳：《社会组织“走出去”与外交统筹能力提升》，载《当代世界》，2019 年第 5 期，第 42—45 页。

③ 蔡文伟：《世界卫生组织灾难事件的应急响应框架解读》，载《中华急诊医学杂志》，2014 年第 23 期，第 967—971 页。

第五，北京平澜公益基金会具有可持续发展的意识，这与联合国可持续发展目标高度契合，同时该组织也在项目落地实践的过程中注意平衡好当地的特殊关切，以达到较好的实践效果。除了在灾害救援领域的长期积累，北京平澜公益基金会还开展了一些卓有成效的生态和动物保护项目。以津巴布韦反盗猎项目为例，北京平澜公益基金会面临的是动物保护与当地发展之间难以平衡的矛盾。为了响应“没有买卖就没有伤害”的号召，北京平澜公益基金会在津巴布韦马纳普斯公园开展了持久的动物保护行动。然而随着项目开展和对当地了解的不断深入，北京平澜公益基金会意识到尽管这句口号是当今社会的主流观点，对于当地来说却并非全部的事实。实际上，因为受多种因素影响，非洲南部动物资源丰富的国家对于动物保护实行的一般是“严格管理下的有效利用”政策。

首先，津巴布韦由于受经济制裁，经济基础较差，合法动物捕猎对当地居民来说是重要的经济来源，甚至动物保护工作本身的经费大部分都来自合法的动物贸易。这些将用来支付森林警察的工资和日常维护的费用，否则森林的护卫者可能因为生计而被迫变成盗猎者。其次，部分濒危动物已经在多年较好的动物保护下脱离险境，甚至在局部地区数量过剩，这种过剩反而会破坏当地生态平衡。比如大象在津巴布韦当地数量过剩。北京平澜公益基金会所在的马纳普斯公园按其规模本应容纳 5000 只大象，但目前已容纳超过两万头大象。仅一只成年大象每天就会吃掉两百多千克食物，两万多只大象的食物需求严重影响了其他种类动物的生存。象群也无法实现迁徙，因为其栖息地被人为划分成独立的国家公园，互不联通。因此，虽然人类保护大象的目的达到了，但是大象的过度增长却严重影响其他动物的生存空间。因此，基于现实与利益的考虑，在严格的法律管理下一定程度放开大象商业捕猎，将为当地带来适量的经济收益，为动物保护提供经费，一定程度上能够缓解当地生态失衡，对大象族群本身来说也会起到优化族群基因的作用。但是从情感与道义出发，这项政策将引起极大争议，遭到动物保护者的激烈反对，且在实施上很难把握界限，难以真正实行。最后，动物保护带来的更大问题是非洲国家经济发展与动物生存的矛盾。非洲人民对于经济发展和改善生活的需求非常强烈。目前非洲人口增长极快，需要大量土地来满足粮食供应及房屋建筑需求，而这必将侵占动物的生存空间，但单纯的动物保护可能带来人口居住环境的进一步恶化，使得社会矛盾更加激烈。如何在发展经济与保护自然中寻找到最合适的平衡点将成为反盗猎项目后续治理问题的重要思考方向。

此外，在柬埔寨公益排雷项目上，北京平澜公益基金会面临的后续问题是安全隐患解除后如何进行土地产权分配。北京平澜公益基金会在柬埔寨排雷项目已经取得初步成果，实现归还村民安全用地的目标。然而安全问题虽然解除，新的矛盾却因此产生。在排雷前，相应地块由于潜在的危险性一直是无主地，无人开发、无人使用、无人维护。雷患解除后，土地重新恢复使用，但具体使用权却在该地附近村落间争执不休。由于当地缺乏有效的社会治理机制，土地产权归属也无法确定，导致村民之间爆发争抢土地等冲突。争执焦点还包括土地产生收益后的分配、劳工的雇佣问题等。目前北京平澜公益基金会的做法是委托当地排雷机构将排除雷患的土地优先分配给地雷受害者家庭，帮助他们在这块土地上养殖家禽和鱼类。虽然问题得到了暂时解决，但是其他救援后相似的社会治理问题仍将继续困扰着包括北京平澜公益基金会在内的跨国救援社会组织。

## 二、北京平澜公益基金会参与全球灾害治理面临的挑战

北京平澜公益基金会在各类救援实践中也面临着一些来自外部的挑战和内部的制约。

首先，中国社会组织参与全球治理的共同外部制约是当前社会还没有从战略高度认识到社会组织在全球治理中的作用。在非政府组织发展较为成熟的西方国家，非政府组织与社会组织的数量和活跃程度

在很大程度上已经能够转化为该国的软实力。而在中国，对社会组织的认识和研究还不充分，对社会组织对于政府工作的辅助和补充作用的理解还需进一步加强。事实上，民间力量若能得到正确引导，使其作用得到充分发挥，将极大助力官方的行动，起到事半功倍的效果。中国社会组织目前仍然遵守“出现问题-解决问题”的治理模式，该路径虽然为社会组织提供了较多的实践机会，也总结了相关经验，但是在一定程度上缺乏对社会组织的长期培养。换言之，西方国家非政府组织经验丰富，“走出去”历史久远，在众多发展中国家和地区建立了成熟的机制和体系，但是中国社会组织仍然处于发展初期，尚未获得国内民众的基本认可，更是缺乏国外的群众基础。这也给北京平澜公益基金会在实施具体援助项目时带来了一定的阻碍。

其次，从人道主义救援领域来看，中国参与全球灾害治理的社会组织更多是“单打独斗”，尚未形成系统的机制、完整的政策与方案。社会组织在对外援助活动中面临法律依据缺乏、行政成本占总支出比例较高、社会组织向海外捐赠现金和物资的渠道不畅通等现实问题，[①] 很大程度上挫败了社会组织参与全球治理的积极性，降低了其工作效率，且国内政策和制度的建立推行缓慢，无法与社会组织行动力强、启动快等特点相匹配。这就导致每一次救援行动都要从头摸索，需要在了解当地的形势、与国内相关规定对接后再制定救援计划，还需要协调物资沟通等方面的问题，一定程度上影响了救援的效率。

再次，资金来源不固定、不稳定也在一定程度上影响了救援活动的持续性。北京平澜公益基金会目前没有公募资格，主要是挂靠在其他“国字头”基金会下，依靠网络募捐筹集资金。北京平澜公益基金会没有固定的资助方，这对于社会组织提供长期的人道主义援助是个很大的挑战。北京平澜公益基金会目前面临的困境之一在于是否需要争取公募资格。一方面，获得公募资格意味着基金会在项目选择上具

① 孙英哲、高亚:《中国社会组织参与对外援助的障碍研究》,载《国际公关》,2021 年第 10 期,第 40—42 页。

有了更大的自主性，也意味着基金会的影响力将会大大增强；但另一方面，获得公募资格的中小型基金会在影响力方面根本无力与几家较大的“国字头”基金会进行竞争，相较于实力稍弱的基金会来说，企业与个人会更倾向于选择那些影响力较大的基金会推出的项目。因此，对于大部分民间基金会来说，挂靠几家较大的公募基金会来获得募款无疑是现阶段最好的选择。而对于政府和企业拨款方面，北京平澜公益基金会还没有探索出有效路径扩大募集资金规模，这与北京平澜公益基金会所从事的项目密不可分。总体上来看北京平澜公益基金会很多救援项目都集中在国外，风险也较大，容易引起捐赠人对于其项目风险的担忧，从而影响捐款。而政府对其项目的审核标准更为严格，具有风险的项目通常不容易得到国家认可，这也造成了一些根据政府政策导向捐款的企业绕过北京平澜公益基金会选择安全性更高的项目捐款。社会组织的另一重要资金来源是企业资助。然而与国外社会组织相比，中国企业目前仍然缺乏对相关国际事务的理解与参与，并没有足够的资助相关社会组织进行人道主义灾害救援的意识。西方国家企业责任相对成熟，有定期资助社会组织的机制，也形成了成熟的捐赠流程。而中国目前仍然缺乏相关制度，企业并不认可捐赠社会组织的意义，而更愿意去做公益广告或者其他更具名利性的事情。部分有意识捐赠的企业不知道哪些社会组织需要捐赠，或者不知道如何与相关社会组织对接，缺乏连接社会组织和企业的沟通渠道。有意愿且能够与社会组织对接的企业需要面临较长周期的规划和审核过程，短期的资金需要无法得到快速反应。这一系列矛盾在一定程度上限制了参与国际救援的社会组织的日常运作，而这也正是企业无法很好参与社会组织工作的另一个方面。

最后，人道主义救援社会组织有时还会面临来自受援国的阻碍。在救灾现场，社会组织代表的不仅是自身组织，还代表了社会组织的所属国。接受救援的当地社会有时缺乏区分“官方”与“非官方”的意识和能力。在与中国意识形态分歧较大的国家和地区，人民长期受到本国非客观的宣传渲染，对中国和来自中国的民间力量抱以消极态度。部分西方国家长期以来试图通过各类非政府组织向其他国家渗透势力，导致当地对“非政府组织”“社会组织”过于敏感和戒备，中国的社会组织易受到排斥，少数受援国也不愿意接受中国提供的救援帮助。

除去外部挑战，北京平澜公益基金会也面临着内部制约。首先，从人员构成看，北京平澜公益基金会的主要成员是专业性职业化水平较高的救援人员，基金会成员大都具备野外生存能力和救援能力，从而保证了灾情发生时救援行动可以迅速展开。但是组织内部目前尚缺乏学术型人才，难以将多年的救援经验理论化、系统化。因此在人才队伍建设方面，北京平澜公益基金会需要重视内部平衡，加强能力建设，培养既熟悉政策、又懂外语的专业化人才。

其次，目前北京平澜公益基金会在海外的各类人道主义救援行动都是项目导向性，比如因发生灾情需要救援而组织团队（地震救援、难民援助等），或者为预防更严重后果而提前参与治理（津巴布韦反盗猎）。参与救援的人员多为当地的中国留学生、华人华侨和企业。留学生和企业工作人员回国变动会影响当地团队组建的长期性和稳定性。项目结束后救援人员撤离，较少建立后期的维护和反馈机制，也难以形成长期的合作伙伴关系，当再次出现救援需要时又要重复部分程序性工作，一定程度上降低了救援行动的效率。

再次，北京平澜公益基金会虽然已经初步具备宣传意识，但是其传播工作仍处在起步阶段，仍需要大力发展。社会组织宣传力度不够导致其社会知名度和认可度低，从而影响资金来源。北京平澜公益基金会目前并没有设立专门的宣传部门，主要依靠年报、微信公众号和微博官方账号等载体，但这些传统媒介和社交媒体传播效果有限，受众小，关注度低。截至 2022 年 10 月 13 日，北京平澜公益基金会微博账号“平澜公益”共有 2.5 万粉丝，每条微博的转评赞数量较低。北京平澜公益基金会的海外宣传平台主要是推特（Twitter）和脸书

（Facebook），目前也处于初期运营阶段，受众有限。理事长王珂在接受访谈时提到，目前北京平澜公益基金会还处在记录历史的阶段，还没有到发力宣传的时候。因为宣传是一个长期的过程，需要积累到一定程度才能实现“厚积薄发”。

随着中国社会组织“走出去”意识的加强、领域的拓宽、专业程度的深化和国家政策的支持，未来社会组织参与全球治理将会更受重视，得到社会各界更多的支持和帮助。如今社会组织发展环境已有较大改善，突出表现为三点：一是社会组织发展日益融入当代中国治理创新的整体制度脉络；二是社会各界对社会组织的认识度不断提升；三是政府行政体制改革为社会组织成长提供了契机。[①] 政府和民间对于社会组织能够发挥的作用有了更系统、清晰的认识。对于政府来说，社会组织可以适当作为政府的“排头兵”，以更灵活弹性的方式参与各类项目建设，降低受援国和其他国家对中国的误解和偏见，真正实现以民间外交促进官方外交。对于民间来说，社会组织可以为参与相关行动的个体提供平台、信息、装备和专业人员，帮助有意愿的个体形成自己的社交圈。对于社会组织自身而言，与政府保持良好的关系可以在一定程度上扩大自身的影响力。在未来，北京平澜公益基金会可以从以下几个方面完善自己的工作。

第一，北京平澜公益基金会应有针对性地选择合适的领域和项目开展工作，一方面提升组织的参与度和知名度，另一方面通过自身所代表的民间力量为中国正名，津巴布韦反盗猎项目是一个良好的开端。目前国际社会在部分领域仍然对中国抱有偏见和误解，社会组织可以发挥其灵活性和自主性，在容易产生误解的领域开展对话与交流，通过民间力量向世界传达中国在全球治理领域的积极态度和重要贡献。社会组织非政府、非营利的性质更容易得到社会各界的认可，可以努力承担起社会公共管理方面的部分职能。

---

① 嵇欣、黄晓春、许亚敏：《中国社会组织研究的视角转换与新启示》，载《学术月刊》，2022 年第 06 期，第 125—137、191 页。

第二，加强国际层面的各项行动。从学术层面看，北京平澜公益基金会可以加强相关政策的学习研究，学习其他成熟的人道主义救援组织的运作和管理制度。从实践角度看，可以充分利用自己的咨商地位在联合国框架内建言献策，在其他大洲和重点国家设立办事处，与国际社会其他成熟的救援组织开展交流合作。目前北京平澜公益基金会已具备明确的全球治理意识与合作精神。当今世界冲突不断、传染性疾病蔓延，制约和平与发展的因素仍然存在，民间组织的作用不可忽略。北京平澜公益基金会在数次全球灾害治理行动中结识了来自全球各国的同类型组织，在未来可以加强与这些组织的联系，实现信息共享和模拟演练，提高自身的专业性。

第三，深化与政府和企业的关系。中国的社会组织在一定程度上仍然需要政府的助力，而社会组织可以成为推动政府政策落地的有力帮手，双方已经逐渐意识到与对方关系的重要性。北京平澜公益基金会的主要资金来源并不是中国政府，因此在决策上相对更独立，但是相较于其他“国字头”基金会规模较小，所拥有的社会资源相对较少。若能在一定程度上获得政府的支持，则更有利于扩大基金会的规模，稳定的资金来源也有利于促进北京平澜公益基金会各项救援行动的运行与开展。北京平澜公益基金会可以凭借过去的救援经历和良好口碑赢得政府信任，获得政府指派企业捐助或者承担政府项目的机会。另外，北京平澜公益基金会自身还需加强与“走出去”的中资企业的联系，促使更多中资企业对社会组织进行捐助，并与海外中资企业形成良好高效的沟通模式和快速救援机制，提高企业对于跨国救援组织的理解，获得更多支持。

第四，形成自己独特的“救援-宣传模式”，增强自身在国内和海外的认可度。人道主义救援组织需要将救援和宣传有机结合，使二者相辅相成。此外还需要加强日常宣传，既能让企业看到资助海外人道主义救援行动能够提升企业形象，也有助于培养企业在当地的社会责任意识。北京平澜公益基金会在今后的工作中应建立并提高国际认可度。国际认可对于一个跨国组织而言至关重要，直接影响着组织能够得到的资源数量和行动能力。很多国际组织都将推广工作视作维持发展的关键因素。知名跨国救援组织无国界医生便设立了专门的传播主管（北京）、地区线上传播经理（香港）和新媒体主任（北京）来根据机构的整体传播策略及在国内的发展需求，制定传播策略，进而强化在对象国的影响力，[1] 这也可以成为未来北京平澜公益基金会工作的方向之一。

理事长王珂提到，北京平澜公益基金会购置大型医疗救援船，为航线沿途多个国家提供医疗支援。王珂表示："北京平澜公益基金会的医疗船一旦开出去，无时不刻都在为基金会做宣传，因为它只要到了港口，就能引起关注，这个载体足够大了。"简言之，北京平澜公益基金会将宣传工作和救援行动相互融合，宣传在一定程度上是影响救援的要素；而救援成果则又决定着宣传的投入。在接下来的工作中，北京平澜公益基金会将在几个项目中提升自己的"能见度"与"曝光度"。一是前文已经提到的救援船行动；二是废墟博物馆，他们计划在叙利亚建立一座废墟博物馆，既作为当地重建的一部分，也通过这样的人文关怀引发共鸣；三是电影拍摄，根据北京平澜公益基金会的泰国洞穴救援、柬埔寨公益排雷、津巴布韦反盗猎等事迹改编的电影有望申请成为重点扶持项目。他们认为这样的宣传形式能促进文化的传播。"我们希望让全国人民都能知道，中国也有自己的《何以为家》，我们不妨也让国际社会看看我们中国人是怎么做的。"

第五，为当地可持续发展提出方案。人道主义救援不局限于救援当下，援助结束后如何实现当地后续的发展是北京平澜公益基金会日后工作需要深入的方向。救援地后续社会治理问题与实践紧密相关，在纯理论研究中往往无法体现出来，目前研究中几乎没有提及。然而，若后续治理没有被妥善处理，原本善意的救援反而给当地带来更大的

① 《新媒体主任（北京）》，https://msf. org. cn/vacancy/digital-communications-officer-新媒体主任（北京）。

社会矛盾。目前，北京平澜公益基金会已经根据两个具体跨国救援项目探索出适合当地发展的治理模式，但是案例数量少，经验推广性不高，仍然需要基金会通过大量的社会治理实践来总结经验，结合当地实际情况和人民真实需求开展治理工作。

从北京平澜公益基金会的案例中可以看出，中国社会组织“走出去”仍然需要社会各界的关注。只有中国的社会组织真正“走出去”，才能让世界看到真实的中国。如今越来越多的社会组织有“走出去”的意识，愿意学习、研究和参与全球治理的机制，但是与西方国家相比，中国社会组织参与全球治理的深度和广度仍然有待加强。目前，联合国框架内活跃的社会组织主要来自欧美发达国家，其总部也大都设立在发达国家的发达城市，因而更有利于获得各类信息、召集各类资源、组织各类活动。而发展中国家的社会组织成熟度普遍较低、参与全球治理的途径有限、受到国内外各种客观因素的制约。因此只有不断提高发展中国家社会组织在全球治理中的地位和话语权，才能更切实地帮助这些国家的弱势群体发声，真正实现南北平衡，从而实现联合国可持续发展的各项目标。

# 第五章　世界针灸学会联合会参与全球卫生治理①

疾病自古以来就是人类无法避免的难题和挑战。随着人类从农耕社会走向商业社会，国际贸易的发展与全球化的进程也使传染病的发展规模和传播速度迅速增长，并为其在人与动物之间的传播创造了便利条件。鉴于此，仅仅以国家为单位来应对全球性的卫生和健康危机已经越来越难，全球卫生治理日益成为重要的国际非传统安全问题和国家安全问题。新冠肺炎疫情这一国际突发的公共卫生事件对于国际安全形势的剧烈影响，使国际关系学界重新将卫生治理这一"低级政治"领域的问题与国际政治的关系作为新的研究重点。然而，在全球治理领域，世界卫生组织历来是最具权威性与普遍性的机构，"在促进全球卫生治理方面在不同时期、不同程度上发挥了引领者、协调人、保证人和信息中心的作用，具有中心地位。"② 但是，世界卫生组织并

① 本章要特别感谢世界针灸学会联合会对本研究的大力支持，刘保延主席、杨宇洋副秘书长分别就世界针联参与全球卫生治理的议题作了两次专题讲座，为本研究提供了坚实的基础。还要感谢世界针联研究小组北外学院李嘉文、付敬乐、凌一凡、周润琪对于世界针联国际化路径的基础研究，国际组织学院硕士研究生俞可心在冬奥会服务期间对于中医针灸所发挥作用的观察，北外学院刘翰林老师协助作者整理了本章的初稿。本文稿已由刘保延主席与杨宇洋副秘书长分别审阅，文中错漏之处由作者负责。

② 刘铁娃：《世界卫生组织在全球卫生治理中的中心地位及其面临的挑战分析》，载《太平洋学报》，2021 年第 2 期，第 15 页。

不能包揽一切，在疫苗研发、资金支持、知识贡献等诸多方面，世卫组织都需要包括跨国公司和社会组织在内的非政府组织的支持。尤其是在新冠肺炎疫情的冲击之下，全球卫生治理不仅需要国家之间的合作，也需要非国家行为体的参与。本章将以世界针灸学会联合会为例，分析中国社会组织在全球卫生治理中的参与情况，并总结经验。

## 第一节　全球卫生治理与联合国可持续发展目标

疾病与瘟疫伴随着人类文明的进程——从公元165年的安东尼大瘟疫到20世纪初的西班牙大流感，再到已经持续三年多的新冠肺炎疫情，人类在这些瘟疫中穿行，经济社会生活遭受严重的损失，具体可见表5-1。例如，14世纪的黑死病造成欧洲人口锐减了30%至50%，并在此后的300年间在欧亚大陆持续蔓延，造成约2亿人死亡；1520年之后新大陆天花暴发，导致5600万人口死亡；1918—1919年的西班牙大流感，造成4000万人至5000万人死亡；[①] 始于2020年年初的新冠肺炎疫情，截至2022年11月4日，已经造成6 576 088人的死亡。[②] 不过，这些传染病和瘟疫在给人类带来重大灾难的同时，也促进了人类共同合作应对疾病灾难机制的确立。人类的卫生治理从早期的隔离等原始防疫措施，到以国家为主体的检疫治疗等调控措施，再到区域联合防疫措施，全球公共卫生治理理念也经历了从无到有，从各自为营到国际合作的发展。[③] 全球卫生治理在全球治理体系中的地位不断上升，而一些重大传染性疾病对于各国公共卫生体系所造成的冲击，也越来越被认为是非传统安全问题。

---

① Nicholas LePan, "Visualizing the History of Pandemics", https://www.visualcapitalist.com/history-of-pandemics-deadliest/.

② 世界卫生组织官网，https://www.who.int/emergencies/diseases/novel-coronavirus-2019。

③ 吉益霖：《全球公共卫生治理理念的历史流变、发展困境与中国方案》，载《河北法学》，2022年第11期，第167页。

表 5-1　人类历史上的重大疾病与瘟疫

| 名称 | 流行时期 | 死亡人数（人） |
|---|---|---|
| 安东尼大瘟疫 | 165—180 年 | 500 万 |
| 查士丁尼瘟疫 | 541—542 年 | 3000—5000 万 |
| 日本天花流行病 | 735—737 年 | 100 万 |
| 黑死病 | 1347—1351 年 | 2 亿 |
| 新大陆天花爆发 | 1520 年之后 | 5600 万 |
| 17 世纪大瘟疫 | 1600 年 | 300 万 |
| 18 世纪大瘟疫 | 1700 年 | 60 万 |
| 第三次瘟疫 | 1885 年 | 1200 万 |
| 黄热病 | 19 世纪末 | 10—15 万 |
| 俄罗斯流感 | 1889—1890 年 | 100 万 |
| 西班牙大流感 | 1918—1919 年 | 4000 万—5000 万 |
| 亚洲流感 | 1957—1958 年 | 110 万 |
| 香港流感 | 1968—1970 年 | 100 万 |
| 艾滋病毒 | 1981 年至今 | 2500—3500 万 |
| 重症急性呼吸综合征（SARS） | 2002—2003 年 | 770 |
| 猪流感 | 2009—2010 年 | 20 万 |
| 埃博拉 | 2014—2016 年 | 1.1 万 |
| 中东呼吸综合征（MERS） | 2015 至今 | 850 |
| 新型冠状病毒肺炎（COVID-19） | 2020 年年初—2022 年 | 655.7 万 |

资料来源：根据现有研究数据制作而成，参见 Visual Capitalist，“Visualizing the History of Pandemics”，https://www.visualcapitalist.com/history-of-pandemics-deadliest。

## 一、全球卫生治理的发展历史与演变

从历史上看，人类社会最古老的卫生治理是基于国家自助为基础的最原始的疾病防治，尚无国际治理可言。而国际卫生治理（International Health Governance，IHG）的早期形式则主要是以两个或两个以上的国家在卫生问题上进行合作的形式，持续了几个世纪，并随着贸易关系的扩大而逐渐建立起了区域卫生组织。但是，直到19世纪，人类才开始真正系统地为跨国保护和促进人类健康建立一个包含卫生治理规则和机制的全球治理体系而努力，这是卫生问题全球化的结果，也因疾病的跨境传播阻碍工业化发展和国际贸易的进程而得到欧洲经济精英的大力支持。①

国际卫生大会（International Sanitary Conference）是这个时期内建立起来的最初的国际卫生治理机制，于1851年第一次召开。当时，12个欧洲国家代表在巴黎举行了第一届国际卫生大会。虽然此次会议并没有达成什么协议，但它标志着国际卫生治理的开端。如表5-2所示，自1851年到1913年间，一共举行了18次与卫生相关的国际会议。截至1914年建立了12个与卫生有关的国际机构，其中最有名的要数1902年成立的国际卫生局（也是后来的泛美卫生局）和1907年成立的国际公共卫生办事处，它们为各国提供了一个常设的卫生公共交流平台。虽然在20世纪之前，以国际卫生大会为代表的卫生治理机制的成果较为有限，但它们为此后有关公共卫生的国际决定和法律制定奠定了基础。② 自此之后，由国家间合作构成国际合作共同体的概念开始出现，推动了各国之间关于疾病、瘟疫等方面的科学知识的分享与交流。

① Richard Dodgson, Kelly Lee and Nick Drager, "Global Health Governance: A Conceptual Review", https://apps. who. int/iris/bitstream/handle/10665/68934/a85727_eng. pdf?sequence=1&is Allawed=y.

② 同①。

表 5-2　1851—1913 年国际卫生大会一览表

| 时间 | 会议 | 地点 |
| --- | --- | --- |
| 1851 年 | 第一届卫生大会（First Sanitary Conference） | 巴黎 |
| 1859 年 | 第二届卫生大会（Second Sanitary Conference） | 巴黎 |
| 1866 年 | 第三届卫生大会（Third Sanitary Conference） | 伊斯坦布尔 |
| 1874 年 | 第四届卫生大会（Fourth Sanitary Conference） | 维也纳 |
| 1881 年 | 第五届卫生大会（Fifth Sanitary Conference） | 华盛顿 |
| 1885 年 | 第六届卫生大会（Sixth Sanitary Conference） | 罗马 |
| 1887 年 | 北海酒类贸易大会（Convention Respecting Liquor Traffic in the North Sea） | 海牙 |
| 1892 年 | 第七届卫生大会（Seventh Sanitary Conference） | 威尼斯 |
| 1893 年 | 第八届卫生大会（Eight Sanitary Conference） | 德累斯顿 |
| 1894 年 | 第九届卫生大会（Ninth Sanitary Conference） | 巴黎 |
| 1897 年 | 第十届卫生大会（Tenth Sanitary Conference） | 威尼斯 |
| 1899 年 | 非洲酒类贸易大会（Convention Respecting Liquor Traffic in Africa） | 布鲁塞尔 |
| 1903 年 | 第十一届卫生大会（Eleventh Sanitary Conference） | 巴黎 |
| 1906 年 | 非洲酒类贸易大会（Convention Respecting Liquor Traffic in Africa） | 布鲁塞尔 |
| 1909 年 | 第一届国际禁毒会议（First International Opium Conference） | 上海 |
| 1911 年 | 第十二届卫生大会（Twelfth Sanitary Conference） | 巴黎 |
| 1911 年 | 第二届国际禁毒会议（Second International Opium Conference） | 海牙 |
| 1913 年 | 第三届国际禁毒会议（Third International Opium Conference） | 海牙 |

资料来源：吉益霖：《全球公共卫生治理理念的历史流变、发展困境与中国方案》，载《河北法学》，2022 年第 11 期，第 170 页。

虽然卫生领域的国际合作已经出现，但早期的卫生治理主体依旧更侧重于单个国家内部及与之利益相关的少部分国家，呈现出较强的区域性和利己性，区域性合作机构内部也存在着矛盾和冲突。然而，在19世纪末20世纪初各种流行病的全球传染性增加的威胁之下，政府间和非政府卫生组织对全球卫生治理的参与程度逐步提高，使治理理念越来越呈现出“人道主义”的特点。其中，国际联盟卫生组织（Health Organization of the League of Nations）于1920年建立并设立了卫生事务委员会、医务部和咨询委员会等机构，“推动了全球疫情信息中心、病理数据库、疾病抗击手段和疾病预防体系的建设和发展。”① 第二次世界大战之后，随着一些新机构的成立和各国政府对卫生相关发展援助的增加，国际卫生治理取得了巨大的进展。一方面，在联合国系统之内，世界卫生组织（World Health Organization，WHO）作为联合国专门负责卫生事务的机构于1948年成立；另一方面，联合国救济和善后署（UN Relief and Rehabilitation Administration，UNRRA）、联合国国际儿童紧急基金会（UN International Childrens Emergency Fund，UNICEF）和联合国难民署（UN High Commissioner for Refugees，UNHCR）分别于1943年、1946年和1949年成立，也为国际卫生治理贡献出自己的力量。

此后，世界卫生组织逐渐成为国际卫生治理的核心机构。然而，世界卫生组织对卫生治理的推动作用受到各国政府的制约，因为在进行全球卫生治理的过程中，世界卫生组织从一开始就比较依赖成员国政府的作用，通过推动成员国政府部门的有关行动来促进卫生治理。即使是在20世纪50年代之后，越来越多的社会组织可以正式与世界卫生组织建立起关系，这些社会组织所能够发挥的作用也是有限的，因为在地方层面，政府较少会在卫生治理中咨询它们的意见。不仅如此，由于越来越多的政策行为体参与全球卫生治理，例如包括欧盟在内的区域组织、联合国儿童基金会、联合国开发计划署、联合国人口基金会等，这也使得政府间国际组织的话语权继续扩大。

① 吉益霖：《全球公共卫生治理理念的历史流变、发展困境与中国方案》，载《河北法学》，2022年第11期，第167页。

## 二、全球卫生治理与联合国可持续发展目标的相关性

联合国可持续发展目标的17项目标中，位列第三位的发展目标是良好健康与福祉（Good Health and Well-Being），即确保健康的生活方式，促进各年龄段所有人的福祉。在这一目标的细节阐述中，联合国针对人民日常生活的健康保障提出了多项预期，包括降低死亡率、消除艾滋病等大流行病、提升非传染性疾病的治愈率、普及性健康和生殖健康保健服务、实现全民健康保障，以及提供安全、有效、优质和可负担的基本药品和疫苗等。不论是从外部条件为人民的生活提供硬性的健康保障，还是从精神层面提高人民的健康意识，都需要各类卫生组织的积极参与，共同筑建牢固的卫生保护屏障，尽力预防和控制疾病的产生和传播。针对发展中国家，在“良好健康与福祉”这一目标中，更是着重提出了下列三项与疾病防治相关的发展预期：“第一，支持研发主要影响发展中国家的传染和非传染性疾病的疫苗和药品，根据《关于与贸易有关的知识产权协议与公共健康的多哈宣言》（以下简称《多哈宣言》）的规定，提供可负担的基本药品和疫苗，《多哈宣言》确认发展中国家有权充分利用《与贸易有关的知识产权协议》中关于采用变通办法保护公众健康，尤其是让所有人获得药品的条款。第二，大幅加强发展中国家，尤其是最不发达国家和小岛屿发展中国家的卫生筹资，增加其卫生工作者的招聘、培养、培训和留用。第三，加强各国，特别是发展中国家早期预警、减少风险，以及管理国家和全球健康风险的能力。”①

随着时代的发展，卫生安全已经进入了全球发展和政治领域，每个国家也不再是独立的管控者。正如上述三条针对发展中国家的目标所提到的，面对各类疾病，全球卫生治理需要向发展较弱的国家和民众倾斜。在当今世界局势的影响下，面对健康威胁，没有一个国家可

① 《目标3：确保健康的生活方式，促进各年龄段人群的福祉》，https://www.un.org/sustainabledevelopment/zh/health/。

以独善其身。即使是有着先进技术和雄厚经济实力的国家，面对无孔不入的病毒，也无法把自己封闭起来，无法完全避免其他国家疾病的传播。因此，在面对全球性的疾病或疫情时，各个国家都需要做出实际行动来改善现状，并尽可能地共同消灭疾病。

“良好健康与福祉”这一目标位列所有可持续发展目标中的第三项，它的重要性也相对较高，确保健康生活是维护社会稳定，建设繁荣社会的先决条件。随着全球化深入发展，卫生问题也不再局限于医学范围，在全球发展理念和政治因素的影响下，全球卫生治理开始蓬勃兴起，并更加全面地服务于社会，为人民在健康问题上排忧解难。在各国的通力合作下，截至目前，重大传染性疾病的遏制（如艾滋病、疟疾，肺结核等）、孕产妇死亡率的降低、部分疾病疫苗的研发（如麻疹疫苗）等领域已取得了显著成果。以中国为例，5 岁以下儿童死亡率从 1991 年的 61.0‰降到 2015 年的 10.7‰，孕产妇死亡率从 1990 年的 88.8 人每 10 万人下降到 2015 年的 20.1 人每 10 万人。[①] 在很长的一段时间里，全球卫生治理都向着良好的方向前进。

不过，病毒不断变异发展，往往会超出现有全球卫生治理体系的应对能力。自 2019 年起，新冠肺炎病毒的出现再次带来了一场前所未有的全球卫生危机，越来越多的人因新冠肺炎疫情而遭受苦难，全球经济的稳定被破坏，全球数十亿人的生活被扰乱。虽然在此次大流行之前，国际社会在改善数百万人的健康方面已经取得了重大进展，但是新冠肺炎疫情为世界敲响了警钟，各国仍需付出更多努力，尽可能解决多种顽固和新型的健康问题。通过为卫生系统提供更高效的资助，改善环境卫生和个人卫生，以及提高医疗服务的可及性，有助于挽救数百万人的生命。

面对新冠肺炎疫情这一突发的重大公共卫生事件，各国的反应速度及应对能力存在着明显的差别。但不论各国进展如何，新冠肺炎疫

① 《目标 3：确保健康的生活方式，促进各年龄段人群的福祉》，https://www.un.org/sustainabledevelopment/zh/health/。

情都带来了全球性的风险，因此做好防范是迫切需要的。联合国开发计划署强调，各国对2019新型冠状病毒危机的应对和恢复能力差异巨大。此次大流行病是改变突发卫生事件防范的重大契机，也是增加21世纪重要公共服务投资的重大契机。[①] 由于新冠肺炎病毒的传播能力非常强，在当前的经济全球化背景下，仅凭各国政府和政府间国际组织的参与是远远不够的，必须动员一切可以动员的力量，而非政府组织在其中可以扮演非常重要的角色。

## 三、全球卫生治理的主体：政府、政府间国际组织与非政府组织

全球卫生治理，是指多元主体以多种方式在健康领域进行协作，共同制定并实施国际规制，以便更好地应对全球健康危机，实现全人类健康的综合治理过程。[②] 现如今，随着卫生决定因素的多样化及卫生安全威胁的日益严重，卫生治理也不再专属于医学范畴，逐渐上升为国际政治的重要议程。[③] 因此，除了医学技术专家的参与，全球卫生治理需要着眼于国家和社会，需要大量政府和组织的投入。

在传统的和新时代治理模式的全球卫生治理体系下，主权国家都是主导力量。在面对卫生治理问题时，各国政府结合自身情况对问题进行研判，制定计划并推出全球卫生战略，以发布报告或分享治理实例的方式，将治理经验进行直观的分享和交流。2019年5月，特朗普政府发布了《全球卫生安全战略》，这份战略具有一定的前瞻性，在新冠大流行期间为美国的疫情防治作了很好的指导；中国在经历武汉疫情后，结合临床试验数据和抗击疫情的经验，及时地向全球共享了病毒的基因序列和临床诊疗方案，在2020年前期为遏制新冠肺炎疫情的

① 《目标3：确保健康的生活方式，促进各年龄段人群的福祉》，https://www.un.org/sustainabledevelopment/zh/health/。

② 《应对风险挑战完善全球卫生治理》，http://www.qstheory.cn/llwx/2020-08/21/c_1126394264.htm。

③ 晋继勇：《全球卫生治理的背景、特点与挑战》，载《当代世界》，2020年第4期，第42—48页。

进一步扩散作出了巨大的贡献，展现了大国担当。此外，各国政府也经常通过直接对话的方式展开区域性卫生合作，利用地缘优势更好地促进全球卫生治理。

全球卫生治理的另一大主体便是政府间国际组织，它是各国之间通过正式的国际条约达成的具有常设秘书处的国际机构，一般针对具体领域的全球治理问题。一种比较常见的卫生治理结构便是通过政府间国际组织来指导与协调国家层面的合作，各国达成一致意见后再通过国内立法机构与行政机构来制定、执行相应的具体政策，以实现治理目标。① 目前国际上最大且最知名的政府间卫生组织为世界卫生组织（WHO），它是联合国体系内的专门机构，建立宗旨是使全世界人民获得尽可能高水平的健康，主要职能包括促进流行病和地方病的防治，提供和改进公共卫生、疾病医疗和有关事项的教学与训练，以及推动确定生物制品的国际标准。② 政府间国际组织除了能够帮助各国政府建立统一的沟通机制外，也反向监督着各国政府的举措，并在适当的时候作为信息分享的平台，呼吁各国政府进行经验互通，提醒各国及时关注最新的卫生问题，尽快作出应对。再次回到 2020 年新冠肺炎疫情，世界卫生组织在领导这场全球抗疫过程中起到了关键的作用。在中国报告疫情进展后，世界卫生组织于 2020 年 1 月 10 日在线发布一整套综合性技术指导，向所有国家提供了如何发现、检测和管理潜在病例的建议，并于 2020 年 1 月 30 日宣布新型冠状病毒肺炎疫情为国际关注的突发公共卫生事件。③ 由此可见，政府间国际组织的作用也是相对权威且具有广泛传播力的，它们的举措和行为对于卫生问题的及时发现和卫生治理的制度建设发挥着强劲的推动作用。

在全球卫生治理的发展过程中，非政府组织的力量开始受到越来

① 张彩霞：《全球卫生法：全球卫生治理的新趋势》，载《中国卫生政策研究》，2011 年 10 月第 4 卷第 10 期，第 60—66 页。

② 《关于世卫组织》，https://www.who.int/zh/about。

③ 《世卫组织抗击新冠肺炎疫情大事记》，https://news.un.org/zh/story/2020/04/1055072。

越多的关注。从19世纪中叶开始，非政府组织开始逐渐发展，并为世界卫生治理作出贡献，它们的主要作用是填补空白或补充政府行动。例如，成立于1913年的洛克菲勒基金会的国际卫生司在支持许多地区的卫生服务和疾病控制计划方面发挥了领导作用。成立于1863年的红十字国际委员会制定了《日内瓦公约》，这是后来国际卫生制度的先驱，为治疗战争中的伤员制定了行为规范和道德标准。这一时期创建的其他著名的非政府组织有红十字会联盟（1919年）和救助儿童会（1919年）。到20世纪20年代，政府和非政府卫生组织对世界卫生治理提出了“人道主义”的愿景。许多医疗工作者和公共卫生官员开始在国家层面建立国家公共卫生系统（如玛格丽特-桑格），积极参与了这些早期国际卫生组织机构的设计。从19世纪中叶起，越来越多的人开始参加国际科学会议，他们都秉持着强烈的信念，即国际卫生合作应该寻求为尽可能多的人提供健康。为了实现这一“社会医学”的愿景，需要将普适性作为指导原则，建立国际卫生治理体系，并将尽可能多的国家纳入其中。总的来说，非政府组织的存在填补了硬性制度的空缺，让全球卫生治理的制度变得更加灵活。①

当前的全球卫生治理已经从威斯特伐利亚体系转向了“后威斯特伐利亚体系”，无论国家行为体还是非国家行为体都参与到全球卫生治理之中。② 国家政府作为主要的“治理者”，政府间国际组织作为“监督者”，非政府组织作为“完善者”，三大治理主体互相制约互相融合，构成了如今的全球卫生治理体系，从多元化的角度共同迎击卫生问题，为人民的健康需求作好保障。

---

① 张彩霞:《全球卫生法:全球卫生治理的新趋势》,载《中国卫生政策研究》,2011年10月第4卷第10期,第60—66页。

② 晋继勇:《全球卫生治理的背景、特点与挑战》,载《当代世界》,2020年第4期,第42—48页。

## 第二节　中国在全球卫生治理中的理念与实践

自加入世界卫生组织以来，中国一直积极地推进全球卫生治理，并在应对各类卫生风险时积极展示了大国担当，将其作为构建人类命运共同体的重要一环。新冠肺炎疫情进入全球大流行阶段以后，公共卫生安全已经跃升为重点议题。全球卫生治理话语权的重要性空前突出，卫生治理效果成为展示“软实力”的重要舞台。① 中国一直秉持着可持续发展和互帮互助的准则，坚定维护联合国和世界卫生组织的地位和作用，维护多边主义的理念和原则，维护国际社会的团结和合作。面对新冠肺炎疫情的肆虐，在中国共产党的领导下，中国积极参与全球卫生治理，提供国际公共物品，这其中不仅有中国政府的努力和贡献，也有中国社会组织的积极参与和贡献。

### 一、中国参与全球卫生治理的理念

在构建人类命运共同体这一核心思想的基础上，中国一直秉持着构建人类卫生健康共同体这一理念，即各国不能独善其身，应积极参与全球公共卫生治理，共同应对全球的卫生危机。自2003年非典（SARS）疫情之后，中国日益重视通过多边制度平台与世界各国开展公共卫生领域的合作。在面对威胁全人类的卫生安全风险时，只看重国家主权和国家利益的偏好是难以形成全球集体行动的。当前，全球公共卫生治理依然存在理念陈旧、制度乏力、公共产品供给不足等诸多缺陷，这势必削弱全球合作应对公共卫生危机的能力。② 2021年5月21日，国家主席习近平在全球健康峰会上的讲话《携手共建人类卫

① 曲鹏飞:《应对风险挑战完善全球卫生治理》,http://www.qstheory.cn/llwx/2020-08/21/c_1126394264.htm。

② 齐峰:《人类卫生健康共同体:理念、话语和行动》,载《社会主义研究》,2020年第4期,第119—126页。

生健康共同体》中强调："坚持标本兼治，完善治理体系。这次疫情是对全球卫生治理体系的一次集中检验。我们要加强和发挥联合国和世界卫生组织作用，完善全球疾病预防控制体系，更好预防和应对今后的疫情。要坚持共商共建共享，充分听取发展中国家意见，更好反映发展中国家合理诉求。要提高监测预警和应急反应能力、重大疫情救治能力、应急物资储备和保障能力、打击虚假信息能力、向发展中国家提供支持能力。"① 由此可见，中国历来重视并且支持联合国和世界卫生组织在全球治理中的关键领导作用。近年来，中国用自己的实际行动支持着联合国和世界卫生组织全球治理工作：中方积极参与和主办部级及以上国际会议，2016 年成功与世界卫生组织共同举办第九届全球健康促进大会；在世界卫生大会上主推并通过儿童安全用药、传统医药等多项决议，牵头举办卫生体系、健康扶贫等多个主题边会；中国目前有五支国际应急医疗队获得了世界卫生组织认证；传统医学也被正式纳入最新《国际疾病分类》体系。②

除了加强和联合国及世界卫生组织的合作外，中国也积极参与区域和跨区域多边合作机制建设，尤其是注重周边和发展中国家地区的互通。例如，在中国的积极推动下，东盟、日本、韩国、澳大利亚与新西兰等国于 2005 年东亚峰会期间一致同意通过《关于预防、控制和应对禽流感东亚峰会宣言》，决定在国家与地区层面积极沟通并共同建立抗病毒药物储备网络。③ 在跨区域卫生合作的过程中，中国也毫不吝惜地分享了自己的经验，并积极为相对落后的地区提供帮助。2014 年以来，中国更加广泛地参与非洲公共卫生体系建设，帮助非洲国家增强疾病防控能力。近年来，在应对非洲地区出现的突发公共卫生事件

① 《携手共建人类卫生健康共同体——在全球健康峰会上的讲话》，http://www. gov. cn/gongbao/content/2021/content_5612964. htm。

② 《国家卫健委：十年来中国深入参与全球卫生治理，积极贡献中国力量》，https://baijiahao. baidu. com/s?id = 1743474845102140955&wfr = spider&for = pc。

③ 苏祥新：《东亚领袖签署〈关于预防、控制和应对禽流感的东亚峰会宣言〉》，载《农村养殖技术：新兽医》，2005 年第 12 期，第 54 页。

(如黄热病疫情、埃博拉疫情)过程中,中国疾控中心均派出了应急队伍实地开展防控工作。[①] 除了第三世界国家及周边国家外,自改革开放后,中国也在持续同发达国家建立起合作关系,包括在1979年和1990年分别同美国与澳大利亚签署卫生合作协议,引入西方国家的卫生理念与技术;2004年表示要同法国开展在传染病防治领域内的科学合作与研究;2005年与美国签署《中美新发和再发传染病合作项目合作谅解备忘录》,建立起卫生合作机制等。[②] 中国愿与世界各方保持密切联系,积极加强信息通报与医疗互助等方面的合作。

## 二、中国参与全球卫生治理的实践与成效:以抗击新冠肺炎疫情为例

在新冠肺炎疫情暴发前,中国一直坚持主权平等、多边主义和依法治理的原则,积极参与全球公共卫生治理的实践。通过这些实践,中国在促进国民健康,加强全球卫生治理领域也取得了不少成绩。《2022年可持续发展报告》评定中国在“目标3:良好健康和福祉”的得分超过了75,虽然仍然面临着“较大的挑战”,但已经取得了“相当程度的进步”。[③] 落实到可持续发展目标3下的各项指标情况来看,截至2020年,中国已经建成世界上规模最大的社会保障体系,基本医疗保险参保人数逾13.6亿人,基本养老保险覆盖近10亿人。2016年至2020年,全国孕产妇死亡率从19.9人每10万降至16.9人每10万人,5岁以下儿童死亡率从10.2‰降至7.5‰,婴儿死亡率从7.5‰降至5.4‰。[④]

然而,2020年年初以来的新冠肺炎疫情大流行被认为是21世纪迄

① 汤蓓:《中国参与全球卫生治理的制度路径与未来选择——以跨国传染性疾病防控为例》,载《当代世界》,2020年第5期,第18—23页。

② 程婷、谭志敏:《我国公共卫生外交的历史脉络、演进特征及启示》,载《南京医科大学学报》(社会科学版),2022年第2期,第120—125页。

③ Jeffrey D. Sachs, et al. *Sustainable Development Report 2022*, Cambridge University Press, 2022, p. 154.

④ 《中国落实2030年可持续发展议程国别自愿陈述报告》,https://www.fmprc.gov.cn/web/ziliao_674904/zt_674979/dnzt_674981/qtzt/2030kcxfzyc_686343/zw/202107/P020210912807817369012.pdf。

今为止全球公共卫生遭遇的最大威胁，全球人民的生活和身心健康都受到了新冠肺炎疫情的影响。中国作为最早遭遇新冠肺炎疫情的国家之一，在全国人民群众团结一心的斗争中，用尽可能快的速度和疫情抗争，将疫情扩散的影响降至最低。

2019年年末，湖北省武汉市监测发现不明原因肺炎病例，中国第一时间报告疫情，迅速采取行动，开展病因学和流行病学调查，最大限度地阻断疫情蔓延。疫情暴发时，中国正处于全国最盛大的节日——春节假期之中，人员流动和聚集频率达到了全年的最高峰。面对凶险的疫情，中共中央迅速成立应对疫情工作领导小组，并向湖北省派出中央指导组。国务院先后建立联防联控机制、复工复产推进工作机制。全国集中资源和力量全力驰援湖北省和武汉市，其他各地也立刻启动重大突发公共卫生事件应急响应。① 仅十天时间，两座方舱医院"雷神山""火神山"拔地而起，迅速收治了大量武汉新冠肺炎感染患者。短短三个月的时间内，全国人民全副武装、全力遵守防疫政策、避免不必要的外出，在先进的诊疗手段的帮助下，成功地将笼罩在武汉城上的疫情阴影抹去，效率之高得到了全世界的称赞。在新冠灭活疫苗的保护下，危重症患者的比率显著下降，新冠治愈率也达到了90%以上。中国在新冠肺炎疫情的应对上已经取得了巨大成效，中国正在逐渐恢复正常的生产秩序，人民的生活也在逐渐走上正轨。

在国内的疫情稳定后，为了感谢国际社会和各国政府对中国抗疫的帮助，面对全球开始流行的新冠肺炎疫情，中国积极参与全球公共卫生治理体系的改革和建设，积极推动国际公共卫生治理秩序朝更加公正合理的方向发展，积极分享自身抗击疫情的宝贵经验，在疫情防控国际合作及应对全球公共卫生危机中展现了负责任的大国担当。新冠肺炎疫情发生以来，习近平主席多次参加国际峰会并发表讲话，与外国领导人和国际组织负责人通话或视频会见，介绍中国抗疫努力和

① 《〈抗击新冠肺炎疫情的中国实践〉报告全文》，https://cn.chinadaily.com.cn/a/202004/21/WS5e9e45afa310c00b73c786ed.html。

成效，阐明中国始终本着公开、透明、负责任的态度，及时发布疫情信息，分享防控和救治经验，阐明中国对其他国家遭受的疫情和困难感同身受，愿积极提供力所能及的帮助，呼吁各方树立人类命运共同体意识，加强双多边合作，支持国际组织发挥作用，携手应对疫情挑战。[①] 中国与世界卫生组织保持了紧密的联系，第一时间分享病毒基因序列等信息，第一时间公布诊疗方案和防控方案，加强疫苗药物研发国际合作。当以美国为代表的部分西方国家质疑世界卫生组织在全球卫生治理中的作用与公正性问题时，中国一如既往地支持世界卫生组织的工作，并向其捐款 5000 万美元会费，用于新冠肺炎疫情防控及支持发展中国家卫生体系建设等工作。[②] 中国不断以身作则，承诺将投入防护新冠肺炎疫情的第一线。

作为发展中国家，中国深知第三世界国家抗击疫情的不易，不论是在技术还是在经济支持上都有很大的缺口。为了展现大国担当，中国尽己所能地为国际社会特别是发展中国家提供援助和支持，展开人道主义救援，为非洲等落后地区建立对口医院合作机制。截至 2021 年 5 月，中国已为受疫情影响的发展中国家抗疫及恢复经济社会发展提供了 20 亿美元援助，向 150 多个国家和 13 个国际组织提供了抗疫物资援助，为全球供应了 2800 多亿只口罩、34 亿多件防护服、40 多亿份检测试剂盒。[③]

为了更好地帮助其他国家抗击疫情，中国向多个国家和地区提供医疗物资援助，率先承诺将疫苗作为全球公共产品，加入世卫组织“新冠肺炎疫苗实施计划”，积极支持并参与疫苗研发、生产、分配上

① 《抗击新冠肺炎疫情的中国行动》，http://www.gov.cn/zhengce/2020-06/07/content_5517737.htm。

② 《中国足额缴纳 2020 年联合国会费》，http://www.xinhuanet.com/world/2020-05/06/c_1125947076.htm。

③ 《中国落实 2030 年可持续发展议程国别自愿陈述报告》，https://www.fmprc.gov.cn/web/ziliao_674904/zt_674979/dnzt_674981/qtzt/2030kcxfzyc_686343/8w/2021071P020210912807817319012.pdf。

的国际合作，促进疫苗在发展中国家的可及性和可负担性，为有需要的国家派出医疗专家组。[①] 截至 2021 年 5 月，中国已陆续向 80 多个有急迫需要的发展中国家提供疫苗援助，向 43 个国家出口疫苗，向全球供应 3 亿剂疫苗。此外，中国同 10 多个国家开展了疫苗研发合作，并在印度尼西亚、巴西、阿联酋、马来西亚、巴基斯坦、土耳其等国开展疫苗联合生产。[②] 中国一直用实实在在的行动参与全球卫生治理，用自己的经验帮助其他国家提升应对重大突发公共卫生事件的能力和水平，为完善全球卫生治理体系作出了重要贡献。

在抗击新冠肺炎疫情的过程中，中国巧妙地利用了自己的传统医学优势，将传承文明历史的中药知识运用在新冠肺炎疫情的防治中，取得了很好的效果。2022 年 3 月 31 日，世界卫生组织在官方网站上发布了“世界卫生组织关于中医药抗击新冠肺炎专家评估会”的报告，充分肯定了中医药抗击新冠肺炎疫情的贡献。报告中指出中药能有效治疗新冠肺炎，降低轻型-普通型病例转为重症概率，缩短病毒清除时间和改善轻型和普通型新冠肺炎患者的临床预后。鼓励成员国考虑中国应用的中西医结合模式（整合医学模式），有效管理当前疫情，对未来可能发生的全球疫情作好准备。[③] 中医药获得更广泛的国际认可，也推动着中医药领域的中外合作更加深入。不久前发布的《推进中医药高质量融入共建“一带一路”发展规划（2021—2025 年）》提出，“十四五”时期，中方将与共建“一带一路”国家合作建设 30 个高质量中医药海外中心，向共建“一带一路”国家民众等提供优质中医药服务。[④]

① 李明倩:《新冠肺炎疫情下全球公共卫生治理的改革路径与中国角色》，载《当代世界》，2022 年第 1 期，第 41—45 页。

② 《中国落实 2030 年可持续发展议程国别自愿陈述报告》，https://www.fmprc.gov.cn/web/ziliao_674904/zt_674979/dnzt_674981/qtzt/2030kcxfzyc_686343/8w/2021071P020210912807817319012.pdf。

③ 《<抗击新冠肺炎疫情的中国实践>报告全文》，https://cn.chinadaily.com.cn/a/202204/02/WS62485deea3101c3ee7aced7a.html。

④ 《新华国际时评：推动中医药为全球抗疫作出更大贡献》，http://www.wfas.org.cn/news/detail.html? nid=6251&cid=10。

自新冠肺炎疫情暴发以来，全球经济发展陷入了很长时间的困境，多项传统产业被迫转型甚至消失。面对全球经济的衰退，中国积极构建新发展格局，在保证人民健康的基础上，有秩序地恢复生产生活，在逐步恢复中国的经济后，继续带动全球经济的复苏。中国经济回暖带动消费和进口增长，进口从 2020 年 6 月实现正增长，2020 年货物进口总额达到 14.22 万亿元。中国在国际舞台上不断以身作则，分享自身抗疫的宝贵经验，并积极推动全球卫生治理和经济复苏。

## 三、中国社会组织参与全球卫生治理

在全球卫生治理背景下，非政府组织的作用不容小觑，尤其是在新冠肺炎疫情大流行时代，需要进一步发挥非政府组织在疫情防控中的作用。展望未来，世界正面临百年未有之大变局，大国间的战略竞争和博弈将愈演愈烈，国际合作前景并不是特别乐观。在未来的全球卫生治理中，受政治因素影响，包括世界卫生组织在内的政府间国际组织的作用可能难以得到充分发挥。这时候，非政府组织就需要发挥更大的作用，最大限度地减少因国家间合作不畅导致的疫情蔓延所造成的负面影响。[①]

习近平多次在会议中阐述非政府组织、跨国公司、社会团体等在全球卫生治理中的地位与作用。2015 年 11 月，习近平在出席巴黎气候变化大会时提出："应该调动企业、非政府组织等全社会资源参与国际合作进程，提高公众意识，形成合力。"[②] 在 2017 年 11 月致信首届丝绸之路沿线民间组织合作网络论坛时，习近平主席再次明确指出："民间组织是推动经济社会发展、参与国际合作和全球治理的重要力

---

① 张海滨：《重大公共卫生突发事件背景下的全球卫生治理体制改革初探》，载《国际政治研究》，2020 年第 3 期，第 114 页。

② 《习近平在气候变化巴黎大会开幕式上的讲话（全文）》，http://www.gov.cn/xinwen/2015-12/01/content_5018478.htm。

量。”[1] 由于非政府组织在人才、管理、资金等方面具有天然优势，同时具有独立性、民间性、灵活性等特征，不仅是应对全球公共卫生事件的专业力量，也发挥着政策咨询和沟通民心等作用。因此，习近平主席特别强调非政府组织是全球卫生治理的重要力量。2016 年 9 月，由国际麻风防治协会（ILA）、国际抗麻风组织联合会（ILEP）等国际非政府组织联合主办的第十九届国际麻风大会在北京开幕，习近平主席在贺信中呼吁国际社会共同“创造一个没有麻风的世界”。在抗击新型冠状病毒疫情期间，全球卫生和教育领域的重要国际非政府组织盖茨基金会很早就加入全球抗疫行动，习近平主席为此专门复信该基金会联席主席比尔·盖茨，感谢他对中国防控疫情工作的支持，并呼吁国际社会加强协调，为维护人类健康福祉而一起努力。[2]

在国际政策的引导下，近些年来，中国卫生健康民间对外交流合作形成主体多元、伙伴广泛、内容丰富、形式灵活、渠道多样的格局，尤其是在对医疗欠发达，卫生条件欠佳地区的援助中，经常可以看到中国社会组织的身影。例如，非洲地区既是中国对外卫生援助的重点地区，也是中国参与跨地区卫生治理的重要合作对象。自 2014 年起，中国经常参与非洲公共卫生体系建设，帮助非洲国家增强疾病防控能力。从西非埃博拉疫情到新冠肺炎疫情，中国医学专家、公共卫生专家，以及包括像中国红十字会这类社会组织的志愿者们，多次逆行，深入一线，彰显了构建人类卫生健康共同体的强大感召力和价值引领，同时也体现了我国的大国责任与担当。[3] 中国还援建了非洲疾控中心，通过专家会议和培训班等形式帮助非洲加强公共卫生领域的专业人才队伍建设。

在参与全球卫生治理的进程中，各行各业的中国社会组织从经济、

① 《习近平致首届丝绸之路沿线民间组织合作网络论坛贺信（全文）》，http://www.xinhuanet.com/politics/2017-11/21/c_1121988276.htm。

② 于文龙、宫梦婷：《习近平全球卫生治理重要论述的核心要义探析》，载《湖南行政学院学报》，2020 年第 4 期，第 7 页。

③ 《深入参与全球卫生治理——十年来我国持续推进卫生健康国际交流合作》，http://www.news.cn/politics/2022-09/09/c_1128991804.htm。

基础设施建设、医疗和教学等多个方面响应国家号召，向世界宣告中国的卫生治理理念和传统医学文化的同时，在推进民间对话、科技交流、援助项目实施及产业合作创新等领域中也发挥了积极的作用。在全球卫生治理领域，世界针灸学会联合会较早地开展国际化的工作，与世界卫生组织建立正式合作关系，从中国传统文化角度推广针灸、开展培训、吸纳来自不同国家和地区的团体会员开展联合研究及实践，配合官方外交积极发挥社会组织的独特作用。

## 第三节　世界针灸学会联合会概况

### 一、世界针灸学会联合会的发展历程

20世纪50年代以来，针灸医学在国际上的发展进入了一个崭新的阶段，这就是传统的针灸学术与现代科学技术相结合的阶段。在这个阶段里，从中国传统医学中孕育而生的针灸技术已被证实与西方的医学物理疗法完全不同，开始逐渐被西方医学界所接受并走出自己的独特发展道路。到了20世纪70年代至80年代，针灸医学越来越受到各国医学界的关注，学习、应用、研究针灸的医生和学者与日俱增。针灸医学传播到120多个国家和地区，许多国家成立了非官方针灸学术组织，国际性的针灸学术交流活动日益频繁。伴随着国际上“针灸热潮”的到来，各国针灸界的一些有识之士认为，组建一个世界性的针灸学术联合组织已经成为促进世界针灸医学发展的直接需要。[①] 而针灸文化起源于中国，因此由中国来牵头建立一个国际性针灸组织是符合国际市场需求的。

在此背景下，世界针灸学会联合会（以下简称“世界针联”）于1984年开始筹备，经国务院批准，由中国方面牵头，在世界卫生组织

① 王雪苔：《针灸的现状与未来》，提交给“纪念承淡安先生诞辰一百周年暨国际针灸发展学术研讨会”的论文，1998年6月30日，第41—45页。

的指导下，于 1987 年 11 月成立。世界针联是与世界卫生组织（WHO）建立正式工作关系的、与国际标准化组织（ISO）建立 A 级联络关系的非政府性针灸团体的国际联合组织，总部设在中国首都北京。该机构的宗旨是促进世界针灸界之间的了解和合作，加强国际的学术交流，进一步发展针灸医学，不断提高针灸医学在世界卫生保健工作中的地位和作用，为人类的健康作出贡献。[①] 世界针联的主要任务包括：组织世界针灸学术大会、中型学术研讨会和专题学术讨论会；促进国际针灸界之间的友好往来，鼓励各种针灸学术交流；完成与世界卫生组织建立正式关系所承担的工作，实施世界卫生组织传统医学战略；宣传和推广针灸医学，争取各国针灸合法地位；发展针灸教育，提高从业人员水平；开展针灸医疗服务；出版针灸学术刊物，提供针灸信息服务；制定和推广有关针灸的国际标准；为实现世界针联宗旨所必须承担的其他任务。[②]

世界针联成立的第二天，就在中国召开了第一届世界针灸学术大会，来自 31 个国家和地区的代表出席了这次会议，国际上的针灸专业人士和针灸爱好者在会场进行了广泛讨论。大会共收到国外代表的论文 190 篇，中国代表的论文 996 篇。[③] 自此，举办世界针灸学术大会成为世界针联的一项常态化任务。1998 年 1 月，世界卫生组织确定与蓬勃发展的世界针联建立正式关系，世界针联也成为世界上唯一与世界卫生组织建立正式关系的国际针灸组织。在迈入 21 世纪后，世界针联在国际舞台上的话语权不断扩大，逐渐参与到了全球卫生治理的进程中。近年来，世界针联不断进行调研和文化交流，进一步扩大了针灸技术的影响，与多个国家政府、高等院校和自发性组织签订了合作条约，提供优质的传统针灸医疗服务和针灸技术培训。

---

① 《世界针灸学会联合会》，http://www.wfasedu.org.cn/col.jsp?id=135。

② 王笑频、刘保延、杨宇洋主编：《世界针灸政策与立法通览》，北京：中国中医药出版社，2020 年版，第 31 页。

③ 何少初：《世界针灸学会联合会暨第一届世界针灸学术大会在京召开》，载《医学教育》，1988 年第 4 期，第 50 页。

值得强调的是，世界针联于2019年获得了联合国经社理事会特别咨商地位。此后，世界针联正式以民间非政府组织身份参与联合国经社理事会各类会议和活动中，更好地发挥自身资源、专业知识和技术等优势，充分利用经社理事会这一重要平台，做好信息分享、资源对接、能力建设、国际合作、专家交流、规则制定等方面工作，提升中国在全球卫生治理中的地位，并在可持续发展目标专题领域中谋求与各利益攸关方的合作。从第四十六届和第四十七届人权理事会开始，世界针联在会上发表了书面声明，也请刘保延主席作了视频声明，积极地为传统医药发声，提高世界针联在全球非政府组织中的整体地位。①

## 二、世界针灸学会联合会组织架构

世界针联的组织结构与国内的一些社会组织略有不同，它的组织结构是完全在世界卫生组织的指导之下建立的。如图5-1所示，世界针联设会员代表大会、执行委员会、秘书处和工作委员会等几个机构。

会员代表大会为该会的最高权力机构，每四年举行一次。在会员代表大会闭会期间，执行委员会作为本会的常设权力机构。第十届执行委员会现有108名国际代表，有主席、执行主席、副主席、秘书长和司库。每年，世界针联执行委员会结合学术研讨会或学术大会召开一次会议，在会上对各项提案进行审核，在接下来的一年实施已通过的提案。工作委员会是在执行委员会领导下，由秘书处管理特定工作领域里的工作机构。专家委员会和顾问委员会承担了世界针联智库的功能，为执行委会员提供专业技术、政策法规的咨询和建议；秘书处负责日常工作，是各类行政部门的整合，负责统筹并保障世界针联所开展的各类交流活动；国际水平（资格）考试委员会专职服务于国际针灸考试的各项工作安排；工作委员会由教育、立法、资格审查、学

① 根据世界针联副秘书长杨宇洋的演讲整理。

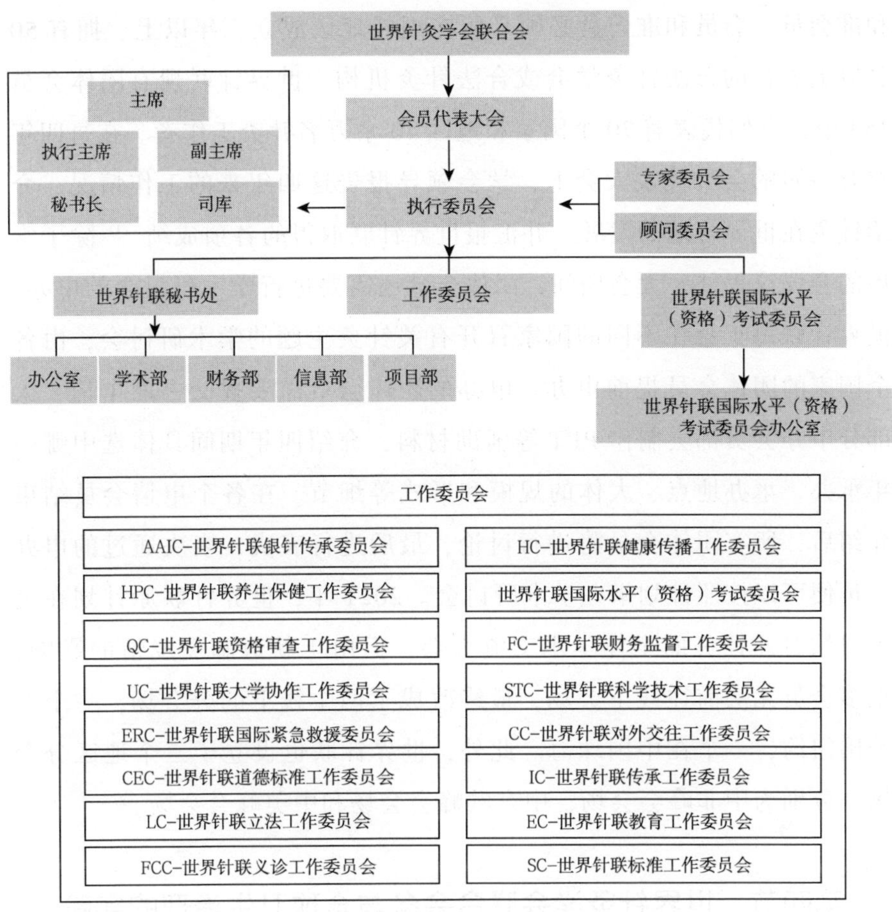


**图 5-1　世界针灸学会联合会组织结构图示①**

术、财务、道德标准、义诊、标准、外交、科技协作、大学协作、国际志愿者、国际标准基金管理等专项工作委员会组成，每个专项工作委员会各司其职，不断精进和改善各项工作。世界针联现由第十届执行委员会主持工作，现任主席由刘保延教授担任，秘书长由杨金生教授担任，司库由王笑频担任。

世界针联采取会员制，全部学会成员由团体会员组成，包括会员

① 《世界针灸学会联合会》，http://www. wfas. org. cn/org/index. html。

和准会员。会员和准会员必须是所在国或地区成立三年以上、拥有50名以上成员的合法针灸学会或合法针灸机构。世界针联现有团体会员253个，它们代表着70个国家和地区40余万名针灸工作者。在每四年召开一届的会员代表大会上，学会领导报告这四年来的工作情况，介绍针灸在世界各地的发展，并汇报世界针联取得的各项成绩。[①] 除了常规的会议议程外，大会期间，团体会员还需要进行学术研讨会的申办。世界针联每年会在不同的国家召开有关针灸主题的学术研讨会，由各个国家的团体会员提前申办。申办的团体会员需要提交书面申请，大部分申办会员都会制作PPT等辅助材料，介绍四年期间具体选中哪一年承办、承办地点、大体的规模和形式等细节。在各个申请会员结束介绍后，所有团体会员将进行讨论，最后进行表决，表决通过的申办会员便可以按照计划举办学术研讨会。2021年，世界针联原计划在美国纽约召开针灸的全体学术交流大会，但由于新冠肺炎疫情的影响，很多会员无法前往线下会场，最终改成了两个线下的分会场，一个在美国纽约，一个在中国珠海。此外，世界针联也设立了三个地区分会场，分别为中非峰会会场、中东欧峰会会场和中美峰会会场。[②]

## 第四节　世界针灸学会联合会参与全球卫生治理的实践

习近平总书记一直高度重视中医药的传承、创新与发展，并多次针对中医中药发表重要指示。2017年7月6日，在致2017年金砖国家卫生部长会暨传统医药高级别会议的贺信中，习近平主席表示："传统医药是优秀传统文化的重要载体，在促进文明互鉴、维护人民健康等方面发挥着重要作用。中医药是其中的杰出代表，以其在疾病预防、

① 根据世界针联主席刘保延的演讲整理。

② 同①。

治疗、康复等方面的独特优势受到许多国家民众广泛认可。”① 在防治新冠肺炎疫情的过程中，传统中药在治疗中的特殊疗效更是备受关注。2020 年 6 月 2 日，习近平总书记在北京主持召开专家学者座谈会并发表重要讲话时提出：“中西医结合、中西药并用，是这次疫情防控的一大特点，也是中医药传承精华、守正创新的生动实践。几千年来，中华民族能一次次转危为安，靠的就是中医药，并在同疫病斗争中产生了《伤寒杂病论》、《温病条辨》、《温热论》等经典著作。这次临床筛选出的‘三药三方’，就是在古典医籍的经方基础上化裁而来的。”② 对于世界针联这类在传统医药文化领域深耕的中国社会组织而言，针对国际公共卫生问题适时发声，在全球卫生治理的舞台上发挥积极作用尤为重要。

2010 年 11 月 16 日，中国申报项目“中医针灸”正式通过联合国教科文组织保护非物质文化遗产政府间委员会第五次会议审议，被列入人类非物质文化遗产代表作名录。③ 这对于世界针联来说是一个鼓舞人心的好消息。在此基础上，世界针联积极拓展各类宣传活动，将“针灸”这一概念广泛传播。2018 年 11 月 18 日，在“世界针灸日”即将来临之际，世界针灸学会联合会主席刘保延在英国剑桥大学发表讲话，他表示，根据世界针灸学会联合会调查统计，目前世界上 202 个国家和地区中，有 183 个国家存在对中国针灸的某种形式的应用。随着 2010 年被纳入联合国教科文组织人类非物质文化遗产代表作名录，中国针灸的普及率日益提高，逐步走向世界，已成为“世界针灸”。④ 近些年来，带着宣传“中医针灸”的理念和信心，世界针联举

---

① 《学习进行时丨这一民族瑰宝，习近平强调要“传承创新发展”》，http://www.satcm.gov.cn/xinxifabu/meitibaodao/2021-05-13/21723.html。

② 同①。

③ 《“中医针灸”列入人类非物质文化遗产代表作名录》，http://www.satcm.gov.cn/bangongshi/gongzuodongtai/2018-03-25/5724.html。

④ 《世界针灸学会联合会主席：中国针灸已成为“世界针灸”》，https://baijiahao.baidu.com/s?id=1617541192191755140&wfr=spider&for=pc。

办了丰富且广泛的活动，足迹遍及世界各地。

## 一、世界针灸学会联合会与世界卫生组织的合作

1996 年 3 月，在世界卫生组织的指导下，世界针联正式向世界卫生组织递交了与其建立正式关系的申请。1998 年 1 月 27 日，在世界针联成立十年之后，世界卫生组织第一百零一次执行委员会会议作出了 EB101. R21 号决议，审议通过世界卫生组织与世界针灸学会联合会建立非政府性正式关系。① 世界针联自 1987 年成立以来多次与世界卫生组织合作，成功地举办了各类国际性学术活动，为推动针灸学术在世界上的传播和发展作出了贡献。根据《世界卫生组织与非政府组织关系准则》，世界针联在与世界卫生组织建立正式关系后，有权委派代表出席世界卫生组织会议。1998 年 5 月，应世界卫生组织总干事中岛宏博士的邀请，世界针联官员赴日内瓦参加第五十一届世界卫生大会，并确定了两组织在推动针灸学术发展方面的合作计划。②

为了确定合作期间明确的目标，取得更好的成果，世界针联与世卫组织每三年制定一次合作计划，在 2019—2021 年合作周期，世界针联圆满完成世卫组织“针灸临床实践标准”“拔罐临床实践标准”等项目，取得了预期成果。在此基础上，世界卫生组织于 2022 年 1 月 24—29 日召开了执行委员会第一百五十届会议，会议决定保持世界针联与世卫组织的正式关系，这是自 1998 年双方第一次建立正式关系以来连续第九轮保持正式关系。在 2022—2024 年的合作中，世界针联将围绕世卫组织关于针灸的技术指导文件，在国际针灸研究平台、针灸国际标准等多个项目上继续支持世卫组织，实现第十三个工作总规划的“三个十亿”目标，执行世卫组织传统医学战略，为增进全球人民

① 《世界针联 30 周年系列展览——走进世界卫生组织（二）》，http://www.360doc.com/content/18/0527/22/13888283_757530535.shtml。

② 《世界针联与世界卫生组织建立正式关系》，https://www.gmw.cn/01gmrb/1998-05/05/GB/17683%5EGM8-0508.HTM。

健康福祉、推动构建人类卫生健康共同体作出更多贡献。[①]

除了制定合作计划并完成相应目标外，世界针联还经常与世界卫生组织共同承办世界针灸学术大会。首届世界针灸学术大会由世界针联发起，在北京举行，来自全世界 28 个国家和地区的 86 位代表参加了此次会议。在与世界卫生组织合作后，为了进一步扩大影响力，世界针联开始寻求世界卫生组织的帮助和支持。截至 2017 年，世界针联组织召开了全球范围的世界针灸学术大会 11 次，其中有 9 次是与世界卫生组织共同发起举办。此外，世界针联也展开了 22 次国际针灸专题研讨会，其中 4 次是与世界卫生组织共同发起举办。[②] 在这些学术会议中，世界针联积极促进了世界针灸界之间的了解与合作，加强了国际的学术交流，进一步发展了针灸科学，维护了针灸工作者的权利，并确立了针灸医学在世界卫生工作中的重要地位。2022 年 11 月 18—20 日，世界针灸学会联合会第十届会员大会暨 2022 世界针灸学术大会在新加坡举行，此次会议的主题是“弘扬中医针灸，护佑全民健康”。[③] 会议议题涵盖：中医药及中医针灸科技创新开发和成果转化平台建设；中医针灸在突发公共卫生事件、重大疾病、老年病及慢性病中的防治作用；中医针灸的临床评价与标准化、规范化、知识产权保护；中医针灸国际化人才培养等；分论坛包括国际针灸科普与健康之高峰论坛及国际针灸传承与创新之青年论坛等。会议对于推动该组织在应对突发公共卫生事件、标准制定、人才培养等领域的深度参与发挥重要作用。

此外，世界针联还积极参与世卫组织的区域会议。2022 年 9 月 12—14 日，世卫组织欧洲区域委员会第七十二届会议在以色列特拉维夫召开。本次区域委员会会议是自新冠肺炎疫情暴发以来，该区域的

---

① 《世卫组织确认与世界针联保持新一轮正式关系》, http://www.wfas.org.cn/news/detail.html?nid=6189&cid=9。

② 《世界针灸学会联合会简介》, http://www.wfas.org.cn/exam/wfasintro.html。

③ 《世界针灸学会联合会第十届会员大会暨 2022 世界针灸学术大会》, http://www.wfas.org.cn/special/index.html?special_id=18&cid=43。

第一次线下会议，世卫组织欧洲区53个成员国的卫生部长和高级别代表，以及伙伴组织和民间社会代表共同参与了此次会议。世界针联作为与世卫组织建立正式工作关系的社会组织，应邀委派来自乌克兰的执委伟达理，团体会员代表欧洲中医药协会主席亚伊尔·迈蒙，乌克兰东方医学协会会长萨姆索诺夫·奥列克桑德参会。①

## 二、“一带一路”中医药针灸风采行

在国家中医药管理局、国家发展和改革委员会联合发布的《中医药“一带一路”发展规划（2016—2020年）》文件中指出，目前，中医药已传播到183个国家和地区，中国已同外国政府、地区主管机构和国际组织签署了86个中医药合作协议。中国著名药学家屠呦呦研究员因发现青蒿素获得2015年诺贝尔生理学或医学奖，表明中医药为人类健康作出卓越贡献。此外，在书籍和文化遗产上，中医针灸列入联合国教科文组织人类非物质文化遗产代表作名录，《本草纲目》和《黄帝内经》列入世界记忆名录。国际标准化组织（ISO）成立了中医药技术委员会（ISO/TC249），并陆续制定颁布十余项中医药国际标准。以中医药为代表的传统医学首次纳入世界卫生组织国际疾病分类代码（ICD-11），中医药作为国际医学体系的重要组成部分，正为促进人类健康发挥积极作用。②

推动中医药“一带一路”建设，对服务国家战略具有重要意义。中医药凝聚着中华民族传统文化的精华，是中华文明与沿线国家人文交流的重要内容，有助于促进中国与沿线国家民心相通。中医药是中国特色医药卫生事业的重要组成部分，可以为沿线国家的医疗可持续发展提供借鉴参考，回应沿线各国建设民生的关切。随着中医药融入

① 《世界针联参加世卫组织欧洲区域委员会第72届会议》，http://www.wfas.org.cn/news/detail.html?nid=6579&cid=9。

② 《国家中医药管理局国家发展和改革委员会关于印发〈中医药“一带一路”发展规划（2016—2020年）〉的通知》，http://www.satcm.gov.cn/guohesi/zhengcewenjian/2018-03-24/3942.html。

国际医学体系的步伐逐渐加快，中医药健康服务业发展存在巨大潜力，能够为促进经济结构转型、拉动经济增长贡献力量。积极参与“一带一路”建设，有利于促进中医药传承创新，促进中医药原创思维与现代科技融合发展，为维护人类健康作出新的贡献。2020 年，中医药“一带一路”全方位合作新格局基本形成，国内政策支撑体系和国际协调机制逐步完善，以周边国家和重点国家为基础，与沿线国家合作建设 30 个中医药海外中心，颁布 20 项中医药国际标准，注册 100 种中药产品，建设 50 家中医药对外交流合作示范基地。①

如表 5-3 所示，《国家中医药管理局国家发展和改革委员会关于印发〈中医药“一带一路”发展规划（2016—2020 年）〉的通知》详细阐述了中医药“一带一路”全方位合作新格局的项目与做法。

**表 5-3　中医药“一带一路”全方位合作新格局的项目与做法**

| 专栏 | 项目 | 做法 |
|---|---|---|
| 政府间合作机制建设 | 双边合作机制 | 落实双边合作协议，构建政府间磋商和协调机制，为中医药沿“一带一路”走出去营造良好政策环境 |
| | 国际组织平台 | 充分发挥世界卫生组织、国际标准化组织等多边组织作用，利用国际植物药法规与监管合作组织（IRCH）、中国-中东欧、中国-东盟、西太区草药协调论坛等多边机制，积极参与国际传统医学发展战略和标准规范研究与制定工作 |
| 中医药国际医疗服务体系建设 | 中医药海外中心 | 沿中蒙俄、中国-中亚-西亚、中国-中南半岛、新亚欧大陆桥、中巴、孟中印缅等国际经济合作走廊，建设 30 个中医药海外中心 |

① 《国家中医药管理局国家发展和改革委员会关于印发〈中医药“一带一路”发展规划（2016—2020 年）〉的通知》，http://www.satcm.gov.cn/guohesi/zhengcewenjian/2018-03-24/3942.html。

续表

| 专栏 | 项目 | 做法 |
|---|---|---|
| | 中医药国际医疗基地 | 在国内建设一批中医药国际医疗合作基地，提升外向型合作水平，吸引沿线民众来华接受中医药医疗保健服务；支持有实力的中医医疗机构获得国际知名保险机构的认证，推动纳入国际医疗保险体系 |
| | 中药产品海外注册 | 搭建中药海外注册的公共服务平台，支持100种成熟的中药产品以药品、保健品、功能食品等多种方式在沿线国家进行注册，进入沿线国家医疗卫生体系，形成知名品牌，扩大国际市场份额 |
| 中医药国际教育及文化传播体系建设 | 与沿线国家合作办学 | 与沿线知名大学合作办学，将中医药纳入沿线国家高等教育体系；在条件成熟的沿线国家开设更多的中医孔子学院 |
| | 中医药国际教育基地 | 遴选一批具备条件的中医药高等院校，面向沿线国家开展中医药学历教育、短期培训以及临床实习；支持中医药院校开展非学历远程教育 |
| | 中医药国际文化传播 | 积极利用驻外使领馆、中医药海外中心、孔子学院和海外中国文化中心等多种平台，举办大型中医药文化展览、义诊、健康讲座和科普宣传活动，制作中医药国际宣传材料，促进沿线民众对中医药理论和医疗保健服务作用的了解与认同 |
| 中医药国际科技体系建设 | 高层次中医药国际科技合作 | 支持中医药科研机构和高等院校与沿线国家共建联合实验室或研究中心，利用国际先进的现代科学技术和方法，进行科研大协作，开展中医药基础理论、临床和中药产品等重点领域研究；针对沿线国家常见病、多发病、重大疾病，开展中医药循证医学研究，为中医药进入沿线国家主流医药市场发挥支撑引领作用 |

续表

| 专栏 | 项目 | 做法 |
| --- | --- | --- |
|  | 中医药国际标准化 | 以世界卫生组织国际疾病分类代码传统医学章节（ICTM）项目和国际标准化组织中医药技术委员会（ISO/TC249）平台为重点，围绕中医、中药材、中药产品、中医药医疗器械设备、中医药名词术语与信息学等领域颁布20项国际标准，并开展采标、认证、推广等合作 |
| 中医药国际贸易体系建设 | 中医药服务贸易 | 建立以跨境支付、境外消费、商业存在和自然人移动四种模式协调发展的中医药服务贸易体系，扶持一批市场优势明显、具有发展前景的中医药服务贸易示范项目，建设一批特色突出、能够发挥引领辐射作用的中医药服务贸易骨干机构，创建若干个综合实力强、国际影响力突出的中医药服务贸易重点区域 |
|  | 中医药健康旅游 | 整合中医药医疗机构、养生保健机构、生产企业等资源，建设以中医药文化传播和体验为主题，融中医医疗、养生、康复、养老、文化传播、商务会展、中药材科考与旅游于一体的10个中医药健康旅游示范区、100个示范基地和1000个示范项目 |
|  | 中医药参与中外自贸区谈判 | 积极参与中外自贸区谈判，推动将中医药纳入中外自贸协定内容，扩大沿线国家对中医药的市场开放，降低对中医药服务和产品的准入壁垒 |

资料来源：《国家中医药管理局国家发展和改革委员会关于印发〈中医药“一带一路”发展规划（2016—2020年）〉的通知》，http：//www. satcm. gov. cn/guohesi/zhengcewenjian/2018-03-24/3942. html。

为配合国家“一带一路”倡议，落实国家中医药管理局、国家发展和改革委员会联合发布的《中医药“一带一路”发展规划（2016—2020年）》，世界针联在国家中医药国际合作专项、中国科协相关国际合作项目的支持下，在“一带一路”沿线国家和地区开展了“一带一路”中医药针灸风采行系列活动，意在提升中医药在海外的接受度和影响力，促进中医针灸学科发展，服务国家中医药发展战略要求，造福全人类。世界针联在“一带一路”沿线60多个国家和地区，共计拥有团体会员140多家。近年来，世界针联学会通过实地调研、考察、商谈及签订合作协议等形式，选择基础较好、有合作积极性的会员团体实施了5—10个具体项目。“一带一路”中医药针灸风采行系列活动是世界针联主办的品牌活动之一，活动重点选取了国内外临床疗效突出的适宜技术，通过学术交流、文化展览、专家义诊及科普讲堂等多种形式，向沿线针灸从业人员推广介绍中医针灸。相比于传统的学术报告形式，这种全球性活动影响更大、效果更直接。2010年至2017年，“一带一路”中医药针灸风采行活动共举办了30余次，世界针联走进了欧洲、亚洲及非洲各国，并分别从高层引领、大学教育、民众普及等不同层面，推动了针灸在“一带一路”沿线国家和地区的民心相通、文明互鉴。①

总体来说，“一带一路”中医药针灸风采行系列活动分为三类。

第一，与政府合作加强高层引领。世界针联与俄罗斯联邦布里亚特共和国、伊朗卫生部及毛里求斯卫生部均达成了合作协议。其中，在毛里求斯的活动获得了极高的赞誉。

2017年4月28日，在国家中医药管理局和中国科协的支持下，世界针灸学会联合会“一带一路”中医针灸风采行活动走入毛里求斯。在中国驻毛里求斯大使李立的陪同下，毛里求斯总统阿米娜·古里布·法基姆（Ameenah Gurib-Fakim）会见了世界针灸学会联合会中医针灸专家团一行。阿米娜·法基姆总统高度评价了4月27日上午签署的《世界针灸学会联合会、中国中医科学院与毛里求斯卫生部关于中医针灸领域的合作意向书》，并对意向书的落实充满期待。她还对代表团连日来在毛里求斯开展的“一带一路”中医针灸风采行学术交流及

① 杨宇洋、骆璐：《中医针灸走进“一带一路”沿线国家》，载《中国社会组织》，2017年第22期，第45页。

义诊活动给予赞赏。2017 年 4 月 27 日下午，毛里求斯大学孔子学院举办了开放日活动，特邀世界针灸学会联合会主席刘保延一行为毛里求斯大学师生作题为“中国传统医学针灸疗法”的讲座。讲座结束后，世界针灸学会联合会中医针灸专家团在毛里求斯著名华人仁和会馆为当地侨胞进行健康咨询及义诊活动，引起热烈反响。4 月 28 日，专家团赴中国驻毛里求斯大使馆为馆员义诊咨询，为长期驻海外外交战线的同胞们解难排忧，发挥白衣外交使者的作用。整个义诊活动在毛里求斯获得热烈反响，充分宣传了中医药理念，展示了中医药疗效，传播了中医药文化，为中医药在海外发展营造了良好的氛围与环境，增进了中医在毛里求斯的影响。①

第二，与大学合作促进中医针灸专业教育。2015—2017 年，世界针联分别与南非西开普大学、荷兰神州大学、挪威克里斯蒂安尼亚大学签署了合作协议，为对方提供针灸的教学和考试培训。

2019 年 11 月 18 日，世界针灸学会联合会主席刘保延教授、中国国家中医药管理局对台港澳中医药交流合作中心主任杨金生博士、北京协和医院孙华教授、《世界针灸杂志》（英文版）常务副主编兼社长刘炜宏教授等出席了在布拉格中捷中医中心举行的世界针联“一带一路”中医药针灸风采行活动。中国驻捷克大使张建敏、捷克卫生部副部长普利姆拉和捷克总统顾问哈谢克到场视贺并致辞。据捷克西医医师协会针灸专业委员会副会长博拉赫娃女士介绍，针灸在 19 世纪传入捷克，在二战之后得到发展。20 世纪 60 年代，捷克成立了针灸协会和专业委员会，并于 1963 年建立针灸进修中心，迄今已为 4000 多名医生提供针灸培训。近年按照欧盟标准，受训医生的进修时间至少 200 个小时。目前针灸协会有大约 500 位成员。1993—1997 年间，针灸诊疗费用被列入捷克医疗保险开支范畴。博拉赫娃女士希望与中方加强合作，除了能在布拉格交流和学习外，还期待着能够继续在别的城市

---

① 《世界针灸学会联合会“一带一路”中医针灸风采行毛里求斯》，http://news.39.net/hygc/170504/5353274.html。

建立中医药中心，并且让捷克的医生有机会去中国进修。①

2022年10月20—24日，世界针联2022年“一带一路”中医药针灸风采行活动时隔一年再次来到中国澳门。本次活动由世界针灸学会联合会主办，澳门中医药学会、澳门国际中医药科技协会承办，包括2022中医针灸国际合作及产业发展论坛、第二届中国中医药健康（澳门）品牌展览会、2022中华医药产业发展澳门论坛及对当地学会、学校及医疗机构的参观访问活动。②

第三，与当地协会合作开展义诊活动。世界针联与新加坡中医师公会、土耳其安卡拉针灸与整体医学协会、匈牙利医学联合会等多家协会均达成了合作。

2017年10月，世界针灸学会联合会“一带一路”中医药针灸风采行波兰站——人类非物质文化遗产“中医针灸展”暨“印象中医”养生大讲堂在波兰首都华沙维茨瓦大学举行。此次活动在国家中医药管理局的支持下由世界针灸学会联合会、中国中医科学院和克拉科夫孔子学院共同主办，由维斯瓦大学孔子课堂（波兰）、北京同仁堂（波兰）有限公司、波兰科学组织与管理学会、中国针灸学会、中国中药学会及凤凰高科集团波兰公司联合承办。③

## 三、国际针灸专业人员水平考试

为了推动国际上针灸医学的良性健康发展，贯彻实施世界卫生组织针灸相关的各项标准，提高从业者的整体服务素质，使针灸医学在世界卫生保健工作中发挥重要作用，世界针灸学会联合会会员团体集体倡议，成立世界针联国际针灸水平考试委员会。该提案于1996年9

---

① 《“针灸是中国送给世界的礼物”——世界针灸学会联合会“‘一带一路’中医药针灸风采行”捷克活动侧记》，https://www.163.com/dy/article/EUDD36D60514BIH4.html。

② 《世界针联2022年“一带一路”中医药针灸风采行活动澳门站——推进中医药文化知识深入扎根校园》，http://www.wfas.org.cn/news/detail.html?nid=6590&cid=9。

③ 杨宇洋、骆璐：《中医针灸走进“一带一路”沿线国家》，载《中国社会组织》，2017年第22期，第45—46页。

月在美国纽约举办的世界针联会员大会上讨论通过，并于 1997 年 11 月，在北京举行的世界针联成立十周年暨世界针灸学术大会第四届执委会第一次会议上正式宣布成立。同期，世界针联国际针灸水平考试委员会召开第一次会议，确定了委员会的宗旨、任务、议事规则、实施办法、考试机构和考试委员会的组织机构等。自 2016 年 5 月起，国际针灸水平考试委员会下设世界针灸学会联合会考试中心，目前已有汉语、英语、西班牙语、葡萄牙语、法语、日语及波斯语等多语种针灸专业题库。①

国际针灸专业人员水平考试是针对针灸专业人员的水平鉴定，检测并客观反映针灸专业人员的业务水平，以提高国际针灸工作者的专业素质，促进针灸教育和针灸标准的规范化，推动针灸医学的发展。② 该考试主要面向医学生和从事针灸工作两年以上的从业者，理论与实际结合，共涉及五门考试科目。事实上，由于针灸的合法性在各个国家都不尽相同，所以各个国家的考试规章制度和认可度都不一样。但是，由于世界针联的专业性及其和世界卫生组织长期合作的关系，由世界针联组织发起的国际针灸专业人员水平考试是公认度最高，含金量最高的针灸水平考试。随着考试的进行，世界针联也在不断完善考试的政策，包括将考试分成五个等级的平台；根据考生的生源，报考地区的针灸发展情况，对考试作不同程度的调整等。截至 2021 年，世界针灸学会联合会已在世界多个国家和地区如韩国、巴西、法国、比利时、瑞士、日本、西班牙等开展了水平考试，考生达万余名。③

## 四、传统文化交流及文化保护

为了更好地推进宣传中医针灸文化，让更多的外国人接受并使用

---

① 王笑频、刘保延、杨宇洋主编:《世界针灸政策与立法通览》，北京：中国中医药出版社，2020 年版，第 32 页。

② 同①。

③ 同①。

针灸技术来促进健康，世界针联组织了一系列丰富多彩的文化宣传活动。从2016年到2019年的四年期间，世界针联走访了约35个国家和地区，开展了40多场的学术交流活动。当然，在宣传过程中，并不是每一次都是一帆风顺的，时常会伴随着一些误会，甚至会发生抢夺创意，强占成果的行为。① 因此，世界针联在进行针灸文化宣传的同时，也不断地反思和进取，用最具特色且最有力的方式，大力弘扬了中国的历史和卫生治理理念。下述活动为除“一带一路”中医药针灸风采行及学术研讨会外，世界针联开展的较为典型的文化交流活动。②

一是世界针灸周。在2010年11月中医针灸被正式列入人类非物质文化遗产代表作名录后，经过世界针联执行委会集体讨论，将世界针联的成立日“世界针灸日”，扩展成了“世界针灸周”。每一年的11月16号到11月22号即为“世界针灸周”，世界针联号召全球的团体会员以不同的形式开展各种各样的活动，让当地的百姓能够近距离体会到针灸的魅力。为了更好地纪念申遗成功，在“世界针灸周”期间，世界针联在中国将通过学术交流、义诊咨询，以及讲座展览的形式，把中医针灸申遗的过程原汁原味地呈现出来。

二是巴黎联合国教科文组织总部展览与文化交流。该展览于2020年展出，当时，哥斯达黎加前总统，克罗地亚副总理，世界卫生组织传统医学处协调员、原国家中医药管理局国际司司长张奇，为世界针联发来视频祝贺；吴以岭院士、石学敏院士作主旨报告；中促会副会长窦恩勇，中医药国际标准组织中医药技术委员会主席沈远东参加了此次展览。展览结合了世界针联2018年学术研讨会的主题，把世界针联“世界针灸周”的情况图文并茂地展现给当地的观众，让他们充分领略针灸技术的魅力之处。同时，中国东方乐团（东方女子古筝新筝乐团，隶属于原文化部主管的中国传统文化促进会的全国性专业文艺表演艺术团体）为中医针灸发出东方的声音，并以韵律为媒介，通过

---

① 根据世界针联副秘书长杨宇洋的演讲整理。

② 同②。

古筝与钢琴的同台演奏，展现了一场东方（黄帝）与西方（希波克拉底）的文化对话，是文明互鉴的一次极佳尝试。

三是联合国万国宫文化交流活动。该活动于2019年举办，旨在宣传中国的传统中医文化。当时这场活动举办的时间与联合国人权理事会的会议发生了重合。事实上，在人权理事会会议期间，各大使馆和领馆都很有顾虑，担心此类文化活动会受到当地的质疑。为了缓和气氛，同时更好地进行宣传，除了简单的文化传播和图片展览以外，世界针联志愿者还与当地民众进行了现场沟通和交流。志愿者们制作了一些香包，并为当地民众表演了传统健身气功八段锦。此外，志愿者们还布置了一面文化打卡墙，模仿不同的动物或者是可爱的萌物形象。联合国的大使们还有当时参会的各国代表走到小熊人偶面前，和专家一起练习五禽戏，打卡拍照。即使大使们都西装革履，且最初的想法可能只是来观看图文展览，但是通过开展这些互动，世界针联成功地唤起了他们了解中国中医药和中国传统文化的兴趣。这种民心相通层面的交流，是世界针联组织活动得到的意外收获。

在此次活动中，世界针联志愿者最深的感悟就是要互动，不要有距离感。在志愿者们表演健身气功的过程中，参加活动的听众并不是单纯站在一旁观赏，很多当地的民众也跟着志愿者们“手舞足蹈”，营造了非常好的氛围。除了气功以外，世界针联的专家也在当天为一些女性进行点穴，熏香等，让她们在短时间内感受到了中国传统工艺和传统医术的魅力。通过此次活动，世界针联很好地介绍了中国医学的民族特色，同时也起到了民间外交的融通作用，达到了较好的文化宣传效果。

四是“一次性针灸针”国际标准的确立。对医用器械的标准化认证是非常重要的，它从侧面代表一个国际组织整体的话语权。如果某个器械由一个国家进行认证，那么公众也会倾向于认为与该器械有关的文化也属于这个国家。起初，一次性针灸针的标准化提议是由韩国提出来的。当世界针联负责学术的副秘书长前去韩国参加针灸医学专业方面的研讨会时，对方在会上首次提出了这个观点。参会的副秘书长敏锐地觉察到，如果这个标准最后由韩国来牵头，对于国内从事针灸行业、中医行业和卫生治理的组织来说，将来不论是企业发展还是产业繁荣都会受到很大的限制。所以这位副秘书长第一时间就向国家中医药管理局国际合作司进行了反馈。中方随即制定了预案，尽最大可能在这次会议上搁置争议。会议结束后，世界针联立刻正式向国际标准化总部提交了申请，证明这个标准化工作应该由中国牵头，最终成功地守住了“一次性针灸针”的制定标准。正因为这位副秘书长冷静思索，灵活机智地处理了当时的紧急事态，中国才没有失去“一次性针灸针”标准制定的主导权。此次事件也给世界针联全体专家一个重要的警示，那就是在国际交流中，一定要时刻保持政治敏锐，守住属于中国的传统文化。①

五是针灸铜人赠礼。2017 年 1 月，中国国家主席习近平向世界卫生组织赠送了具有针灸符号意义的“针灸铜人”。习近平主席在赠送针灸铜人雕塑仪式上的致辞中指出，中国要继承好、发展好、利用好传统医学，用开放包容的心态促进传统医学和现代医学更好融合。中国期待世界卫生组织为推动传统医学振兴发展发挥更大作用，为促进人类健康、改善全球卫生治理作出更大贡献，实现人人享有健康的美好愿景。② 针对此次赠礼，国内中医药学界也展开了热烈的讨论，北京中医药大学推拿学院副书记侯中伟认为：“针灸铜人的赠送不但体现了习近平主席对中医药事业的支持，而且表现了他对中医药的热爱和理解，也向世界传达了友好的信号。世界发展与和平的重要基石就是个体健康，习近平主席把包含了中医历史、内涵、中华医药健康能量信息的针灸铜人送给世界卫生组织，必将引起全世界对中医针灸的高度关注和重视，将引发新一轮的中医热、科研热和教育热，并且鼓舞新

① 根据世界针联副秘书长杨宇洋的演讲整理。

② 《习主席向世卫组织赠送“针灸铜人”》，http://www.xinhuanet.com/mrdx/2017-01/20/c_135998838.htm。

一代中医人努力传承，培养当代中医药科技人才和中医药事业的接班人。”①

六是参与第七十三届世界卫生代表大会。2020 年 5 月 18 日，世界针联代表团参加了第七十三届世界卫生代表大会。在世界针联向世卫组织提交的书面声明中指出，“世界针灸学会联合会联合了来自近 70 个国家/地区的 246 个团体会员的 40 万名针灸专业人员，是最早从 2 月起帮助全球应对新冠肺炎疫情的组织之一。世界针联坚决支持世卫组织领导世界各国、组织大家团结一心抗击新冠肺炎疫情，我们为世卫组织的工作感到骄傲！近几个月来，我们响应世卫组织的号召，积极组织各国团体会员、相关机构向受疫情影响国家捐赠资金、口罩、针灸器材、中草药等物资，价值约 60 万美元。我们还组织 600 多名医生志愿者利用互联网和电话等通讯设备，为 1.1 万名处于医学隔离观察的社区居民提供了心理咨询、用药指导等；我们开展了国际抗疫专家大讲堂，请一线的医生介绍他们对新冠肺炎的认识和防控的常识和方法，来自约 60 个国家的 100 多万的人员收看了讲座、研讨等，医务人员通过网络进行互动和病历讨论。”② 作为社会组织，这些发言也得到了很多参会者的响应。③ 在新冠肺炎疫情暴发初期，世界针联的发声既体现了其在应对全球公共卫生危机中的责任与决心，也从中国社会组织参与全球卫生治理的角度提升了中国的形象。

七是与其他国际组织的合作。除了世界卫生组织外，世界针联还与上海合作组织交流密切。在抗疫期间，世界针联多次和上海合作组织就应对全球新冠肺炎疫情大流行的问题展开详细的商讨。2020 年 5 月，世界针灸学会联合会、上海合作组织睦邻友好合作委员会共同主办线上会议，视频连线 14 个国家的 80 多位专家，对多国抗击疫情中

---

① 《针灸铜人中医药文化的承载者》，http://www.yywsb.com/dzb/15250.html。

② 《第 73 届世界卫生大会开幕，世界针联发表声明》，http://www.wfasedu.org.cn/nd.jsp?id=169。

③ 根据世界针联主席刘保延的演讲整理。

的疑难病例进行研讨。世界针联主席、中国中医科学院首席研究员刘保延、中国科学院院士仝小林、中国中医科学院副院长杨龙会、天津中医药大学校长张伯礼院士等出席此次会议。世界针联主席刘保延表示，中西医结合能有效减少轻型和普通型向重型发展、重型向危重型发展的概率，能够提高治愈率、降低病亡率。① 此外，世界针联作为中促会的一员，近年来和中促会密切合作，共同推动针灸在国内外的发展。

## 五、线上教学和交流

在新冠肺炎疫情暴发前，世界针联走访了多个国家和地区，很好地宣讲了中国的治理观念和传统中医针灸文化。然而，疫情使人们的出行受到了一定限制，线下的跨国交流活动也几乎停滞。面对突如其来的情况，世界针联立刻进行革新，利用线上会议、论坛、讲座等形式进行针灸文化的宣传和教学。

在疫情期间的卫生安全形势下，常规的针灸学术大会和针灸学术研讨会均转换成了线上线下同时进行，世界针联在尽力保证原定会议按期举行的同时，还额外拓展了一些会议，例如针对非洲地区的会议。世界针联对团体会员有着一定的针灸从业门槛要求，所以由于资源匮乏技术落后，非洲国家和地区的成员占比较低。但纵观非洲现状，传统医学基本上仍处于自由发展的阶段，政府或地区组织在立法层面上并未给予相关从业者和民众某种规范和支持。在非洲地区，民众只能从援外医疗队这样一个渠道了解与传统医药或中医药相关的信息，援外医疗队的任务重点着眼于人道主义援助、物资提供、当地医院诊所的建设和基础疾病的防治。为了给非洲地区的政府和组织提供更多了解中医针灸的途径，2021 年的年度针灸学术研讨会特别设立了中非线上专场，邀请十余个非洲国家的相关代表参会，为参会者开展针对传

① 《连线 14 国！中医专家把脉疑难病例现场送药方》，https://view.inews.qq.com/k/20200 510A03HZT00?web_channel=wap&openApp=false。

统医学理论的教学和交流。[①] 此外，在常规性会议的基础上，世界针联也积极协助中国其他社会组织开展线上活动，如协助中国科协，为菲律宾作传统医学教育专场活动、与国家中医药管理局合作线上开展中药辨析活动等。

受新冠肺炎疫情影响，世界针联线下长期开展的另一项工作——教育培训受到了较大冲击。在刘保延主席推动下，世界针联开始重点开辟一些线上教育平台，把学会线下课程搬到了网络上。尽管面临着很大的挑战，世界针联仍然积极地寻求发展线上平台课程的办法，例如，世界针联在抖音短视频平台设计上传了很多针灸公益课程，通过抖音推送，鼓励更多人去医馆亲身体验这种神奇的医疗手法。与此同时，短视频作品扩大了世界针联在国内的知名度，有助于提升民众的文化自信，普通民众更有可能积极参与中医针灸的对外宣传。此外，世界针联也为孔子学院打造了一些文化精品课，借助孔子学院的影响力来达到更好的教学效果。除了传统类培训课程，世界针联还跳出中医针灸领域，开拓了其他医学类课程。例如，与菲律宾相关卫生组织合作，开设一些诸如呼吸系统疾病的防治、临床系统的疾病和养护之类的答疑课。[②]

在抗击新冠肺炎疫情方面，2020 年至今，无论是在国际还是在国内，世界针联一直都在持续不断地战斗。在国际层面，世界针联不仅和世界卫生组织开展了多次多边交流，还同多个国家进行线上抗疫交流会诊。以伊朗为例，一年内便与世界针联进行了九次线上的交流。疫情期间，世界针联最具权威且最受欢迎的项目是“国际抗疫专家大讲堂”，共举办 29 期。在刘保延教授的努力下，世界针联“国际抗疫专家大讲堂”在第一时间邀请到参与武汉一线抗疫的专家院士，如张伯礼、黄璐琦等。大讲堂以中英双语的形式进行，一经推出，在线上

① 根据世界针联副秘书长杨宇洋的演讲整理。

② 同①。

直播平台立刻火爆，多场讲堂超200万人次观看。除了中国的知名专家外，世界针联也邀请了美国当地ICU病房里参与抗疫的外国专家来做讲座，真实地反映外国专家与民众参与抗疫的体验和外国专家在抗疫过程中获得的临床经验。对这些讲座的复盘过程也总是充满着新的领悟和感动。①

以“国际抗疫专家大讲堂”为基础，世界针联随即精心打造了“名老中医百家讲坛”。该论坛是一个以传统教育形式为听众介绍医学和养生相关知识的讲座。截至2021年年末，“名老中医百家讲坛”已经播出了66期。这些老中医师的平均年龄都在80岁以上，都是当前国内中医药界的顶级专家。在一个半小时的时间内，这些中医泰斗们根据他们毕生从医所掌握的学术精华为听众科普中医知识。②

为了更好地在网络上扩大学会的知名度，也为了让民众对中医针灸产生兴趣，除了培训课程以外，世界针联也积极构思了一些线上的文化传播活动。例如，谱写了世界针联的会歌——《珍爱世界》，并在线上平台上线。一些会员用该音乐作为背景来编排不同的舞蹈或主题音乐剧，成功拓展了多样化的娱乐活动。世界针联还推出“随手拍”活动。参与用户上传1—2张具有代表性的、和中医针灸相关的照片，可以是施展针灸的记录，可以是接受治疗的记录，也可以是对某个特色纪念品的聚焦，等等。经过评选后，优秀的照片将在各大媒体平台进行展出。“随手拍”活动极大地激发了民众对于中医针灸的热情，也让看起来深不可测的中医学科走近每个人的身边。

为了积极拓展在校学生对于传统医学的兴趣，2021年，世界针联举办了第三届全球大学生中医药国际化征文活动。截至2021年11月，活动累计有55所高校参加，作品总点击量达1400万次。令人欣喜的是，除提交论文外，有些同学还制作了短视频，上传至快手、抖音等不同的媒体平台，用轻松幽默的方式来宣传中医药。受到学生们的启

---

① 根据世界针联副秘书长杨宇洋的演讲整理。

② 同①。

发，世界针联也在策划将全球大学生中医药国际化征文活动做成特色品牌活动，通过联系大学来收集选手们拍摄的短视频，作为对外展示、传播的素材，这既是对选手所在学校的一种宣传，也是对世界针联的一次宣传。值得关注的是，2022 年全球大学生中医药国际化征文活动中，视频点击率排名第一的作品由来自印度的一位留学生创作，他的短视频点击量一个小时可达 90 多万次，传播效果非常好。作为一名印度学生，他非常痴迷中医药，并十分愿意参与到中医针灸的宣传工作中。当今社会，网络媒体的传播效率是惊人的。在当前中医药的人才培养计划当中，学生的网络传播能力也被纳入考虑范围之内，全球大学生中医药国际化征文活动的影响力也越来越大。①

最后，在防治新冠肺炎疫情期间，世界针联仍保持学术研究，出版了一批高质量的书籍。近两年比较有代表性的作品有两部，第一部为《世界针灸政策与立法通览》，这本书弥补了国内对世界针灸立法情况全面研究不足的空白，收集了 99 个国家和地区的中医针灸的立法情况，对不同国家和地区的立法层级做了明确划分，理清了重点国家立法的主管部门、中医针灸准入标准、执业标准及中医针灸纳入医保的情况，并揭示不同国家针灸立法的特点。另一部作品为六语种版本的《中医针灸图解》，这本书紧扣中医针灸申遗的脉络进行撰写。从文本的编写到翻译，都是在世界针联全体领导的带领之下，结合专业的医学知识，最终由世界针联秘书处人员共同完成。这本图解直观地为针灸爱好者展示了各个穴位的位置及功效，能够让从未了解过中医针灸的人体验针灸的益处和乐趣。

## 第五节　世界针灸学会联合会参与全球卫生治理的成就与挑战

世界针灸学会联合会从成立起，就有着特殊的使命。它的出现，

① 根据世界针联副秘书长杨宇洋的演讲整理。

填补了国际上民间针灸组织的空白，为广大针灸爱好者创造了交流平台。作为成立在中国的最早一批的社会组织，世界针联是由原卫生部、中国科协、外交部和国家科委四大部委共同报请国务院创立的，这足以证明其在中国医疗卫生领域的重要性与独特地位。此外，在国际上，它又是由世界卫生组织直接指导的，是中国第一个与世界卫生组织保持直接合作关系的非政府针灸组织。成立 36 年来，世界针联时刻弘扬传统中医文化，在各大场合为中国医疗发声，为中国政府发声。2019 年，世界针联获得了联合国经社理事会特别咨商地位，成为中国第一个获得咨商地位的传统医学社会组织，在积极参与全球卫生治理的中国社会组织中是当之无愧的领军机构。

## 一、世界针灸学会联合会参与全球卫生治理取得的成就

近年来，世界针联不断进取，在各类卫生大会中进行书面报告，向世界展现中国参与全球卫生治理的风采，也收获了越来越多外国友人的关注。世界针联与世界卫生组织在针灸发展战略上保持高度统一，这给了世界针联更多发声和参与决策的机会。2021 年 12 月，世界针联荣获民政部第四次“全国先进社会组织”表彰，[①] 这一称号是中国政府对世界针联近年来工作的高度肯定，同时也是对世界针联未来发展的高度期许。

在规章制度上，世界针联开展针灸标准化研究，参与世界卫生组织的《国际针灸术语标准化》《经穴部位国际标准》等文件的起草、制定及有关针灸标准地区性协议的推广工作。在世界针联和世界卫生组织的共同努力下，针灸标准治理工作正朝着严谨可行的方向发展，针灸文化也在多个国家蓬勃兴起。为了更好地促进各国针灸从业者和爱好者的交流，世界针联于 1988 年创办了《世界针联通讯》，广泛分发给各国会员组织和世界卫生组织相关部门。接着，在 1991 年，创办

① 《民政部关于表彰全国先进社会组织的决定》，http://www.mca.gov.cn/article/xw/tzgg/202201/20220100039256.shtml。

了英文会刊《世界针灸杂志》（World Acupuncture Journal）。两份杂志的创办，使得各类针灸组织能够紧密地联系在一起，共享全球实时信息。为了培养全球通用且素养过关的针灸技师，世界针联自 1997 年起开启了国际针灸资格考试，出版了《国际针灸学教程》，并随着不同国家政策的改变和信息的进步实时更新考试内容。为了让世界各国直观探寻世界针联的发展历程，查阅世界针联的最新政策和活动，了解全球卫生治理的最新动态，世界针联于 2004 年创办了官方网站，为各个组织的消息互通提供了便捷的平台。

在学术交流方面，世界针联一直积极与各国政府、学术机构和非政府组织进行交流。卫生治理问题现在已经跃升为联合国的重要议题，中国传统医学的发展又因新冠肺炎疫情受到了关注。因此，世界针联珍惜每一次公开发表观点的机会，非常注重与各国家政府部门的关系。在不同的国家召开学术大会时，许多国家的高官政要都对世界针联的学术活动给予了实质的支持或者密切的关注。此外，通过和不同国家的医学机构或学术团体的交流，中医理念和西医方法不断碰撞、融合，逐渐形成了一种新型的治理手段。双方互相砥砺，互为补充，共同在世界卫生治理的舞台上贡献力量。

自新冠肺炎疫情暴发以来，各国人民的生活都受到了影响，各个组织之间的沟通也面临阻碍。作为针灸组织，世界针联积极投身于抗击新冠肺炎疫情的工作之中。在经过不断研究和试验后，世界针联证明了中药和针灸技术配合使用，可以一定程度上缓和新冠病毒带来的症状。中国的抗疫经验显示，针灸能够很好地提高个人免疫力，能够充分发挥中医药在防治瘟疫中的价值，也能在防疫物资不富裕的地区推广应用，以缓解疫情防控压力，协助切断传播途径。此外，针灸治疗方案具有安全可行、易操作、副作用小等优势。通过积极的宣传与援助，以世界针联为代表的中国社会组织拥有了良好声誉，掌握了更多话语权，在全球疫情防控中承担了重要角色，彰显了中国的责任感与大局观。

2020—2021 年，虽然因新冠肺炎疫情影响，线下交流的活动机会减少，但世界针联仍然在众多会议中积极发声。其间，世界针联分别参与了联合国第四十六届及四十七届人权理事会、2021 年二十国集团民间会议、世界卫生组织第七十四届世界卫生大会、西太区第七十三届委员会、中医药技术委员会第十一届全体会等重大外事活动，线上线下结合举办了 2021 国际针灸学术研讨会和“一带一路”中医药针灸风采行澳门站，发起了中国-乌兹别克斯坦中西医结合肿瘤防控双边学术研讨会和中国-印尼携手抗疫线上专题会，开展了中医药“走出去”能力建设培训班、全球大学生中医药国际化征文、第八个“世界针灸周”等线上学术交流和人才教育活动。在世界针联所有会员的努力下，2020—2021 年世界针联又新增七家团体会员，提升了社会组织参与全球卫生治理的话语权。

中医药和针灸技术是中华民族的伟大创造和中国古代科学的瑰宝，它们凝聚着中华民族传统文化的精华，是中外人文交流的重要组成部分，是中华文明与世界文明沟通融合的独特纽带。世界针联将持续学习并发扬传统中医文化，利用自己社会组织的身份与各国政府和政府间组织保持密切联系，及时发现全球卫生治理过程中的不足，并在其改革中提出有创造性和前瞻性的建议。针灸发展，正处在天时、地利、人和的历史契机。针灸发展要立足于中国、着眼于世界。①

## 二、世界针灸学会联合会参与全球卫生治理面临的挑战

相对于其他针灸组织来说，世界针灸学会联合会不论是在制度设计还是在项目落实方面都更胜一筹，因此也拥有更强大的生命力。但是，当前的国际社会形势复杂，全球卫生治理中的多个环节不可避免地与政治、经济、社会等多种因素掺杂在一起，世界针联若想继续开拓创新、谋求更好的发展，就需要直面目前存在的几大问题，并制定

① 《刘保延：针灸要立足国内，放眼国际》，http://www.wfas.org.cn/news/detail.html?nid=6232&cid=9。

相应的对策。

第一大挑战是全球卫生治理的政治化趋势。现如今，卫生问题已经不再单纯地与个体的生老病死相关。为了在国际舞台上获取更多的权利、为自己的国家谋求更多的福利，部分政府在提出卫生议题时带着明确的政治性和目的性。全球卫生治理的目标是为了促进全球卫生安全，而将卫生议题政治化来追求一国的政治目标，无疑与全球卫生治理的目标背道而驰，不利于全球卫生合作的开展。[①] 虽然世界针联的主要发展目标是为了标正针灸的使用并进行推广，但作为目前唯一在联合国经社理事会具有咨商地位的中医针灸组织，世界针联每一次在会场上的出现都代表着中国在传统医学上的态度，更反映了中国在全球卫生治理中的理念，世界针联的发展与中国在全球治理中的地位和影响密不可分。现如今，国际形势动荡，世界并不太平，政治场上的明争暗斗数不胜数。打着研判全球公共卫生问题的幌子，实际上却污名化对方，这种政治手段已经极为常见。2020 年年初中国暴发疫情后，中国与以美国为代表的部分西方国家的关系经历了起起伏伏，这种博弈近年来逐渐常态化。除了各国政府之间的博弈，政府间国际组织在处理政治议题时，也出现了一定程度的混乱。世界针联与世界卫生组织达成了长期的合作关系是值得赞扬的，但世界卫生组织也会受到某些霸权国家的影响甚至威胁。作为相对独立的社会组织，世界针联虽然可以相对专心地发展自己的医学文化传播，但面对变化多端的国际政治形势，世界针联必须要时刻保持警惕，如果不可避免地涉及政治性议题，也要有敏锐的判断力。

第二大挑战是新冠肺炎疫情下的针灸实践工作。在新冠大流行期间，虽然世界针联开展了多场线上培训，各类知识讲座也受到了全球多个针灸组织的好评，但是对于针灸而言，线下的实践是不可或缺的。讲座和线上培训课程可以为学员传递理论知识，但针灸是极考验手部

① 晋继勇:《全球卫生治理的背景、特点与挑战》,载《当代世界》,2020 年第 4 期,第 42—48 页。

操作的，每个病人的面容、骨骼结构都不尽相同，因此穴位所在位置也可能会有细微偏差。用针的技术仅仅依靠线上培训是无法精进的。跨国通行仍有一定的障碍，专业的技师无法及时去到世界各地进行实践教学，这就会导致针灸只停留在图纸上。世界针联亟需谋求扩大线下交流的可能性，如选派更多的专业针灸技师或志愿者长期驻扎重点会员国家和地区，保持与其他国际组织或政府进行官方线下交流的渠道畅通。只有线上线下并行发展，才能够让针灸技术传播得更远，得到更好的应用，进而更好地参与到全球卫生治理中。

第三大挑战是资金和人员不足。虽然世界针联在海外开展活动时，得到了全球团体会员各个方面的支持，但是目前总部的人员配置仍非常紧缺。在北京总部，全秘书处总计不足20人，如逢重大国际会议或者重要国际活动，工作人员数量明显不足。人员不足的根源之一在于资金不足。虽然世界针联每年都对外进行招聘，但在经济方面上有很大的压力，一切开支都需要自给自足，目前的资金缺口仍然较大。1987年世界针联成立时，国家中医药管理局给予的会费资助为每年7万元人民币。36年后的今日，会费依然是7万元，这笔资助甚至不足以支付工作人员的基本工资。更好地参与全球治理的前提是拥有能够持续稳定工作的人员，只有员工有归属感，才能全心全意地建设自己的组织。世界针联近些年面临着秘书处人才流失的困境。作为社会组织，与政府间国际组织相比，世界针联的资金来源仍然缺乏稳定性。目前，除了政府的固定补贴外，世界针联已在寻求和其他商业类组织进行合作，并开发线上教学产品。①

第四大挑战是全球针灸立法制度的不同。当前，全球有65个国家承认针灸合法地位，39个国家将针灸纳入医保体系，31个国家和地区鼓励或默许针灸的使用，并且一些发达国家针灸立法已经具有较高的

① 根据世界针联副秘书长杨宇洋的演讲整理。

水准和完备程度。[①] 虽然很多国家都针对针灸技术制定了法则，但这些法则存在着更新速度慢、有效性短、限制性多等问题。由此，在一些国家会出现部分城市或州支持针灸技术，承认国际针灸专业人员水平考试资格，而另一部分不承认的情况。此外，世界针联虽然名义上为各类非政府针灸组织提供交流平台，并对它们的运行进行一定约束，但实际上部分外国的非政府针灸组织并不按照世界针联所制定的法则运行，这就导致了部分国家的针灸行业管理混乱。例如，加拿大目前已经对针灸进行了立法，法令要求从业者除了要拿到国际针灸师水平考试的证书外，还需要考取加拿大当地的执业医师资格证。然而，加拿大地广人稀，在部分偏北边的省份，如魁北克省并未受到法令的限制。在加拿大有一家名为“加拿大中医药针灸学会”的非政府针灸组织，如果申请加入到这个学会成为其会员，便可以向当地未执行法令的医疗机构申请从业针灸，学会就会发给申请者针灸执照。于是，矛盾产生了。按照加拿大中医药针灸学会的说法，只要申请者通过了世界针联考试，就可以入会并申请执照。但是如果有其他省份的会员反馈，比如当地的一位申请者原来是房地产行业从业者，没有学过中医针灸，却摇身一变成了医生，其他会员就会写信给世界针联总部，质疑该申请者的资质。[②] 此类事件虽然不是世界针联所造成的，但仍需要为此耗费大量的时间和精力来平息争端。因此，世界针联需要不断加强管理能力，及时关注各会员国有关针灸的立法情况，必要时一事一议，针对对象国的特殊情况重新进行培训和制定规章。

“针灸是中医里面的精华之精华。”[③] 针灸科学研究的不断深入，使得 2000 多年前由古代先贤所发明创立的中医针灸又焕发出全新的青春活力，其所承载的科学内涵、健康理念重新被人们所认识。在世界

① 王笑频、刘保延、杨宇洋主编：《世界针灸政策与立法通览》，北京：中国中医药出版社，2020 年版，第 223 页。

② 根据世界针联副秘书长杨宇洋的演讲整理。

③ 广东省中医药局：《毛泽东谈中医辑录》，http://szyyj. gd. gov. cn/zyyfw/dyjc/content/post_4070994. html。

针联的努力下，中医得以在全球卫生治理中拥有一席之地。面对纷繁复杂的卫生问题，仅仅凭借针灸技术，世界针联很难做到面面俱到，完美地参与治理。但是，挑战和困难总是会伴随着更大的机遇，在已经拥有的地位基础上，世界针联也将逐步攻破内在和外在的不利因素，以最大的声量在国际舞台上进行中药针灸的宣传，配合中国政府在全球卫生治理中展现大国风采。中国政府和中国的社会组织将持续加强全球卫生治理与合作，积极配合世界卫生组织的政策，为完成联合国可持续发展目标而持续努力。正如习近平主席在 2020 年 3 月 26 日召开的二十国集团领导人特别峰会上所说："只要我们同舟共济、守望相助，就一定能够彻底战胜疫情，迎来人类发展更加美好的明天！"①

① 《携手抗疫共克时艰——在二十国集团领导人特别峰会上的发言》，新华社北京 2020 年 3 月 26 日电。

# 结论

习近平总书记指出，当代世界的全球治理面临四大赤字：治理赤字、信任赤字、和平赤字、发展赤字。①这些赤字成为摆在全人类面前的严峻挑战。如前所述，中国社会组织在和平领域、发展领域和人权领域的全球治理中扮演着越来越重要的角色。目前来看，首先，获得联合国经社理事会咨商地位的中国社会组织全面参与全球治理，有助于全面弥补习近平总书记所提到“四大赤字”；其次，中国社会组织在联合国经社理事会和全球治理讨论中的积极性日益上升，对于中国官方参与全球治理是一个重要的补充，体现出中国参与全球治理的程度不断提高；再次，中国社会组织通过发挥自己的专业特长，为全球治理贡献了中国智慧和中国方案，有利于增强发展中国家在全球治理中的代表性和影响力，尤其是考虑到发展中国家的社会组织一般缺少足够的资金和能力进行国际参与；最后，中国社会组织通过联合国经社理事会咨商地位等渠道参与全球治理，也展现了一个大国积极承担国际责任和提供公共物品的精神风貌，有利于展现中国开放、进取和负责任的国家形象，增强中国的国家软实力。

当然，就目前中国社会组织参与全球治理的现状而言，还是存在

① 《习近平在中法全球治理论坛闭幕式上的讲话(全文)》，http://www.gov.cn/gongbao/content/2019/content_5380351.htm。

一些薄弱环节和可以改进的地方。在实地调研走访比较有代表性的中国社会组织的过程中，相关机构负责人对中国社会组织国际化进程中面临的挑战有如下判断：第一，绝大多数社会组织仍面临资金匮乏问题，这一方面与中国社会组织在筹资方面缺乏经验有关，因为国际化程度较高的社会组织大多脱胎于政府机构，短期内较难适应自筹资金；另一方面，国内对于基金会的管理总体呈收紧管严状态，多数社会组织仍然依靠个人情怀、私人关系进行筹资，或依托于有影响力的网上平台进行委托项目制管理，可持续发展及长期发展的根基仍然不稳。第二，国际化人才短缺。这与社会组织的营收状况有关，现阶段社会组织无论是在薪资待遇还是岗位编制等方面都无法与体制内相比，因此形成了人员流动频繁，需要重复上岗培训等问题，缺乏真正具有国际化视野的人才的稳定支持。第三，与联合国及其他相关国际组织的合作仍然不足，缺乏申请联合国经社理事会咨商地位的经验与主动性。已取得咨商地位的社会组织利用联合国及其他国际组织平台的实践经验较少，这也导致大多数组织无法将其核心业务与《联合国 2030 年可持续发展目标》主动联系起来，打造“全球通用”“全球通达”的合作平台。第四，在新冠肺炎疫情影响下，中国社会组织“走出去”受到较大阻碍。与政府间国际组织依靠官方渠道召开会议、搭建交流平台不同，中国社会组织国际化的最主要工作模式是在目标国家当地的项目落地实施，以及与当地政府、非政府组织与社区的直接互动与接触。新冠肺炎疫情以来，大部分社会组织的工作处于停滞状态，这进一步导致人员与项目流失，后继乏力。

贯彻落实党的二十大报告“积极参与全球治理体系改革和建设”的战略部署，进一步提高中国参与全球治理的能力，需要发挥好中国社会组织的作用，推动中国社会组织有序参与全球治理，助力增强我国国际影响力、感召力、塑造力。

第一，提高参与水平。中国一些社会组织在人权、发展等全球治理议题上的作用日益凸显，拓展了中国参与全球治理的广度和深度。

适应全球治理新形势，应进一步提高中国社会组织参与全球治理的水平，加强与国际组织、各国社会组织的交流、对话、合作，更好传播中国声音、贡献中国方案，推动践行共商共建共享的全球治理观，弘扬全人类共同价值，促进不同文明交流互鉴。

第二，丰富活动形式。鼓励中国社会组织发挥自身优势，不断提高有序参与全球治理的主动性。例如，参加国际交流活动，在相关国际论坛、国际会议上积极主动发声；加强与国外有关社会组织的交流合作，搭建民间外交平台，打造伙伴关系网络；依照有关双边、多边协议和法律规定，在境外开展公益民生、人道援助等项目和活动，增进全球福祉；等等。通过不断丰富中国社会组织参与全球治理的方式，有效扩大中国社会组织的国际影响力，为破解全球和平赤字、发展赤字、安全赤字、治理赤字作出贡献。

第三，加强自身建设。当今世界正在经历深刻而宏阔的时代之变，但和平与发展的时代主题没有变，各国人民对美好生活的追求没有变，国际社会同舟共济、合作共赢的历史使命也没有变。顺应时代潮流、回应人民呼声、展现责任担当，社会组织可以成为各国人民增进了解、深化友谊、加强合作、促进协调的重要平台。要支持社会组织健康发展，引导社会组织加强自身建设、提升工作能力，推动社会组织在促进民心相通、建设性参与全球治理上发挥积极作用。社会组织应加强对国际化人才的吸纳和培养，为参与各层次、各领域国际交流交往提供坚强人才支撑；拓宽募资渠道，提高资金筹措能力，夯实可持续发展的物质基础；加强与国内高校、科研机构合作，实现学术研究和工作实践双向互动，提升知识素养和专业水准，更好服务推动构建人类命运共同体。

# 后记

本书得以最终成型，有很多必然与偶然。其中最重要的必然是时代和社会所赋予的形势。2020年，在尝试建设《中国社会组织与全球治理：理论与实践》这门课程之初，我隐约感受到，随着百年未有之大变局在各领域向纵深演进，除了传统意义上关注国家行为体、政府及政府间国际组织参与全球治理的重要作用，中国社会组织在建设人类命运共同体的征程中“必然”会发挥越来越重要的作用。随着课程建设的推进，这种必然性愈发清晰。所谓“偶然”，则是因为新冠肺炎疫情骤然来临，线下进行的、面对面的国际学术交流合作几乎中断，而我前期关于政府间国际组织的研究成果与教学案例，大量来自国内外学术会议及与专家学者、实践者的调研访谈。我的研究重点更偏向于国际政治研究中“强实践性”的联合国与国际组织研究领域，因此，在与国外的线下学术联系几乎中断以后，我一直在琢磨还有哪个领域需要并可以观察、参与、实践和交流。就在这样的踌躇徘徊中，在参加中国民间组织国际交流促进会的一次会议上，与北京外国语大学国际关系学院院长谢韬教授“偶然”谈到国际非政府组织研究以及中国社会组织相关议题，中促会的与会领导提到，中促会在促进中国社会组织“走出去”、加强国内外网络建设、协调合作等方面的积极作用，以及中国社会组织在国际化道路上多年探索积蓄的动能，瞬间激发了我的灵感。

这次“偶然”灵感汲取背后的“必然”，则需致敬北京外国语大学在国际组织与全球治理人才培养、科学研究、国际合作与社会服务方面持续深入的探索与创新。北京外国语大学为响应国家人才培养战略亟需，自2010年开始，承担国家教育体制改革试点项目——“探索国际组织需要的复合型人才培养模式”，前期积累了宝贵成果，也率先于2017年在国内成立国际组织与全球治理人才培养的实体学院：注重本科生培养的北外学院与注重硕士研究生培养的国际组织学院。2020年，根据学校党委的工作安排，我从国际关系学院调入北外学院工作。在党委书记王定华教授的亲切关怀和指导下，我与同事们继续在国际组织研究与人才培养的道路上前行，必然需要探索、创新与突破。无论是主持创办“国际关系变局下的中国与世界：中国参与全球治理”系列讲座，还是主持《中国参与社会组织：理论与实践》教改项目，都有赖于学校在该领域科学研究、实践课程及人才培养方面的政策导向与长期支持。特别感谢北京外国语大学相关部门的支持，作为本书成型基础的教改课程得以顺利落地，始于教务处、科研处和宣传部支持北外学院举办“国际关系变局下的中国与世界：中国参与全球治理”系列讲座，由此初步汇聚了来自中国社会组织各领域的人才，积累了一定的基础；课程成功立项后，教务处处长李莉文教授及教务处的其他领导同事也多次耐心为我解答课程建设的相关问题，保障教学效果，我受益良多。此外，北京外国语大学因应新形势变化，秉持“基于外语，超越外语”的思路，探索将原有的语言学、文学、翻译、比较文学与跨文化研究、国别与区域研究五大领域整合为全球语言、全球文化、全球治理三大方向，由此形成北京外国语大学学科发展的总体布局。面对“两个大局”和国家的迫切需要，学校将区域国别、国际传播、国际组织三个重要领域作为新的战略增长点，以此构建学科发展的战略布局。在学校的大力支持下，本研究得到了北京外国语大学“双一流”重大标志性项目《国际组织数据库建设》《全球国际组织影响力指数研究》的资助。通过参与校长杨丹教授推动的“指数看全球”的工作，让我得以组建百余人的研究团队。在对政府间国际组织与国际非政府组织进行数据搜集和梳理的过程中，惊喜地推动了对具有联合国经社理事会咨商地位非政府组织的研究。6391个具有咨商地位的国际非政府组织需要进一步的深入研究，这是总结全球治理领域新知识的“富矿”。另外，中国在国际非政府组织的建设方面虽仍处于起步阶段，但近年来在建立国际合作网络、专业能力发展、创新项目落地等方面的成就都让我们深受鼓舞。

最后一组“偶然”与“必然”，则是由三尺小讲台所承载的大舞台，我对联合国与国际组织研究领域“偶然”的喜爱，让我“必然”链接卓越的团队、睿智的同事与聪颖的学生。首先要特别感谢北京外国语大学党委副书记、副校长兼北外学院院长贾文键教授。自2020年9月我调入北外学院工作，文键教授对我的影响和引领至关重要。本书作为北京外国语大学“双一流”建设重大标志性项目“英法双语跨学科全球治理拔尖人才培养”的成果之一，受到项目负责人文键教授的鼓励和肯定，他支持我们多出成果，教学相长、以研促学促教。此后无论是作为文键教授牵头申请的教育部首批新文科研究与改革实践项目“本硕贯通，中外联动，培养新时代亟需的复语复合型高层次国际组织人才”的课题组成员，还是作为“全国高校黄大年式教师团队”“全球治理与国际组织人才培养教师团队”成员，我个人的每一次学术成长都离不开文键教授对团队建设高瞻远瞩的通盘考虑、多方协调的搭建平台、亲力亲为的指导参与。文键教授曾经叮嘱我：“把日常工作当修炼，把困难挑战当历练，把失败挫折当锤炼，把走访调研当锻炼。”本书的成稿就是在不断修炼、历练、锤炼，特别是在调研的锻炼中萃取而成，但愿不负领导的殷殷期望。自序中提到了很多同事和学生的名字，他们都在研究中给了我长久的支持。北外学院、国际组织学院党总支副书记李爱国自“国际关系变局下的中国与世界：中国参与全球治理”系列讲座开始，就与我共同商议聘请实践导师以推动合作。北外学院崔玉晶老师协助统筹讲座、实践活动等安排，并利用休息时间整理专家的讲座文稿，为下一阶段学院产出的系列成果作好了重要的基础性工作。北京外国语大学学生工作部陈海燕部长、团委书记黄伦伦与北外学院团总支书记、辅导员郭宇嘉在推进北京志愿者服务联合会与学校合作的过程中倾注了大量心血，既升华了研究成果，也为学生们提供了宝贵的实习实践平台。还有我曾经的学生，目前就职于中国社会科学院美国研究所的助理研究员俞凤，就读于中国社会科学院的博士生张晋岚，以及我的同事、北外学院的武亦文老师和刘翰林老师，他们协助我完成资料的补充搜集与整理，我与他们的每一次沟通都充满欣喜，也让我对青年学者未来在该领域的研究能力充满信心。北外学院刘雪卉老师耐心细致，帮我校对相关信息；刘梦影老师常与我就跨文化交际的相关问题展开讨论，丰富了我的研究视角，在此一并表示感谢。此外，我虽然调离国际关系学院，但作为我学术研究的精神家园，我在国际关系学院的领导和同事们，自课程立项之初就为我从国际政治的学科视角提供建议和帮助，我在国际关系学院指导的硕士研究生潘彭玥、何庄仪、赵讯、唐霁阳也与我在该领域持续讨论。从北外学院推免至国际组织学院的陈泽雨、北外学院的兰迪、付敬乐、沈婧、温丹琪同学长期协助我从事国际组织数据库的建设和研究工作，耐心细致的帮我多轮校对数据与图表，也为本书提供了有力的支撑。北外学院的副院长刘翔璐老师，调入学院后迅速熟悉工作、勇于担当，极大地分担了我的压力，让我终于可以偶得完整的时间深入思考、砌砖码字，也终于在2022年秋天收获了这份虽然稚嫩但颇具勇气的小书。

此外，因为共同建设课程，我还结识了多位来自中促会及中国社会组织的同事。中促会的同事们从课程立项之前的创意设计到专家讲座邀请，到课程立项后的持续筹措资源、参与课堂教学等方方面面都给予了无私帮助。2023年3月，中促会在成都主办了中国社会组织能力建设培训班，我非常荣幸能够借助该平台与来自全国各地的中国社会组织的优秀代表、各高校的研究者交流探讨，虽然我的研究刚刚起步，但与会的长期奋战在一线的社会组织代表们与我热情交流，为我未来的实践教学工作提出了很多新思路，并愿意为下一阶段的调研实践及研究学习提供资源，这让我深受感动并更加坚定了使命已然在肩、前路并不孤单的信念。中国和平发展基金会副秘书长王华、中国国际民间组织合作促进会秘书长王香奕、世界针灸学会联合会主席刘保延与秘书长杨宇洋、北京平澜公益基金会理事长王珂，虽然工作任务繁重，但仍然对于课程建设给予了宝贵支持，并在课程结束后及时回复我的多次求教，抽出时间全文审读了本书中相应的案例章节，并进行了细致修改，保障了案例内容的准确性。在此表示最诚挚的谢意！

当代世界出版社的刘娟娟老师作为本书责任编辑，尽心尽力、细致专业的做好远超“最后一公里”的质量保障工作，对文中的结构、事实、数据、图表等反复核对，每次发来的修改建议都帮助我持续完善书稿。

最后要感谢我的家人，三年的疫情改变了很多，但从未改变家人对我的包容与支持。我的先生和孩子始终为我提供温暖的港湾随时停靠，父母和公婆每每与我联系，很少提及自己的烦恼，最大程度地给我减负。家人们常常提醒我健康第一、轻装上阵。感谢他们始终为我点亮回家的灯火。

鲁迅文学奖文学理论评论奖获得者张莉在获奖感言中讲到，优秀批评家应是文学世界的“持微火者”。我对此产生强烈共鸣，2022 年冬残奥会上升起“微火炬”后，我第一时间修改了自己的微信头像，既从心底认同张艺谋导演“以小见大”“环保低碳”的设计，也被微光触动心弦，希望自己也能成为点亮世界的“持微火者”。在与中国社会组织的负责人和工作人员接触的过程中，我常常被他们的敬业、专业、守业精神打动，我找到了更多的“持微火者”，我们从未忘记“无穷的远方，无数的人们，都和我有关”。

从研究政府间国际组织的“坐知千里”“庙堂之高”出走三年，期望自己能在中国社会组织的研究中找到“跬步千里”“江湖之远”。

感谢所有帮助过我的人！

刘铁娃

2023 年 3 月 30 日